耀州窯瓷

中国名窯名瓷シリーズ 2

鑑賞と鑑定

Foreword

Chinese ceramics have a long and venerable history, and have been treasured by many people over the ages. Around the world, a large number of researchers have dedicated themselves to collecting and researching these ceramics. Particularly over the past several decades, as the Chinese government has become more cooperative regarding research of historical records and preservation of ancient ceramics, related organizations have conducted successive excavations of ancient kiln sites, and significant results have been attained. Materials uncovered by new excavations have filled in the blanks in our knowledge of ceramic history; this new information from the original sources has made it easier to solve a number of riddles that have traditionally arisen in the research and appreciation of historical ceramics.

To answer these modern needs, Jiangxi Art Publishing House has published the "Encyclopedia of Appreciation and Appraisement of Ceramic Masterpieces from the Great Kilns" (*Meiyo Meiji Kansho Kantei Sosho.*) The editorial policy of this encyclopedia is to categorize ancient ceramics according to the various great kilns and their derivatives, and ask experts in each field to contribute essays on the appreciation of these works. This is an important attempt to categorically introduce the great kilns and great ceramics since the Song and Tang Dynasties. The essays contributed are based on accurate information, which is thoroughly analyzed and carefully considered. Compared to the numerous existing manuals on appreciation of ancient ceramics, this edition is unrivalled in terms of its approach to the issues and its comprehensive content. Readers interested in the appreciation of ancient ceramics can learn about a specific kiln and its derivatives, gradually broadening the scope of their investigation. This is one ideal way to comprehend the great depth of the field of ancient ceramic appreciation.

Since this text was published in China, it has won the acclaim of many readers, and researchers of old Chinese ceramics regard it as an extremely important scientific manual. Now the Japanese edition has been published by Nigensha, Publishing Co Ltd,.

In Japan which has deep ties to the world of Chinese culture. Publishing the results of the latest research into Chinese ceramic history will give Japanese researchers and aficionados access to a variety of reference material, which will undoubtedly lead to a lively discussion of relevant issues. The publication of the Japanese edition of this text represents a new page in the history of Japan-China relations in the 21st century, a development that gives us great pleasure. It is our hope that the friendship between our countries will continue to deepen in future generations.

October 2003

Geng Baochang
Research Fellow of Palace Museum,Beijing

序

中国陶瓷には悠久の歴史がある。古陶瓷は人々を魅了し、広く親しまれてきた。中国のみならずひろく世界に、生涯を陶瓷器の収集に注ぎ、さらに広く捜し求めて研究に没頭した研究者は少なくない。ここ数十年、文物の研究と保護等についての中国政府の理解が深まるにつれ、関連各部門による古窯址の発掘調査が相次いで行われ、相当の成果を上げている。新たに出土した資料によって、従来の欠落が補われ、古陶瓷の研究や鑑賞につきまとってきたさまざまな疑問が、こうした第一次資料の増加によって容易に解決されるようになってきた。

江西美術出版社は社会のニーズに応え、『名窯名瓷鑑賞鑑定叢書』の刊行を企画した。編集の方針として古陶瓷を各々の名窯とその窯系に分類し、各方面の専家に古陶瓷鑑賞についての著述を依頼した。これは唐宋以来の名窯名瓷を系統的に紹介する貴重な試みといえるだろう。寄せられた原稿はいずれも的確な資料に基づくもので、論述は周到を極め、精緻に考察されていて、現今巷にあふれている鑑賞の手引きなどに比べると、問題の捉え方、内容の充実度ともに比類のないものといえる。古陶瓷の鑑賞に興味のある人が、一つの窯とその窯系を学び、それを手がかりとして次第にその対象を広げ理解を深めていくということも、古陶瓷鑑賞の奥義に至るひとつの道筋といえる。

この叢書は中国で出版されて以来、多くの読者に愛され、中国の古陶瓷を研究するための科学的な専門書として非常に貴重なものとなっている。このたび中国の文化界と関係の深い日本の二玄社から日語版が出版されることになった。中国の陶瓷研究の新しい成果が伝えられることによって、日本の中国陶瓷研究者・愛好者にさまざまな参考資料が提供され、活発な議論が行われることになるだろう。この日語版の刊行は21世紀の日中文化交流の歴史に新たなページを開くものであり、まことに喜ばしいかぎりである。ここに日中の友好関係がさらに発展し、末永く続くことを希望する。

2003年10月　北京にて　耿　宝昌

耀州窯遺址

1 三彩　住宅
唐時代
銅川市王石凹1987年出土
耀州窯博物館

2 三彩　牛車
唐時代　高：18.0cm
耀県寺溝1987年出土
耀州窯博物館

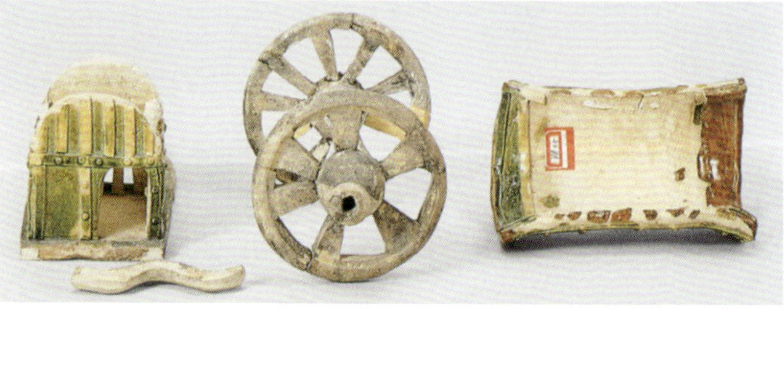

4 三彩　蓮弁文台座
唐時代　残高：20.0cm　耀州窯博物館

3 三彩　人物俑
唐時代　高：25.4cm
耀県1987年出土
耀州窯博物館

5 三彩　龍頭棟飾
唐時代　高：17.5cm
耀州窯遺址1985年出土
陝西省考古研究所

6 三彩　犀牛枕
唐時代　残高：7.5cm
耀州窯博物館

7 黄釉　犀牛枕
唐時代　高：10.0cm
陝西省考古研究所

8 花釉　腰鼓残片
唐時代　残長：43.0cm
陝西省考古研究所

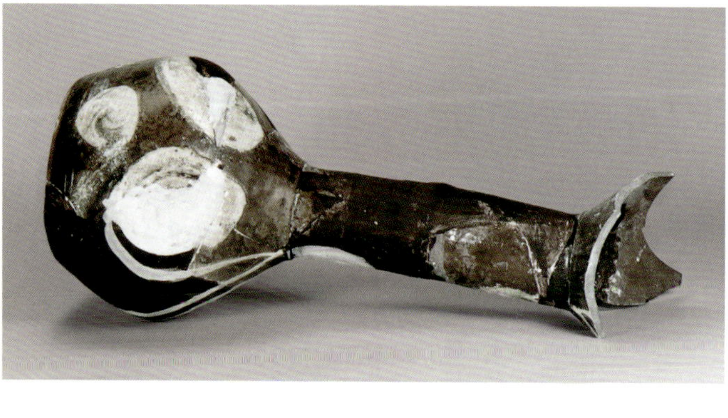

9 緑彩　双魚瓶
唐時代　高：27.3cm　耀州窯博物館

10 褐釉　双魚瓶
唐時代　高：24.0cm
陝西省考古研究所

11 褐釉　共蓋壷
唐時代　高：23.8cm
黄堡鎮梁家唐墓1986年出土
耀州窯博物館

12 黒釉　塔形壷
唐時代　高：51.5cm
耀州窯遺址1972年出土　耀州窯博物館

13 黒釉　鉢
唐時代
高：11.5cm　口径：13.2cm
耀州窯遺址1986年出土
耀州窯博物館

14 黒釉刻花白彩　花文水注
唐時代　高：11.2cm
耀州窯博物館

15 白釉　双耳壷
唐時代　高：31.5cm
耀州窯遺址1972年出土
耀州窯博物館

16 白釉　双耳壷
唐時代　高：17.2cm
陝西省考古研究所

17 白釉緑彩　灯
唐時代
高：5.5cm
陝西省考古研究所

18 白地黒花　盒
唐時代
高：4.1cm　口径：6.0cm
陝西省考古研究所

19 白地黒花　灯
唐時代
高：3.6cm　口径：5.7cm
陝西省考古研究所

20 青釉白彩　碗
唐時代
高：4.6cm　口径：18.0cm
陝西省考古研究所

21 茶葉末釉　瓜形水注
唐時代　高：24.6cm　耀州窯遺址1991年出土
耀州窯博物館

22 青瓷　壷
唐～五代時代
高：8.3cm
耀州窯遺址1990年出土
耀州窯博物館

23 青瓷　尊
五代時代　高：12.6cm
陝西省考古研究所

24 青瓷　尊
五代時代　高：8.5cm
耀州窯遺址1989年出土　耀州窯博物館

25 青瓷劃花　双魚壷
五代時代　高：22.9cm
耀州窯博物館

26 青瓷　十曲盞
五代時代　高：3.9cm
耀州窯博物館

27 青瓷　柳斗杯・杯托
五代時代
高：5.2cm（柳斗杯）
陝西省考古研究所

28 青瓷劃花　唐草文鉢
五代時代
高：5.3cm　口径：18.5cm
耀州窯遺址1991年出土
耀州窯博物館

←＜左ページ＞
29 青瓷刻花　蓮弁文碗
〔見込・側面〕
五代時代　口径：11.8cm
河北省定州市静志寺舎利塔
塔墓1969年出土
定州市博物館

30 青瓷刻花　牡丹文壷
五代～北宋時代　高：7.5cm　口径：8.0cm
耀州窯遺址1959年出土　陝西省考古研究所

31 青瓷劃花　花文輪花盤
五代～北宋時代　高：6.0cm　径：18.5cm
耀州窯遺址1987年出土
陝西省考古研究所

32 青瓷刻花　花弁文獅子口水注
五代〜北宋時代　高：18.7cm
クリーブランド美術館

33 青瓷刻花
牡丹文鳳首口水注
五代〜北宋時代
高：20.5cm
ギメ国立東洋美術館

34 青瓷刻花
宝相華文鳳首口水注
五代〜北宋時代　高：20.8cm
耀州窯遺址1985年出土
陝西省考古研究所

35 青瓷刻花　牡丹唐草文水注
五代～北宋時代　高：17.1cm

36 青瓷刻花　花文三足壷
五代～北宋時代　高：10.6cm
彬県1954年出土
陝西歴史博物館

37 青瓷刻花　宝相華唐草文水注
北宋時代　高：19.0cm　彬県城関鎮東関村1978年出土　陝西歴史博物館

38 青瓷刻花　牡丹唐草文瓶
北宋時代　高：48.4cm　上海博物館

39 青瓷刻花　牡丹唐草文瓶
北宋時代　高：30.5cm　耀州窯博物館

41 青瓷刻花　牡丹唐草文瓶
北宋時代　高：16.7cm
大阪市立東洋陶磁美術館

⬅<左ページ>
40 青瓷刻花　牡丹唐草文枕
北宋時代
高：10.7cm　縦：19.4×横：23.3cm
静嘉堂文庫美術館

42 青瓷刻花　宝相華文水注
北宋時代　高：22.9cm
サンフランシスコ・アジア美術館

44 青瓷刻花　牡丹文瓶
北宋時代　高：25.0cm
中国歴史博物館

43 青瓷　人物
北宋時代
高：45.0cm
北京故宮博物院

46 青瓷貼花　龍文瓶
北宋時代　高：18.1cm
彬県1974年出土　陜西歴史博物館

45 青瓷刻花　牡丹文水注
北宋時代　高：25.4cm
耀県1989年出土
耀州窯博物館

47 青瓷刻花　花文尊
北宋時代　高：10.9cm
黄堡鎮呂家崖1981年出土
耀州窯博物館

48 青瓷透彫　香炉
北宋時代
高：16.0cm
耀州窯博物館院内
1994年出土
耀州窯博物館

49 青瓷刻花
花弁文灯
北宋時代
高：8.0cm
耀州窯遺址1984年出土
耀州窯博物館

50 青瓷貼花　獣文五足香炉
北宋時代　高：11.5cm　耀州窯博物館院内1994年出土　耀州窯博物館

51 青瓷　蓮花形香炉
北宋時代　高：6.9cm
耀州窯遺址1984年出土
耀州窯博物館

52 青瓷刻花　牡丹文盤
北宋時代
高：3.3cm　口径：19.0cm
北京故宮博物院

53 青瓷刻花
水波鴨文碗
北宋時代
高：7.4cm　口径：17.8cm
北京故宮博物院

54 青瓷印花
童子遊戯文碗
北宋時代
高：4.5cm　口径：14.6cm
大阪市立東洋陶磁美術館

55 青瓷印花
牡丹唐草文盤
北宋時代
高：3.5cm　口径：10.5cm
耀州窯遺址1993年出土
耀州窯博物館

56 青瓷印花　蓮花文八角盤
北宋時代　高：2.1cm　口径：11.0cm
耀県柳林窖蔵1988年出土　耀州窯博物館

57 青瓷刻花　唐草文合子
北宋時代　高：9.0cm　口径：12.0cm
耀州窯遺址1985年出土　陝西省考古研究所

58 青瓷刻花　水波魚文碗
北宋時代　高：4.8cm　口径：11.9cm
耀州窯遺址出土　耀州窯博物館

59 青瓷　人物俑
北宋時代
高：13.1cm　高：6.5cm
耀州窯遺址1980年出土
耀州窯博物館

60 褐釉　輪花碗
北宋時代　高：5.5cm　口径：11.5cm
耀州窯遺址1981年出土　耀州窯博物館

61 黒釉褐斑　碗
北宋時代　高：5.5cm　口径：13.3cm
耀州窯遺址1986年出土　耀州窯博物館

62 陶范
五代時代
右高：3.5cm　径：7.1cm
左高：4.0cm　径：7.3cm
耀州窯遺址1990年出土
耀州窯博物館

63 青瓷印花
宝相華文碗・陶范
北宋時代（碗・范）
高：9.3cm　口径：15.0cm
耀州窯遺址1981年出土
耀州窯博物館

64 双魚文陶范
金時代　高：7.0cm　陝西省考古研究所

65 牡丹文陶范　金時代　高：5.6cm　径：18.0cm
陝西省考古研究所

66 青瓷刻花
牡丹文盤
金時代
高：3.9cm　口径：18.7cm
耀県柳林1989年出土
耀州窯博物館

67 青瓷刻花
呉牛文碗
金時代
口径：21.1cm

68 青瓷劃花
水波鴨文盤
金時代
口径：15.3cm
耀州窯博物館

69 青瓷印花
蓮池魚文盤
金時代
高：3.5cm　口径：16.8cm
耀州窯遺址1986年出土
耀州窯博物館

70 青瓷刻花　唐草文三足香炉
北宋〜金時代　高：13.2cm
耀県柳林1989年出土
耀州窯博物館

71 青瓷貼花
獣面文三足香炉
金時代　腹径：20.3cm
台北鴻禧美術館

72 月白釉貼花
夔鳳文双耳三足香炉
金時代　高：27.3cm
藍田県1960年出土
陝西歴史博物館

73 月白釉　水注
金時代　高：11.8 cm
耀州窯博物館

74 月白釉　板耳付洗
金時代　高：6.0cm　口径：15.4cm
耀県柳林1988年出土　耀州窯博物館

75 青瓷　共蓋鉢
金時代　高：10.0cm　口径：6.8cm
耀県柳林1988年出土　耀州窯博物館

77 青瓷刻花　花口瓶
金時代　高：18.1cm
耀州窯博物館

76 青瓷刻花
七宝繋文瓶
金時代　高：17.8cm
耀県柳林1988年出土
耀州窯博物館

78 青瓷　獅座灯
金時代
高：9.3cm　径：10.3cm
陝西省考古研究所

79 青瓷刻花　唐草文瓶
元時代　高：28.8cm
富平県1993年出土
耀州窯博物館

80 青瓷　瓢形水注
元時代　高：12.7cm
耀州窯博物館

81 黒釉　水注
元時代　高：24.5cm
宜君県1990年出土
耀州窯博物館

82 黒釉　碗
元時代
高：6.1cm　口径：17.9cm
耀州窯遺址1980年出土
耀州窯博物館

83 白地黒花　唐草文壷
元〜明時代　高：12.0cm
宜君県出土　耀州窯博物館

84 白地黒花　双耳瓶
明時代　高：26.0cm
耀州窯博物館

85 白地黒花　魚文盆
元～明時代
口径：28.4cm
陝西省考古研究所

86 白地黒花　花文洗
明時代
高：8.8cm　口径：26.1cm
耀州窯博物館

87 白地黒花　高足杯
明時代　高：9.0cm
陝西省考古研究所

88 白地褐彩　騎馬人物燭台
元～明時代　高：14.2cm
黄堡鎮下馬村1986年出土
耀州窯博物館

89 現代　倣宋青瓷刻花牡丹文盤

90 現代　倣宋青瓷刻花蓮文盤

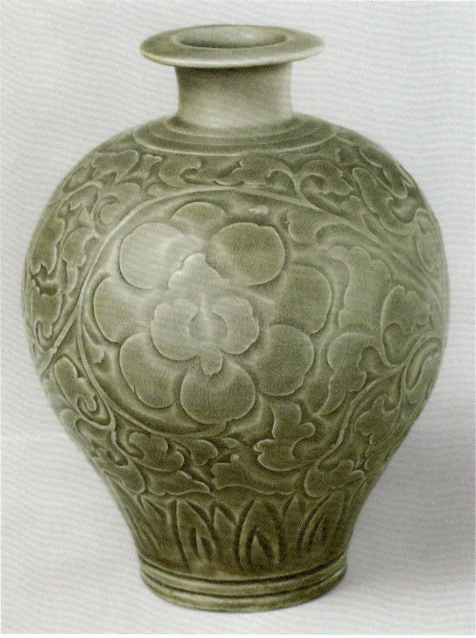

91 青瓷刻花　牡丹文瓶
北宋時代　高：19.9cm　北京故宮博物院

92 現代　倣宋青瓷刻花牡丹文瓶

耀州窯瓷

中国名窯名瓷シリーズ❷

鑑賞と鑑定

耀州窯瓷

目次

〔主 編〕

耿宝昌　北京故宮博物院研究員・国家文物鑑定常務委員

〔編集委員〕

耿宝昌　北京故宮博物院研究員・国家文物鑑定常務委員

王莉英　北京故宮博物院研究員

李輝柄　北京故宮博物院研究員

汪慶正　上海博物館副館長・国家文物鑑定委員

張浦生　南京博物院研究員・国家文物鑑定委員

朱伯謙　浙江省文物考古研究所研究員

任世龍　浙江省文物考古研究所研究員

趙青雲　河南省文物考古研究所研究員

余家棟　江西省文物考古研究所研究員

葉文程　厦門大学教授

陳　政　江西美術出版社副社長

劉　楊　江西美術出版社編集委員

凡例

一．本書は『耀州窯瓷　鑑定與鑑賞』(中国名窯名瓷名家鑑賞叢書)、江西美術出版社刊（2001年）の日本語版である。

一．日本では従来、硬質のやきものの呼称として「磁」字が広く用いられているが、中国の「瓷」字とは必ずしも同義で使われないこともあり、本シリーズでは原著に従って「瓷」字を使用することにした。

一．本シリーズの本文の構成は原則として原著に従ったが、一部の巻では配列を変更した。

一．カラー図版は原著者の同意のもとに、一部変更し、時代・形式を考慮して配列し直した。また、原著には作品の寸法・所蔵先が明記されていない巻があるが、本書では可能な限り明記した。

一．本文中の挿図は原著に収載されているもの以外に、読者の理解を考慮し、関連図版を適宜補った。また、引用や関連のあるカラー図版も当該頁に挿図として再録した。

一．陶瓷用語･鑑賞用語･作品名称等は日本で通行する用語に訳したものもあるが、適当な訳語がない場合には原語のままとし、必要に応じて〔　〕内で注記した。

一．遺跡地名等一部の行政区画表記は発掘当時のものに従った。

一．原著の注記（　）はそのままとし、訳者の注記は〔　〕内に示した。引用文については原則として現代語訳によって示したが、詩文等、読み下しにしたものもある。

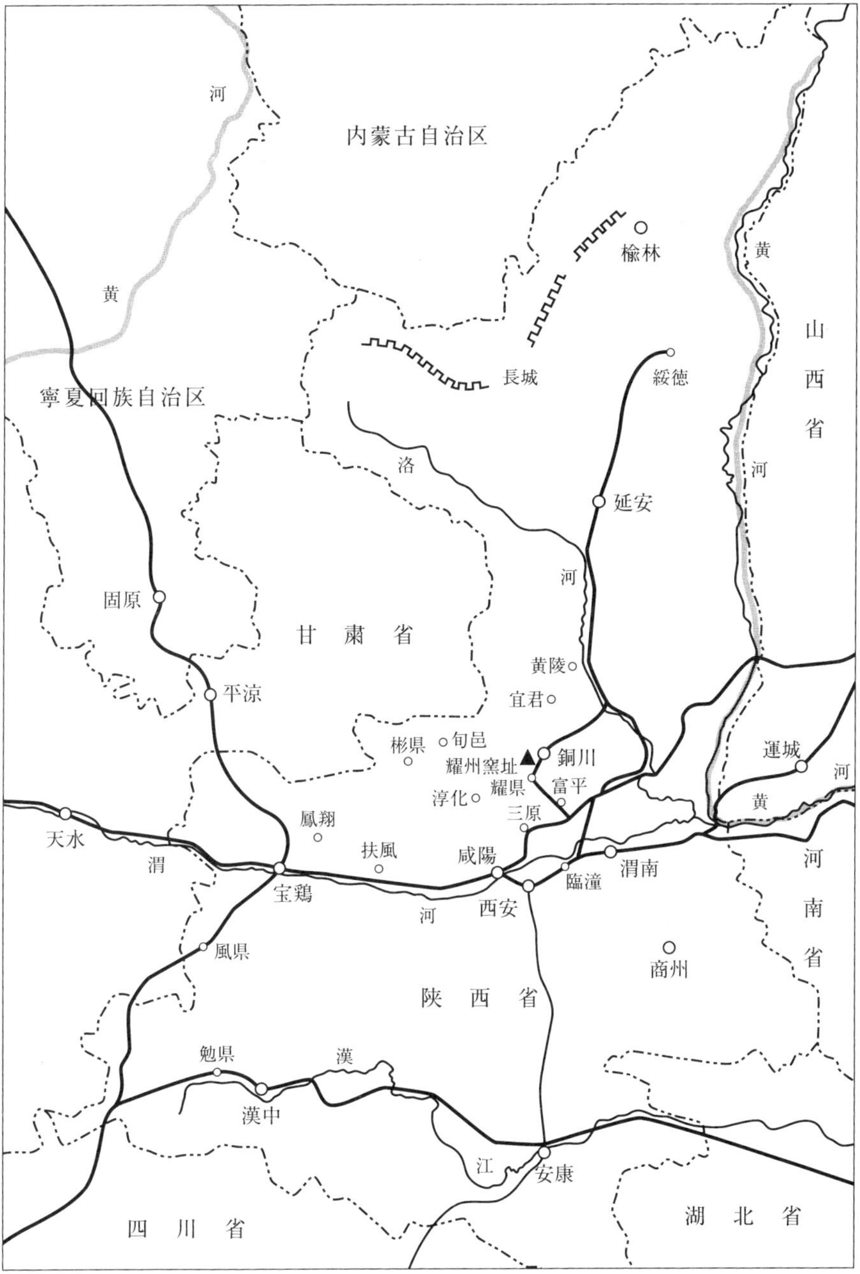
内蒙古自治区
寧夏回族自治区
甘　粛　省
山西省
河南省
陝　西　省
四　川　省
湖　北　省
黄
河
長城
楡林
綏徳
洛
河
延安
固原
平涼
黄陵
宜君
彬県
旬邑
耀州窯址
銅川
耀県
富平
淳化
三原
鳳翔
扶風
咸陽
天水
渭
河
宝鶏
西安
臨潼
渭南
運城
商州
鳳県
勉県
漢
漢中
江
安康

耀州窯址位置図

第1章 はじめに

中国は瓷器の故郷であり、耀州窯《ようしゅうよう》は、中国古代の著名な窯場のなかでも北方青瓷を代表する窯である。耀州窯ではまた、黒釉、白釉、褐釉、黄釉、醤釉、花釉瓷器や唐三彩などが造られており、中国古代の北方における窯場のうち焼成された種類が最も豊富な大窯場のひとつといえる。

耀州窯址は陝西《せんせい》省西安の北100キロほどの黄堡鎮《こうほうちん》を中心とし、上店《じょうてん》、立地坡《りっちは》、陳炉鎮《ちんろちん》および耀県塔坡《とうは》一帯に分布している。ここはかつて宋代には耀州に属していたので耀州窯と呼ばれ、そこで制作されたものを耀州瓷あるいは耀瓷《ようじ》と呼ぶ。また唐・五代のものは、当時の帰属地名によって黄堡窯瓷《こうほようじ》とも呼んでいる。耀州窯は唐代には

じまり五代に発展し、宋代に全盛期を迎え、金・元代の継続期を経て明代中期の15世紀末に生産が停止されるまでのおよそ800年にわたる長い期間、一貫して陶瓷器を生産してきた。

古都西安から出発し、西安—銅川を結ぶ西銅道路を北へ向かい、渭《い》水、涇《けい》水を越えて1時間程車を走らせると、石炭で有名な銅川の南端にある古い町、黄堡鎮に到着する。ここが世に名高い耀州窯遺址の所在地で、まさに「山峰が四方を回り、傍らには漆水《しつすい》が瀉《なが》れる」地である。漆水の両岸には大量の古窯址と工房址がみられ、古くは「十里窯場」と呼ばれた。今も岸辺に立つと、そこには古窯址の厚い堆積層が見え、大量の耐火煉瓦、匣鉢《さや》、窯道具のかけらや、さまざまな古い陶瓷器の破片をみることができる。

耀州窯は長い間謎に包まれた窯で、560年の長きにわたって渭北高原の黄土の下に眠っていたのである。

しかし実際のところ耀州窯は、中国の古文献に比較的多くその名を見ることができる古窯である。早くには陶《とう》

黄堡鎮耀州窯遺址

穀《こく》の『清異録』、陸游《りくゆう》の『老学庵筆記』、葉置《ようち》の『坦斎筆衡』など宋代の随筆や小説に記述がみえ、その後、元・明・清各時代の文献でも言及されている。

宋時代の初め、耀州窯の工匠が新しい形の碗を生み出し、それが人々に愛好されたことが陶穀の『清異録』に記されている。すなわち「耀州の陶匠が一種の平底深碗を創造した。形は簡古で、小海鴎《かいおう》と号した」、また「雍都の酒海である。……遂に雍都の第一となり、瓷宮の集大成と名づけられた。瓷宮とは耀州青瓷の榼《こう》（酒容れ）のことである」とあって、千年前の耀州の青瓷が当時有名な酒器であったことがわかる。

宋、周輝《しゅうき》の『清波雑志』にも「かつて北方から来た人から聞いたところによると、耀州黄浦（堡）鎮の焼瓷は名を耀器といい、白いものを上等とし、黄河以北ではお茶を飲むのに用いるという。窯から出してもし壊れたものがあれば河に棄てるが、これが一晩で泥となってしまう」とあるが、伝奇的色彩が濃厚な記述である。

一方、陸游が『老学庵筆記』において、「耀州は青瓷器を造っているが、これを越器《えっき》と呼ぶのは余姚《よよう》（浙江省）の秘色《ひそく》に類するからである。しかし、造りが粗くて技巧に乏しく美しくない。ただ耐久性があるので飯屋ではこれを多用する」と述べていることは注目に値する。宋代の人々は、耀州青瓷の釉色をすでに「千峰翠色」の越窯「秘色に類す」と称していたのである。

耀州窯瓷器は当時の人々に好まれたため、毎年恒例の貢物に選ばれ、耀州窯では北宋宮廷のための貢瓷器が焼造された。宋の王存『元豊九域志』巻三には「耀州華原郡、土貢瓷器が五十件」の記載があり、『宋史』地理志（巻八十七・志四十）にもまた「耀州……崇寧年間には十万二千六百六十七戸、三十四万七千五百三十五人。瓷器を貢ぐ」とある。これらは宋の神宗から徽宗の時期（1068～1125）に耀州窯で貢瓷器が焼造されていた事実を示している。

しかしながら、早い時期の文献にみられる記載は断片的で、そこから耀州窯の全貌をうかがうことはできない。耀州窯に関して、多くはただ宋代以降の研究者がわずかな記載をもとに推測を重ねているにすぎないのである。近現代に至っても、内外の研究者たちは耀州瓷器の真の姿を明らかにすることができず、20世紀に入ってからもなお、耀州瓷器の伝世品がどの窯で焼成されたのか確定することができなかった。1950年代以前には耀州窯についての認識が乏しく、各時代の特徴も不明であったため、五代の耀州瓷器は「東窯《とうよう》器」、宋代の耀州瓷器は「汝窯《じょよう》」「北龍泉」「北麗水」、金代のものは「白龍泉」などと呼ばれていた。もちろん当時、耀州瓷器の伝世品は汝窯の瓷器と特徴を異にするとした識者もいたが、これらの伝世品の産地はなお不明であったため、ただ曖昧に「北方青瓷」と称されたのである。以上のような理由から、これらの古代名窯の産品は、正しい認識を欠く、全く見当違いの名を冠せられることとなったのである。

耀州窯址が発見されたのは、1931年の咸陽《かんよう》と楡林《ゆりん》を結ぶ咸楡道路、および1939年の咸陽と銅川《どうせん》を結ぶ咸銅鉄道の敷設工事が行われた時のことである。この二つの道路が窯址を貫くかたちとなって古陶瓷が多数出土し、また市場に流れた結果、内外のコレクターや専門家の注目を集めるところとなった。

学界が耀州窯の実地調査を開始したのは、1950年代に入ってからのことである。1953年、北京広安門外の工事現場から300件余りの青瓷盤の標本が出土したのがそのきっかけとなった。出土した標本の多くは刻花の龍鳳文が施されていたが、胎土、釉薬は越窯、龍泉窯と異なっていたため、上記の文献にみられる耀州貢瓷の記載にてらし、これこそが耀州窯瓷器ではないかという意見が提出されたのである。翌年、故宮博物院は陳万里《ちんばんり》、馮先銘《ふうせんめい》、助手の李輝柄《りきへい》を黄堡鎮耀州窯址の調査へ派遣し、その結果、窯址とともに宋、元豊7年（1084）の『徳応侯碑《とくおうこうひ》』（197頁）が発見された。この石碑は、目下中国において古陶瓷工芸の実情を記載した最古のオリジナル文献として非常に貴重なものである。

その後、陳万里は著書の中でこの窯についての基本的な認識を述べ、これまでの宋代耀州瓷器に対する誤った見解を正している。しかし、当時の調査資料は表面採集によって得られたものに限られていたため、その成果は宋代耀州瓷器の大まかな特徴を知るにとどまり、時代による特色や内容に関しての知識を得ることはできなかった。同年、陝西省彬《ひん》県の西にある洪龍河が洪水となり、水が引いたあとの崖下に貯蔵器として埋められた陶製の甕蔵《かめくら》が発見され、その中で確認された耀州瓷器およそ100点のうち54点が採集された。陝西省博物館はこれらの器物や各県から出土した青瓷を集め、陳万里に序文を依頼して『耀瓷図録』を編集し、これが宋代耀州瓷器を紹介した最初の専門書となった。

続いて1959年、唐金裕《とうきんゆう》を中心として、陝西省考古研究所が窯址について初めての考古発掘を行った。発掘面積は1472平方メートルに達し、宋・金時代の瓷器窯と煉瓦窯12基、工房5基が発掘され、上・中・下の文化層が明らかになり、晩唐・宋・金・元時代の瓷片8万点余りが出土した。この発掘は中国が瓷器窯遺址について行った最も早い大規模な科学的発掘であり、これをもとに『陝西銅川耀州窯』が刊行され、耀州窯の研究に比較的系統だった科学的な資料が提供されることになった。

1973年、陝西省考古研究所は禚振西《しゃくしんせい》の指揮のもと、この遺址の第二次考古発掘を行った。発掘面積は113平方メートルで、宋代の瓷器窯1基を発掘し、瓷器片および窯道具2万件余りが出土した。また五代青瓷と唐～宋時代のさまざまな瓷器が発見され、今後考古学的に解決されるべき問題が提出された。そのほか、旬邑《じゅんゆう》県安仁《あんじん》窯の調査が行われ、銅川以外の地区にも耀州窯系の窯址のあることが明らかにされた。

1984から1997年にかけて、陝西省考古研究所は杜葆仁《とほじん》と禚振西を中心として、14年に及ぶ系統的な発掘を行った。発掘面積は15000平方メートルに達し、唐・五代・宋・金・元の各時代の瓷器窯と工房、各々100近くが発掘され、出土した陶瓷器標本は100万余件、そのうち完整品と復元が可能な器物は数万件に及んだ。さらに原料加工場・原料置場・乾燥場・積荷場・穴ぐらおよび大量の工房用具・陶笵〔型〕・窯道具・支焼具等が発見された。そして唐・五代・宋・金・元・明の六つの文化層が明らかになり、この窯がこれまでの調査結果よりもさらに200年さかのぼるばかりか、さらに100余年にわたって引き続き使用され、800余年の歴史があることが確認されたのである。

また新たに唐三彩、瑠璃瓦、青瓷、花釉瓷器が発見され、大量の黒釉・白釉・茶葉末釉や白釉緑彩・白釉褐彩・素胎黒彩〔素地黒花〕・青釉白彩・黒釉剔《てき》花填白〔掻《か》き落とし白彩〕等の陶瓷器が出土した。特に唐三彩や唐の青瓷が大量に発見されたことは重要な意義をもっている。さらに北方青瓷において五代の文化層が発見されたのは初めてのことであり、五代の淡天青釉瓷〔淡い天青色の青瓷〕と「官」字銘のある瓷片が発見されたことは、北方地区の陶瓷史の空白を埋めるばかりでなく、伝世の「東窯器」の問題を解決することにもなった。また、唐から元明までの各時代の耀州瓷器の特徴が明らかになった結果、系統的な時代区分が可能となった。その成果は中国陶瓷考古学において非常に重大なものであり、20世紀中国100の重大考古発見および20世紀陝西十大考古発見のひとつに選ばれた。

この発掘は耀州窯の発展の歴史、内容について総合的な認識を得るための系統的な資料を提供するだけでな

「官」字銘瓷片

く、唐から元明時代の他の北方諸窯の編年においても重要な意味をもつものであった。このようにこの発掘の成果は非常に重視されたため、陝西省の1985年の重点項目および国家社会科学基金援助の重点項目に加えられた。また、現在までに『唐代黄堡窯址』『五代黄堡窯址』『宋代耀州窯址』という報告書がシリーズで出版され、『金元耀州窯址』も刊行をひかえており、耀州窯研究のための総合的科学資料を提供している。

1950年代末と1980〜90年代の耀州窯遺址の発掘は、中国における古陶瓷窯址の最大級のものであった。黄堡鎮耀州窯址の大規模な考古発掘によって、系統的な資料が得られ、窯址の真相を知る条件が整った結果、耀州窯の全貌がようやく明らかになってきたのである。

1970年代の初めから、筆者らは幸いにも耀州窯の考古調査や研究活動に従事することができ、すでに30年もの月日が経とうとしている。かくも豊富な遺址、出土品を目の前にして、われわれは耀州窯をめぐるあらゆることに思いを馳せ、深い感慨を抱かずにはいられない。代々の窯場の工人たちは、労働に励み、追究の手を休めず、絶え間なく探索を続け、よく学び、改革創造の精神をもって人類社会のために多くの芸術品を生み出してきた。また1930年代に文物関係者がこの遺址で宝探しを始めてから、今日近代的な耀州窯博物館が落成開館するまで、数代にわたる考古学者はみな労苦を重ね、心血を注いで研究活動に従事してきたが、これは本当に容易なことではなかった。われわれ研究者やコレクターが、耀州窯の工人のようによく学び、探究心をもち、より深く耀州窯の歴史を認識し、各時代の特徴をしっかりと把握し、あわせて歴史文化を物語る各々の耀州瓷器がもつ豊富な内容を理解するよう切に願うばかりである。

発掘報告書

第2章

窯の概況

築窯の条件と歴史文化的背景

黄堡鎮の耀州窯址は漆《しっ》水の流れが陝西省銅川市を経て耀県に入る手前の西岸に位置している。古くはこの辺りは水源が豊かで原料や燃料も足り、交通の便もよく市場も大きく、陶瓷器の焼造には有利な条件が整っていた。現在内外に名を馳せる耀州窯は、このような背景のもと焼造を開始し発展してきたのである。

豊かな水源　漆水は古くは県境の北から南に向かって流れ、黄堡を経ていた。両岸は広々と開け、台地が発達し、比較的幅の広い土地は窯場の建設に適していた。かつての「十里窯場」は漆水の両岸に沿って一の字に分布し、河に臨むようなかたちで各窯が築かれていた。「傍らには緑水が瀉れる」のは「土を合わせて坯《はい》(素地土)とする」のに便利であり、同時にまた「長河に沿って居し、日ごとに廃瓷を水に投ずると、波に随って下流へと流れていく。山側に至るとことごとく白泥に化《かわ》り、すべて沙石の中に混じって、その霊は窮まるところがない」といわれ、廃品や廃材の処理にも困らなかったのである。

豊富な原料　黄堡鎮は関中平原の北部に位置し、堆積岩地帯に属している。そのため瓷土や釉薬の原料が豊富で、大量の石炭や石灰石などの鉱物資源をも埋蔵している。耀州瓷器が使用しているこの種の瓷土は、地元では「坩土《かんど》」、俗に「矸子《かんし》」といい、黄堡鎮一帯の豊富な地下資源である。『同官県志』鉱物志には「陶瓷器をつくる瓷土は石灰二畳紀(ペルム紀)の青灰色および黄褐色の頁《けつ》岩で、採掘後に風化を待ってからこれを用いる。釉薬にはオルドビス紀の石灰岩中の頁岩、石炭系の一種の頁岩を用い、これは富平《ふへい》（陝西省北東）の明月山から産出する。耐火土と石灰釉の原料は窯場の付近から産出する。上記の原料は白色釉薬を富平から採取するほかはすべて黄堡鎮、立地坡、上店村、陳炉鎮と県城付近に分布している」とある。陶瓷器は「土の芸術品」と称されるほどで、窯場の大規模な生産活動は、豊富な瓷土があるかどうかにかかっていた。

恵まれた燃料　陶瓷器はまた「火の芸術品」ともいわれる。燃料はその生産過程で不可欠なもうひとつの物質的条件である。黄堡鎮は両側が台地状になっており、『徳応侯碑』に「青峰が四方を回り」「草木は奇怪」とあるのは、宋代およびそれ以前ここには豊富な木材資源があって、そうした燃料資源が唐・五代の300年余りの窯の生産活動を支えてきたことを物語っている。同時に、この地には豊かな石炭が埋蔵されていた。『同官県志』鉱物志には「石炭の質は高く、実に南北に冠する」、また「同官炭田が産する石炭は、炭素分が多く石灰分が少ない。質は高いが、わずかに硫黄分を含んだ火が出る」とある。すなわち、これらの燃料が宋代に始まる石炭焼成の基礎となったのである。

現地産の瓷土と石炭はすべて漆水両岸の階段状台地下の岩盤から採掘された。瓷土は「石灰二畳紀（ペルム紀）の青灰色や黄褐色の頁岩」であるから、石炭とは異なった岩層の共存物質である。採掘に際してはたいてい斜坑法で掘り進み、岩内に入って採掘する。窯場両側の台地の下には斜坑の入口が多く発見されており、地元では「古井戸」と呼ばれているが、すでに永い年月を経て崩れ落ち、現在はただ入口部分が見えるだけである。これら古い穴跡は、当時この窯場で瓷土や石炭を採掘していたことを物語るものである。

交通と市場　黄堡鎮は古代「シルクロード」の起点で

ある長安城（現在の西安市）からわずか100キロの距離にある。製品は長安城を集散地とし、交通は便利で市場も大きかった。西方へはシルクロードに沿っての販路があり、東方へは水路を使って東シナ海まで製品を運送することができた。同時にここは陝西省北部と長城以北の地へ通じる関中の要衝の地であり、北方への販路も確保されていたのである。

文献の記載によると、銅川黄堡一帯は秦代には頻陽《ひんよう》県に属し、魏晋時代には北地郡の管轄に帰し、北魏と西魏の時期には黄堡県が設置されたこともある。唐代には宜州、雍州、京兆府に属し、前後二度にわたって設置された鼎州と接することもあり、唐代の都長安の隣接地区であった。五代南唐の同光元年（923）に耀州が設立され、銅川黄堡一帯は耀州の管轄となり、宋代以降は変わることがなかった。

黄堡鎮は漢・唐時代には都の隣接地区であったため、政治・経済・文化のすべてが発達した。伝統文化の層が厚かった一方で、風俗や民俗・社会風潮・美意識などは、国際都市長安のもつ外来文化の影響を受けることも多く、このことがまたそのほかの地区の発展を促すことになった。唐の経済文化の中心である長安城のこのような大きな影響下にあって、耀州窯は焼造を開始して以来、発展に向かうかなり大きな力を備えていたといえる。優れた自然環境や文化的条件、層の厚い歴史背景のもと、唐代に起こった耀州窯はその後急速に名窯へと成長していったのである。

窯場の規模

耀州窯の範囲は発見された窯址からみると、唐代から宋・金・元代までの前期の窯は、現在の陝西省銅川市黄堡鎮付近の窯場を中心として、上店、立地坡、棗村、東山、陳炉鎮と耀県の唐坡、董家河一帯に分布しており、元代以降民国までの後期の窯は陳炉鎮の窯場を中心としている。

これまでの考古学的な調査、発掘から、黄堡の耀州窯は唐代に生産を始め、五代に成長を遂げて宋代に全盛期を迎え、金代の継続期を経て元明代に衰退していったことがわかっている。窯址地区は、南は新村鳳凰溝にはじまり、北は銅川市のセメント工場以南の泥池、東は偉家塬、西は呂家崖に達し、南北の長さ５キロ、東西の幅４キロ、総面積は2000万平方メートルに及ぶ。遺址は漆水に沿ってその両岸に連綿として続き、はるか十里〔５キロ〕に及び、まさに『同官県志』の「南北は河に沿って十里すべて陶冶の地で、これが所謂十里窯場である」という記載に合致する。そのうち黄堡鎮以南、銅川市の鉄工所から新村溝にかけての一帯が窯址の中心地区で、1988年には全国重点文物保護単位に指定されている。

中国の著名な古陶瓷窯のなかでも、耀州窯はその規模が大きく文化堆積層も厚く、焼造期間が長く内容的に豊富なものがあり、そのうえ破壊の比較的少ない窯場である。

民国の『同官県志』工商志には、「同官黄堡鎮の瓷器は、宋代にすでにその名を馳せていた。これがすなわち現代の鑑定家が言うところの宋器であり、実に精巧で素晴らしいものであった。しかし残念ながら金元の兵乱の後、窯場は灰燼に帰し、ついに伝承は絶えた……立地、上店、陳炉の各鎮に引き継がれたが、現在、立地、上店はすでに生産をやめ陳炉のみが残っている。しかしながら人民は貧窮し、販路も途絶え、今や粗瓷を制作するばかりである」とあり、また「黄堡鎮古瓷廠は……制作された瓷器は、形は雅にして素朴、刻文は巧みで釉色は美しく、表面には冰裂文〔貫入〕がみられる。艶やかな欧州瓷器や精緻な景徳鎮瓷器には比べようもないが、近年頗る中外の人士の注目を集めている」とある。

雍正4年（1726）の『陳炉鎮西社重修窯神廟碑』には、「同邑の東南郷は土が少なく石が多く、おおむね陶を以って生計をたてている。その先はすなわち黄堡に始まり、かの窯廠が廃されてから、陳炉鎮一帯でその業を学び始めた」という記載がある。

黄堡を代表とする窯場は、古代その規模が非常に大きく、宋、元豊7年（1084）の『徳応侯碑』の記載によれば、宋代この地の「人々は陶器で利を得て生計をたてていた。生産された陶瓷器は「金を鋳型としたように巧みで、玉を彫り磨いたように精巧」であった。『徳応侯碑』にはまた「始め土を合わせて坯（素地土）となし、轆轤をひいて製作すると方円・大小はすべて規格通りとなる。然る後に、窯に納めて焼造する。烈焔の中にあって青煙が外に飛び、鍛煉すること日を累ね、赫然としてすなわち成る。はじけば金石がふれあうような音がし、その色は温かく柔らかい」と記されている。

40年以上もの間、数百年もの沈黙を守ってきた「十里窯場」の廃墟の上で、何代もの考古研究者たちは、この歴史的名窯の真の姿を甦《よみがえ》らせるため、またそこに新しい生命を吹き込むために、調査、発掘、研究に心血を注いだ。1994年には耀州窯博物館が開館しているが、それは目下のところ中国では収蔵品の最も豊富な最大の陶瓷器

耀州窯博物館

陳列室

参考研究室

専門の博物館である。総面積は23300平方メートル、展示面積は3400平方メートル、展示は「耀州窯史陳列」「陶瓷器制作実習」「参考と研究」などのコーナーに分かれている。この博物館は、耀州窯陶瓷器の収蔵、研究、展示、倣製を行い、考古発掘による出土品と遺址の復元展示から耀州窯の歴史と成果を再現し、中国の輝ける古陶瓷文明を宣揚するひとつの殿堂となっている。

陳炉鎮一帯の耀州窯後期の窯場については、現在全面的な考古調査や地層の分析が進められており、間もなく考古報告が行われる予定である。目下参考となりうる基本資料は、禚振西、荒井幸雄、王小蒙、王芬「耀州的陳炉、立地坡、上店古窯調査簡報」(『東洋陶磁』1996−97号,Vol.26)および禚振西、薛東星「銅川陳炉地区瓷窯遺址調査収穫与相関問題」(『文博2002年　増刊号』)である。

窯の構造

耀州窯遺址は、前後合わせて100余基の窯が発掘されている。そのうち、1984〜1997年に明らかになったものが86基で、唐・五代・宋・金・元の五つの時代の遺址が含まれていた。瓷器を焼造する窯以外に、唐三彩、石灰〔釉薬の材料〕そして煉瓦の窯がある。古い長方形の工房を再利用した金代のものを除いて、すべての窯は平面がほぼ馬蹄形を呈し、頂部はアーチ型で、外形が饅頭に似ているところから「饅頭窯《まんとう》」と呼ばれている。瓷器を焼成する窯はすべて耐火煉瓦を積み重ねて構築されている。耀州窯は800余年にわたって生産が行われており、造られた饅頭窯も各時代によってさまざまである。時代が異なれば構造や規模なども異なり、全体的な構造の特徴と時代によっておおよそ2種に大別される。第一のタイプは唐・五代の時期に建造、使用された薪《まき》燃料の饅頭窯で、第二のタイプは宋・金・元・明の各時代に造られた石炭を燃料とする饅頭窯である。

1）薪燃料の饅頭窯

耀州窯址で発見された第一のタイプの窯はすべて、焚き口、燃焼室、焼成室、排煙孔と煙突の四つの部分から構成されていた。耐火煉瓦で構築され、外面には耐火粘土を貼っている。使用年代は唐・五代である。焼成された品種は瓷器、素焼き、低火度の三彩器で、燃料には薪

五代・饅頭窯の平、断面図

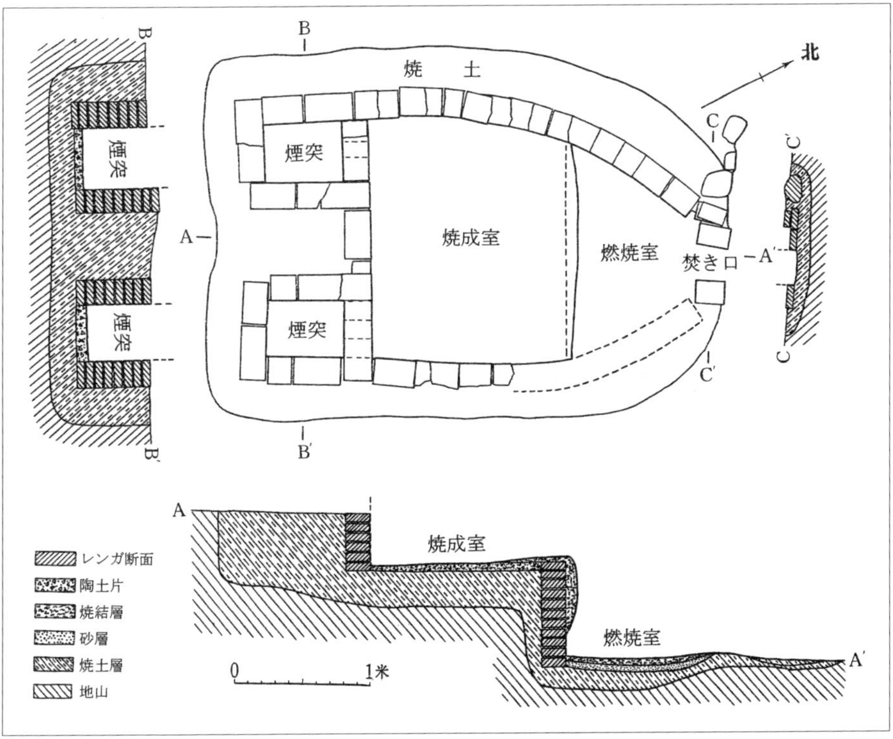

〈唐三彩窯址〉

工房址　　窯址

工房内残存の未焼成品

未焼成の獅子形の象形品

窯址

〈宋代窯址〉

窯址

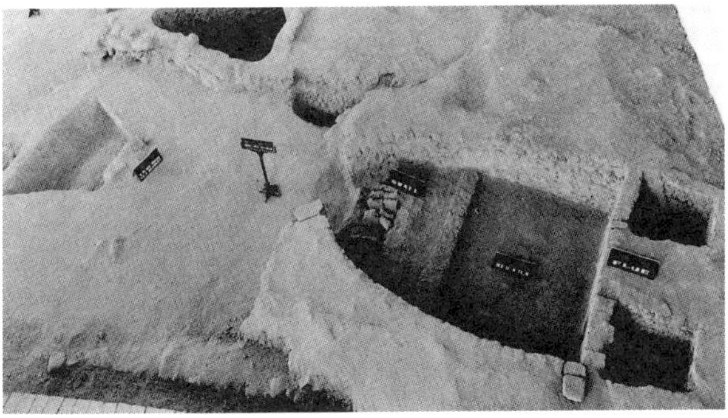

窯址

工房址

工房内部

工房址

が使用された。この種の窯は焚き口が最も手前に設けられ、窯詰めや窯出しの際はもっぱらここから出し入れが行われた。窯詰めの後、耐火煉瓦で焚き口を密封するが、その時、焚き口上部に炎の状態をみる孔をひとつ残しておき、下部にも通風用の方形の孔を残すようにする。発掘時、この類の窯の焚き口の下には山積みになった薪の灰が発見され、ここが灰のかき出しと通風の両方の機能を備えた設備であり、薪を燃料としていたことが確認された。窯の破壊が甚だしく、薪をくべ、炎の状態を見るための孔は発見されていないが、窯構造と設備の分析から、ひとつの孔で両方の役割を果たしていたと見るべきで、その位置は通風と灰出しの孔よりも高い位置にあったと考えられる。

燃焼室は焚き口とつながっており、床面は平坦で、手前が狭く奥が広く、扇形を呈している。この種の窯は燃焼室が焼成室よりも低い位置にあり、燃焼室の下に落灰や通風の設備を設けていない。窯床は燃焼室の奥の一段高くなったところで、平面は手前が高く奥が低く、左右に長い長方形を呈している。発見時、床面には砂粒状の耐火材が一面に敷き詰められ、その上に耐火煉瓦と柱状の支焼台が散乱していた。おそらく焼成時は製品を匣《さ》鉢《や》に入れ、支焼台の上にのせたと思われるが、支焼台上に置かれた匣鉢の遺物は発見されていない。

焼成室の奥には、隔壁で隔てられた煙突が左右に二つあって、焼成室の後部両側に整然と並び、大部分が耐火煉瓦で構築されている。山を利用して造られた少数の窯では、切り立った断崖を背にし、そこに二つの柱状の溝を掘り出して煙突にする。残された窯の遺構を見ると、煙突の底部と窯床は水平で、平面は方形を呈し、下部は幅が広く上にいくほど狭くなり、排煙に便利な構造になっている。間隔を置いて配された煙突と焼成室の隔壁下部には、左右の煙突につながる排煙孔が設けられており、やはり耐火煉瓦で造られている。唐・五代の窯には、窯の奥の隔壁下部に二つの排煙孔をもつ例がよくある。煙突の抽引力は排煙孔を通して、燃焼時に窯の頂部まで上昇した炎を吸い寄せ、焼成室頂部と下部の温度差を調節し、焼成室内の火の回りを均等化させる。

耀州窯遺址内で発掘された唐代の窯はすべてこのタイプであるが、この種の窯には、唐三彩を焼造したものと瓷器を焼造したものの2種類があった。瓷器を焼成した窯は長さが6メートル余りと規模が大きく、唐三彩や低火度の単彩を焼成したものは長さが3メートル余りと小さい。また瓷器を焼いた窯の焼成室は一般に奥行よりも左右の幅が広いが、唐三彩などを焼いた窯の焼成室は薪の炎の特性に応じて、左右の幅よりも奥行のある縦長の長方形となっている。耀州窯ではこのタイプの窯が五代まで引き続き使用された。五代の窯は唐代のものに比べて小さくなるが、焼成室の比例は奥行よりも左右の幅が広いものであった。

2）石炭燃料の饅頭窯

耀州窯址で発見されたもうひとつの窯のタイプは、石炭を燃料とするものである。この種の瓷器窯は焚き口、燃焼室、通風路と落灰坑、焼成室、煙道と煙突の五つの部分から構成されている。耐火煉瓦を用いて構築され、外面に耐火粘土を貼るという、耀州窯で最も多い種類のものである。この種の窯は、構造が第一のタイプの窯よりも複雑で進歩しており、最も顕著な違いは燃焼室内に落灰坑を設けたことと、窯の外から地下を通って窯内の落灰坑上部に至る通風路を設置したことである。落灰坑は一般に焚き口の正面、燃焼室の中央に設けられ、平面は長方形あるいは半円形を呈する竪穴である。落灰坑の大小、深さは時代によって異なり、宋代早期は一般に細長くて浅く、中期には次第に大きさと深さを増し、宋代末に至っては容積が増すばかりでなく、長方形の竪穴が半円形のものへと変化する。落灰坑の頂部には、しばしば耐火煉瓦を間隔をおいて配置した火格子、あるいは火格子用の煉瓦が置かれた跡が発見されている。残された各種火格子の耐火煉瓦をみると、あるものは特別に造られたものであることがわかる。この種の煉瓦の横断面は三角形を呈しており、尖った方を下に、平らな面を上にして置く。これは落灰坑に架け渡すのに便利なだけでなく、燃焼の過程にできる石炭の燃えかすを振り落し、炎の勢いを保つのにも効果的である。またあるものは、長方形の耐火煉瓦を互い違いにはめ込んで、煉瓦の間から風を通す仕組みになっており、その高等な技術にはただ驚かされるばかりである。

北宋以降の窯の落灰坑からはつねに燃焼後の粉状の白い灰が発見されるが、中には小さな顆粒状の石炭の燃えかすが混在しているものがあって、この種の瓷器窯が石炭を燃料としていたことが確認される。また、落灰坑と火格子の設置は、使用する燃料の変化にともなって採用された新しい設備である。落灰坑の増設にしたがって設置されたもうひとつの設備は、焚き口の外から燃焼室の火格子に至る通風路である。通風路は石または煉瓦で構築された長方形の通路で、すべて窯の前方の地下に設けられている。燃焼のための酸素の供給に便利なように、通風路の入口はラッパ形を呈している。

すでに発見された遺址からみると、この種の通風路は宋・金・元の各時代によっても変化がある。発掘されたもののうち、最も年代が早く完全なものは宋代のもの（発掘番号85THY5）で、通風路は長さ4.4メートル、幅0.27～0.60メートル、高さ0.1～0.24メートル、緩やかな傾斜があって前方が低く奥へ向かって高くなっている。入口には二つの大きな石が置かれ、平面はラッパ形で、上部を石板できっちりと覆ってからさらに土でならし、工人がその上で作業するのに支障がないようにされていた。通風路には溝状の跡もみつかっているが、これは酸素を送る量をコントロールするために設置された装置の痕跡である。こうしてみると、宋代耀州窯は焼成において非常に厳格に炎の制御を行っていたことがわかる。当時は使用燃料を変更し、窯の構造を調整したばかりであったが、当時焼成されたオリーブ色の青瓷は釉色が温潤で優美であった。これはすなわち窯構造が科学的に理に適っていたことの現れで、ここに至って耀州窯の焼成技術は格段の進歩を遂げたといえるだろう。

この後、窯と落灰坑の容積が拡大するにつれて、通風路もまた少しずつ大きくなっていく。玉華《ぎょくか》や立地坡《りっちは》、陳炉《ちんろ》の元明時代の窯に至っては、通風路の中に人が入れるほどになり、通風路は酸素供給という本来の機能のほかに人が中に入って炎の調節をしたり、石炭の燃えかすを取り除くという役目を果たすようになる。

そのほか、第二のタイプの窯は、プランが第一のタイプのものよりも丸く幅広で短いものとなっている。特に燃焼室の部分がそうで、第一のタイプの窯は薪を燃料とするために炎が長く、燃焼室も細長く構築されたが、第二のタイプの窯は石炭を燃料とするために炎が短く、焼成室の各部分に炎が行きわたるよう、焼成室を幅広で奥行きの少ない形に改築した。第二のタイプの窯は、宋代に始まり金・元・明と続き、単独のもの以外に2基あるいは3基を並列させ、品の字形に配列したものがある。

以上に述べた2種の窯のほか、耀州窯遺址にはさらに低火度鉛釉の試焼用の小窯、高火度釉の融剤である石灰石を焼く小窯や耐火煉瓦を用いず黄土上に直接構築した土器、煉瓦窯等の補助的な窯があるが、ここでは詳述しない。

耀州窯は、現在北方地区に見られる瓷器窯のうち、石炭を燃料とする最も早い例である。宋代耀州窯は窯を改良し、燃料を薪から石炭に換え、窯の構造の改善に努めて落灰坑と通風路を発明し、火格子を設けて石炭が十分に燃焼されるようにした。耀州窯青瓷の技術を学んだ禹《う》県、臨汝窯等を含めて、同時期のその他の北方の窯は当時依然として薪を燃料としていたのである。耀州窯は中世において最も先進的な窯構造を発明し、こうした良好な焼造条件のもとに耀州瓷器は絶え間なく革新を続けていったのである。

工房遺址

耀州窯の各種の工房は、建築構造から露天のものと室内のものとの2種に分類される。露天の工房は主に原料を加工するのに用いられ、家畜牽引式の石臼で原料を粉砕する粉砕場、粉砕した原料を水簸《すいひ》する水簸場があった。室内の工房はすべて半地下洞穴式の建築で、器物の成形や施文、施釉が行われた。

現在すでに唐・五代・宋・金・元各時代の工房があわせて100基近く発見されており、さらに原料置場・寝かし場・積荷場・穴ぐら等の遺址が確認されている。これらの工房およびそれに付設された設備の遺址から、耀州窯の各時代の建築設備、工具そして生産過程を再現することができる。

1）原料粉砕場

工房遺址とそこから出土した遺物を観察すると、耀州窯はその創業から生産停止まで瓷土原料の粉砕加工を行っていたことがわかる。唐・五代の時期には原料粉砕のための独立した工房がなく、成形工房の中に「石碓《うす》」とよばれる原料粉砕用具が置かれていた。石碓は上部に孔のあいた石柱あるいは木柱を縦軸にし、その孔に木製の棒を差し込んで一端に杵をつけ、もう一端を足で踏むことにより杵でたたいて石臼の中の原料を粉砕した。

宋代の石碓

宋代になると、大規模な生産活動を行うために粉砕場が設けられ、そこには21個の円弧形の石でつくられた粉砕槽が置かれた。石の長さは0.8～1.26メートル、幅0.5メートル、横断面は凹形で、両側に石積みの壁をつくり、粉砕槽は全体として直径が7メートルの環状になっていた。中心には縦軸をさしこんだ跡があり、その軸に垂直に横軸と碾輪《てんりん》〔横軸にとりつける円形の石板〕が取り付けられた。またその外側には家畜に踏み固められた跡も確認されている。規模が拡大したばかりでなく、人力での加工が家畜牽引式に取って代わり、粉砕加工の量と効果もまた増大したのである。

石製粉砕槽を用いて原料を粉砕する際には、粉砕槽に水を注入するが、これは粉砕過程で潤滑剤となり、また同時に塵を除く効果があった。粉砕後の瓷土原料は泥状になって粉砕槽に流れ出すが、粒子が細かく均一になった時が最もよい状態で、こうして美しい宋代の耀州窯瓷器の大規模な制作活動に、最上の素地土《きじつち》が用意されるようになったのである。

宋代耀州窯瓷器の胎土の質は均一で、緻密なものであるが、これは家畜牽引式の石製粉砕槽を採用して原料を粉砕したことと密接な関係がある。この種の粉砕装置については、明代の宋応星《そうおうせい》の『天工開物《てんこうかいぶつ》』に記載があるが、耀州窯遺址の石製粉砕槽はその記述より数百年もさかのぼるもので、これもまた宋代耀州窯の陶瓷器生産技術がいかに進んでいたかを物語るひとつの証しとなっている。

2）水簸場

粉砕された原料は、必ず水簸《すいひ》〔水中での沈澱による分離を利用した素地土の精製法〕の過程を経て瓷土中の夾雑物を取り除かなくてはならない。早くは唐代に、黄堡窯〔唐～五代の耀州窯の呼称〕は原料の水簸を行っていた。使用された道具は、石塊をくりぬいてつくった大小さまざまな長方形の石製水簸槽で、両側壁には高さの異なる二つの孔が穿《うが》たれていた。高い位置の孔は内底から4センチのところにあって口径はやや小さく、低い位置の孔はもう一方の側壁の中心下部にあって口径はやや大きめになっている。水簸の時にはまず左右の孔を塞《ふさ》ぎ、中に粉砕した原料と水を入れて攪拌《かくはん》する。細かい瓷土は水中に浮き、粗雑物は分離して底に沈む。その後、高い位置の孔から細かい瓷土を含んだ水分を取り出し、次に低い位置の孔から石槽の底にたまった粒子の粗い石英や雑物を取り出すのである。この種の石製水簸槽は、水簸槽自体の制作に手間がかかり、使用方法が不便なだけでなく容量があまりにも小さく限られていて、大量の原料を水簸するのが非常に困難であった。唐代瓷器の胎土が比較的粗いのはまさにこのためである。

五代になると水簸の状況がより改良され、石で構築された水簸槽や泥漿《でいしょう》〔泥土の水溶液〕を入れる土器の甕などが発見されている。しかしその数は非常に少なく、水簸工程の技術は多少改善されたとはいえ水簸できる瓷土の量には限りがあった。おそらくこうした設備は、主に白胎のものをつくる際に使用され、そのほかの大部分の原料は水簸を行うのが依然困難であったと思われる。

宋代には、粉砕場で泥状の原料を大量に精製加工するために、独立した水簸場が設置された。この水簸場には水簸、沈澱や寝かしの設備があった。規模が大きく、保存状態が良い78号水簸場を例にとると、東西長さ30メートル、南北は残存部分が約12メートル、内に水簸槽、沈澱槽、寝かしのための土器の甕や粘土塊などの跡が見つかっている。

水簸槽は2つあり、ともに長方形を呈している。三面に壁をつくり一面を開いた塵取りのような形をしていて、底面はやや傾斜があり、全体として水中攪拌に便利な形になっている。水簸槽の壁面下方には沈澱槽に通じる注ぎ口が設けられていた。

沈澱槽も2つあり、ひとつは角の丸い方形を呈し、底部より口縁部がやや大きく、一辺が各々およそ4メートル、深さは約2メートルであった。沈澱槽の口縁部は水簸槽の下に位置し、両者はぴったりとつながっていて、沈澱槽の中には水簸槽から流れてくる泥漿を受ける溝がつくられていた。

寝かしのための土器の甕《かめ》は28件確認された。甕は比較的整然と水簸槽と沈澱槽の周囲に並び、底部は一部土中に埋められ、さらに粘土で固定されていた。発見時、甕の中にはきめの細かい素地土が残っていた。

泥料遺址

78号宋代水簸場のこれらの遺址から、当時の大規模で先進的な水簸技術はもとより、粗密の段階を分けた水簸、雑物除去、鉄分除去、沈澱、寝かし、練り込み等、かなり完好な製作工程が確立されていたことが理解される。今からおよそ一千年も前の宋代耀州窯で、このようなことが実現したというのは実に稀有なことであった。宋代耀州窯の水簸工程と千年後の現代のそれとを比較すると、電動機械を使用するほかはほとんどが同じなのである。こうした進んだ原料加工技術によって造り出された素地土はきめが細かく、強い可塑性を有していた。唐・五代の素地土と比較すると、粘度がかなり高まっており、成形の際にはのびがよく可塑性に富み、その結果、工人たちは造形が斬新なさまざまの優れた作品を生み出すことができたのである。宋代耀州窯はかつてない発展をみせたが、こうした進んだ原料加工技術によって高品質の素地土造りの基礎がつくられたのである。

3）生産工房

これまでに発見された100基近い成形と施釉の工房は、すべて黄土高原地区に古くからある洞穴式建築である。これらの生産工房は河に臨んで建てられており、水汲みにも廃材の処理にも便利であった。各工房の洞穴数〔部屋数〕はさまざまで、少ないものは1～2、多いものは7つの洞穴からなっていた。

唐代の洞穴式工房はアーチ型の半地下土洞式で、一部は長期にわたる使用によって崩れ、煉瓦や石、柱で補強したあとが残っていた。平面は長方形で、幅は約3メートル、奥行きは3〜17メートルとまちまちである。一般に入口までの通路を掘り、その下に石積みの階段がつく。その傍らには炉が設けられ、寒い日には室内を温かくし、また成形したものを乾燥させるのにも用いられた。炉の煙突は石や煉瓦で造られ室外に通じていた。室内には木製の轆轤《ろくろ》や陶笵〔型〕が置かれ、奥には粘土を積んだり、施釉用の大甕や小型の石杵、臼を置いたり、焼成前の半製品を並べたりした。7つの洞穴をもつ三彩工房のひとつ（発掘番号ⅡZ2）からは、早期の「開元通宝」銭、木製の轆轤、積み重ねられた千点に近い未焼成の碗、盒、灯、盆や三彩器、瓷器などが出土した。この工房の他の6つの洞穴からは、多くの陶笵や積み重ねられた灯、貼り合わせる前の水注胴部と注口が別個に出土している。このことから唐代の比較的大規模な工房では、おそらく一定の分業が行われていたと考えられる。

五代の工房もまた半地下土洞式の建築であり、代表的な遺址は発掘番号Z70の工房址である。この工房は平面が長方形で、幅2.65〜3.2メートル、長さ11メートル、室内は壁によって前後二室に分割されていた。後室には粘土塊と二つの轆轤用の穴の址があり、そこが器物を成形する場所であったことがわかり、前室には釉を入れたと思われる大きな甕が置かれていた。工房の規模は小さく、構造と設備状況は唐代のものに近い。

北宋と金代の工房もまたアーチ型の洞穴式であるが、土洞式のものから煉瓦、石、廃棄された匣鉢等を用いた塼石構造の建築となる。まず石材で基礎をつくり、煉瓦や廃棄された匣鉢で壁をつくり、楔《くさび》形の煉瓦でアーチ型の屋根をつくる。この種の楔形の煉瓦は、片面がわずかにふくらみ、もう一面がわずかに凹み、平面は台形となっていて、宋代耀州窯で特別に造られたアーチ型天井用の煉瓦である。アーチ型天井をつくる際には、楔形の広い面を外に、狭い面を内にして洞穴の天井を構築していく。楔形煉瓦は普通の長方形の煉瓦に比べてぴったりと隙間なく並べることができ、堅固な造りとなり、陝西地区で発見された塼石を用いた構造の洞穴式建築としては目下最も早い例となっている。宋代のこの種の洞穴式工房は、耀州窯博物館の保護展示室内にある遺址がその代表例で、これは二つの並んだ作業室からなっている。洞穴の構造は、入口にいたる通路、作業室、煙突のついた炉の三つの部分からなり、入口への通路は室内の地面よりも高い位置にあって、石の階段を通って中に入る仕組みになっている。作業室は平面が長方形で、第一室は長さ7.8メートル、幅2.8メートルと小さめで、第二室は長さ12.65〜12.8メートル、幅4.55〜5.1メートルと大きい。洞穴の壁は石片、長い石、石板などの石材を組み合わせて基礎をつくり、その上に廃棄された匣鉢や煉瓦が積み上げられている。天井部分の楔形煉瓦は、発掘調査された際すでに大部分が崩落していたが、残されたアーチ部分から判断すると、径間（スパーン）は唐代のものよりも明らかに広くなっていた。煙突のついた炉は室内前部に設置されるが、その大きさは必要に応じてまちまちである。炉は石板と廃棄された耐火煉瓦で構築され、中は空洞で、耐火煉瓦でつくられた排煙管は室外の煙突に通じている。煙突は入口の外の片側にあり、石積みで円形に造り、排煙に便利なように下部は幅が広く、上にいくほど狭くなっていた。二つの作業室は室内の広さが異なり、大きな作業室（発掘番号Z1-2）は面積が約60平方メートル余、室内には炉以外に水甕と大きめの石臼、土練り場、成形用の轆轤や器形を修正したり印花装飾を施すための作業台などがあった。

以上のことから、この部屋は小規模の原料粉砕を行い、練り込み、成形そして文様の装飾を行う総合的な作業室であったと推測される。一方小さな作業室（発掘番号Z1-1）は面積が20平方メートル余しかなく、室内の設備も比較的簡単で、炉以外には３つの土器の大甕が並んでいるだけであった。発掘された際、この甕の中には細かい粒子の粘土質の原料が残っており、化学分析によるとこれは約30パーセントのカルシウムを含む釉薬であることが判明した。また小さな作業室の両壁最上部、アーチ型天井との境界部分には、6つの煉瓦を用いてつくった長さ17センチの方形の孔が作り出されていた。おそらくここには梁《はり》がわたされていて、そのうえに棚板を置いて使用面積を広げ、施釉の終った器を並べ、乾燥させるのに用いたのであろう。小さな作業室は成形された器に釉をかけ、これを乾燥させる場所であったにちがいない。

この工房址は漆水《しっすい》の河岸に面しており、入口前方には原料の蓄積と寝かしの場所があり、右手には耐火煉瓦で構築された瓷器窯と石炭置場がある。全体の規模は大きくないものの、立地条件、建造物の配置は合理的で経済的、実用的であり、これが耀州窯の宋代晩期から金代初期にかけての家族経営による小規模な窯場の典型であった。現在、この遺址は耀州窯博物館の保護展示室内にあり、いつでも研究、参観が可能である。

以上、各種の工房遺址の発見により、耀州窯の陶瓷器生産は窯詰めに至るまでどのような過程を経るかが明らかになった。まず採掘した原料を粉砕してこれを水簸し、沈澱、寝かし、土練りを経て、粒子が細かく夾雑物の少ない、可塑性が強く緻密な素地土を造りだす。これを主に轆轤を用い、型や手びねり、彫塑の手法で補って成形し修正を加える。装飾を施す場合には、半乾きの段階で劃花、刻花、印花、絵付け、透し彫り、貼花等の技法を用いて施文する。こうして形づくられた器物は、最終的に化粧土と釉薬または釉薬だけをかけ、乾燥するのを待って焼成されるのである。

これら工房遺址の発見は、耀州窯の各時代の陶瓷器製作現場を再現し、生産技術の発展過程を明らかにするもので、耀州窯の焼造の歴史を研究する上で非常に貴重な資料となっている。

焼造の歴史と編年

耀州窯の焼造の歴史は唐・五代・宋・金・元・明の6つの時期に大別される。

第1期　唐代

唐代は初唐、盛唐、中唐、晩唐の4段階に分けられる。瓷器は黒釉・白釉・青釉・黄褐釉・花釉・茶葉末《ちゃようまつ》釉・外白内黒釉・外青内黒釉等の単色および多色釉瓷器、白釉緑彩・白釉褐彩・素胎黒花〔素地黒花〕・青釉（下絵）白彩・青釉黒彩・黒釉剔花〔掻落し〕(填)白彩・白釉褐緑彩等の高火度釉彩瓷器、そして唐三彩・低火度単彩釉や瑠璃瓦等がある。胎土は比較的粗く、顆粒状の夾雑物や気泡が見られるが、その後次第に改良されていく。胎の色は淡い土黄色、淡灰色、灰色、深灰色等がある。出土した瓷器は、平底の高台〔仮圏足〕あるいは接地面が広く高台の低い「蛇の目高台」の碗・盤・鉢・盞や注口の短い水注・盒・高足の灯が最も多く、さらに枕・釜・盂・盅〔把手のない杯〕・すり鉢・盞托・硯・燭台・漏斗・塤《くん》〔土笛〕・鈴・腰鼓・粉砕槽と碾輪〔粉砕用の円盤〕等がある。晩期の「蛇の目高台」は、接地面が狭くなって玉環状の低い高台となり、器壁は厚く重みのあるものから次第に薄手の精巧なものへと変化していく。装飾技法には貼花《ちょうか》・絵付けがあり、あわせて劃花《かくか》と刺突《しとつ》〔細い棒の先端で突いた点文〕や印花が出現する。

第2期　五代

瓷器は青瓷が主流で、青釉には灰青色・青緑色・天青色・淡天青色等の色調がある。少数の黒釉・醤釉・白釉褐緑彩瓷器も焼造された。胎土は黒胎《こくたい》と白胎《はくたい》の2種があり、黒胎は黒灰色または鉄灰色を呈し、白化粧した上に青釉をかける。白胎は数が黒胎よりも少なく、出現も比較的遅い。胎の色は白色または淡灰白色で、化粧土を施さず直接釉をかける。五代の器物は酒器・茶器と食器類が多く、主に総釉を特徴とする輪花《りんか》碗・盤・洗・高足杯・柳斗《りゅうとう》杯〔柳を編んだような文様がついている杯〕・輪花状の盞・盞托・重盒・盒・瓶・盤口水注・盆・罐〔壷〕・三足盂・鉢・香炉等がある。器物の造形は唐代の豊満でゆったりとした気分のものから精巧で美しいものへと変化する。器の口縁は輪花形、稜花形のものが多く、器壁も瓜割りに曲折するものが多い。また撥《ばち》形に裾ひろがりになる高台が多い。各種の造形は晩唐・五代の金銀器の特徴を模したものが多く、文様は劃花・剔花・貼花の手法を用いている。五代青瓷の発掘資料には、器底に「官」の字が刻まれた瓷器片が10点余りあり、龍・鳳凰文のあるものも発見されている。

第3期　宋代

宋代は北宋の早期、中期、晩期と南宋の4段階に分けられ、この時代は耀州窯における青瓷焼造の最盛期にあたる。北宋の中、晩期のものは落ち着いたオリーブグリーンの青瓷が代表的で、そのほか、黒釉・白釉・醤釉および兎毫《とごう》・油滴釉瓷が少量焼かれた。胎土は唐五代の良質なものに比べても、宋代中期の淡灰白色の胎のほうがより均一で、きめが細かく堅く焼きしまっている。器物は、碗・盤・皿・盞・洗・水注・罐〔壷〕・瓶・灯・盒・枕の造形が多様化して美しく、さらに蓋付きの碗・供盤・花挿・文様の施された盒・尊・樽・鳥餌壷・台座付き灯盞・透し彫り薫炉・鼎形香炉・碁笥《ごじゅう》などが新しく造られるようになった。この時期、食器・酒器・茶器・化粧道具・照明具・装飾器・医薬用具・囲碁や将棋の道具・楽器・供献具〔宗教や祭祀用の器〕・鳥用の食器・玩具などありとあらゆるものが瓷器で制作され、造形は優美で秀麗、器の種類も多様化を呈している。また、特に中期以降は器足が高く幅の狭いものへと変化する。

装飾技法においても、独自の風格を備えた刻花《こくか》と印花《いんか》の新技術が生み出された。その文様は輪郭線が鋭く、なめらかで生き生きとして変化に富んでおり、浅浮き彫りの一種独特な美しさを備え、宋代刻花青瓷と印花青瓷の最高峰とされている。宋代に最盛期を迎えたといわれる耀州窯青瓷の発展ぶりはまた、多彩な装飾図案や多様化する文様題材にもみることができる。現在知られている宋代の文様は、花卉植物・瑞獣瑞鳥・昆虫・魚類・仏教造像・人物・歴史故事・庭園山石・雲流水波等およそ200種である。これらの大別された各種の中にまた数多くの文様図案があって、その豊富なさまと題材の幅広さは、同時代のほかの著名な窯にはほとんど見ることができない。宋時代、耀州窯の瓷器制作技術は、陝西・河南・甘粛・広西・広東の窯場に影響を与え、耀州窯の製品を代表とする比較的広い範囲に及ぶ耀州窯系〔耀州窯タイプの青瓷を焼成した諸窯〕を形成した。

第4期　金代

金代は前、後二期に分けられる。前期は主として豆青《とうせい》釉（淡青釉）と月白《げっぱく》釉青瓷が焼造された。胎土は灰色または淡灰色で、しばしば灰褐色を呈するものがあり、胎質は均一かつ緻密であるが、典型的な宋代のものに比べれば粒子が粗く、加工技術が十分でないという特徴がある。後期は黄褐色の青瓷が主となり、あわせて黒釉・醤釉および兎毫・油滴釉瓷器が焼造された。器物は多くが実用の器で、碗・盤が最も多く、皿・蓋付きの碗・瓶・水注・罐〔壷〕・灯・盒なども多い。器壁は宋代晩期に比べて明らかに厚手で、口縁部はとりわけ厚い。高台は宋代の幅の狭いものから再び幅の広いものへと転じ、高台の内壁が外傾するのがこの時期の特徴である。造形は丸みを帯びて実用的なものへと変化し、花口瓶・獅子座灯・鼎形香炉等の供献具や祭器が増加する。刻花や印花などの装飾技法は簡便なものとなり、主題となる文様はしばしば窓絵の中に描かれる。金代後期の青瓷焼造には大きな変化が見られ、胎土は土灰色あるいは淡い土黄色のものが多く、釉色は黄褐色や黄緑色を呈するようになる。また、生産量をあげるために長い筒状の匣鉢にたくさんの製品を積み重ねて焼成したため、碗や盤のような丸い器の見込みには輪状の釉剥ぎが多く見られるようになる。宋代には一つずつ匣鉢に入れて丁寧に焼成されていた耀州窯青瓷は、金代後期に至って明らかに衰退への道をたどっていく。

第5期　元代

この時期は元代前期と後期の二期に分けられる。元代前期は主に黄褐色釉の青瓷が焼かれ、元代後期は引き続き黄褐色釉の青瓷を中心としながら、同時に白地黒花・黒釉・白釉・醤釉・茶葉末釉瓷器が焼造された。出土した器物は折腹盤〔腰折れ形の盤〕・玉壷春瓶など日用の瓷器で、装飾技法は刻花や印花から絵画的装飾へと変化する過渡期にあたる。元代晩期から明代の耀州窯は、かつて内外に名を馳せた耀州窯青瓷や宋金時代以来、長期にわたって民間に歓迎された磁州窯《じしゅうよう》系の白地黒花を生産の主流として焼造することはもはやなかった。数時代にわたる北方青瓷の代表的な窯場は、焼造を開始してから成長し最盛期を迎え、継続期を経て衰退へと向かい、ついに明代中葉に至って生産を停止し、その歴史の幕を閉じることとなった。

第6期　明代

明代は早期と中期に分けられ、中期には焼造を停止する。白地黒花を中心として、黒釉・白釉・醤釉・黄褐色釉瓷器が焼造された。

このほか、黄堡の耀州窯は数百年にもわたって焼造を続けた結果、金元時代に至るまでに原料や燃料を大量に消費してしまい、比較的浅い層にある瓷土や石炭の量が大幅に減少していた。そこでコストを下げて引き続き伝統的な陶瓷器生産を続けるために、黄堡鎮にある窯場を維持しながら、黄堡鎮の東10〜20キロほどにある上店・立地坡・陳炉等にも新しい窯場を建設した。明代半ばに至って黄堡鎮の耀州窯が生産を停止した後も、立地坡と陳炉では生産が続けられた。特に陳炉鎮の窯場は「炉山不夜」と称えられ、黄堡の耀州窯を引き継ぐ中国西北地区で最大の焼造量を誇る陶瓷器センターとなり、今もなお多くの伝統技術を伝え、内外の学者や陶芸家の訪問が絶えることがない。陶芸界においては、陳炉窯場の工人の轆轤技術が中国国内で最も優秀だとする意見が多いが、それは陳炉窯の工人たちが耀州窯の轆轤技術を直かに引き継いだからほかならない。

代表的な耀州窯系の窯場

宋時代には新しい小作制度が導入されたため、封建的な労働条件がかなり改善されて、生産力が解放された。その結果、生産活動が促進され、経済が繁栄し、手工業と商業は空前の発展をみせた。窯業の生産と販売もまた躍進的に発展する時期を迎え、特色ある成果をおさめている。定《てい》窯・汝《じょ》窯・官《かん》窯・哥《か》窯・鈞《きん》窯という五大名窯において、名品名作が次々と産み出されたうえ、定窯・鈞窯・耀州窯・磁州窯・越窯・建窯・景徳鎮窯・龍泉窯に代表される八大瓷器窯体系が形成された。

耀州窯瓷器にはさまざまな美しい器物があって、その造形は精巧で麗しく、釉色は透明でしっとりとした質感があり、また刻花·印花の技術は独特で文様図案は豊富かつ華麗であったため、皇室、宮廷や社会の各階層から愛好された。『元豊九域志』や『宋史』地理志にみられる耀州が、神宗の元豊年間および徽宗の崇寧年間に宮廷の貢瓷を焼成していたという記載以外にも、『続資治通鑑長編』に宋の哲宗元祐8年（1093)、「耀州は子弟を遣わし陶瓷器を車4台に載せて入京した」という記述がある。また、陝西省や中国各地の遺址や古墓からはしばしば耀州窯瓷器が出土しており、耀州窯の製品が中国国内で広範囲な市場を獲得していたことを示している。

さらに、耀州窯の製品は中国国内ばかりでなく、遠く世界各地に運ばれた。例えば、東アジアの日本・朝鮮半島、ペルシア湾のアンマン、地中海南岸のエジプト、東アフリカのタンザニア島嶼部等の遺址からも輸出された宋代の耀州窯青瓷が発見されている。これらはすべて、耀州窯青瓷が宋代に最盛期を迎え、国内外に広大な市場を獲得していたことを物語っている。

耀州窯が全盛期を迎えた宋時代、その熟練した制作技術や生き生きとして美しい装飾技法は、陝西・河南地区の旬邑《じゅんゆう》窯・臨汝《りんじょ》窯・新安窯・宝豊《ほうほう》窯・宜陽《ぎよう》窯・内郷《ないきょう》窯・禹県《うけん》窯に多大な影響を与え、ひいては耀州窯から数千キロも離れた嶺南《れいなん》地区〔広東、広西の地〕の広州西村《せいそん》窯・広西永福窯・容県《ようけん》窯等の輸出品を焼いた瓷器窯にもまた程度の差はあるもののさまざまな影響を与えた。その結果、西から東、北から南にわたる広大な地域と、数多くの窯場からなる耀州窯体系が形成された。上述の耀州窯系の諸窯は、商品の市場を獲得するために各々の窯がもつ特徴を生かし、多様な製作技術を採用して多くの特色ある陶瓷器を産み出していった。しかしながら、耀州窯系の北方青瓷に関していえば、黄堡耀州窯の製品が北宋時代には終始一貫してその首座を占めていたのである。進んだ生産技術、成熟して安定した釉色、多様な器種、優美で多彩な造形、刻花や印花などの熟達した技法そして豊富な文様図案等すべての面において、耀州窯青瓷はその先頭をいく存在であった。耀州窯は以上のような諸条件を備えていたため、宋代の北方青瓷窯系と耀州窯系の代表的、中心的な窯場となりえたのである。

第3章 # 耀州窯瓷器のさまざまな色釉

耀州窯は中国北方地域の窯場のなかでも、色釉の種類が非常に多いもののひとつである。そのうち、低火度鉛釉には多彩釉・単彩釉・曜変《ようへん》三彩釉・絞胎《こうたい》単彩釉・瑠璃《るり》釉などがあり、高火度釉には黄褐釉・青釉・青釉白彩・青釉素胎黒彩・外青内黒二色釉・外青内醤二色釉・黒釉・花釉〔黒釉に白濁釉を斑状《まだら》にかけたもの〕・黒釉剔花〔掻落《かきおと》し〕(填)白彩・素胎黒彩・茶葉末釉・素胎茶葉末釉・白釉・白釉緑彩・白釉褐彩・白釉褐緑彩・白釉黒彩・醤釉・結晶黒釉・結晶醤釉・絞胎青釉白彩など、あわせて20以上の種類がある。これらの中にはその他の窯場では発見されていない耀州窯独特のものもある。

低火度鉛釉

1）低火度単彩釉

釉色には、黄褐色、濃褐色、淡緑色、黄緑色など数種類があり、黄褐色、濃褐色釉が最も多い。各色の低火度釉はすべて光沢があり、透明度は良好でガラスの質感が強く、釉色は鮮やかで装飾効果に富んでいる。胎土は淡灰色と淡紅色の2種類で、ともに瓷土である。胎土と低火度釉は焼成温度が異なるため、二度焼きが行われた。まず1000～1100℃で素焼きし、その後で釉をかけてさらに900度前後の低温で焼成する。一般に釉の下には白化粧を施さない。

出土した器物は唐代のものに限られ、日常の器皿・動物像・玩具・建築模型や明器がある。代表的な器物は、盛唐の黄釉犀牛枕と褐釉共蓋壷（カラー図版7・11)、褐

黄釉犀牛枕

褐釉共蓋壷

釉および緑釉の双魚瓶（カラー図版9・10）、中唐の黄褐釉水注・葫蘆《ころ》瓶〔瓢形瓶〕などである。双魚瓶は二尾の魚を組み合わせた斬新なデザインで、全体として流線形を呈しており、器体に施された刻線は生き生きとしている。瓶の両側には、魚の頭部と尾の部分に各々紐を通す環がついており、持ち運びにも便利なようになっている。実用にも適い、また「有余」という吉祥の寓意〔有魚と有余が音通〕をもたせたこの双魚瓶は、盛唐時期の低火度単彩釉器を代表する作例といえる。この種の双魚瓶は人々に好まれたため、低火度釉器から高火度の瓷器へと変化をみせながら、晩唐・五代まで引き続き制作された。

緑釉双魚瓶

褐釉双魚瓶

2）低火度多彩釉

釉色には、黄褐、濃褐、赤褐、淡黄、緑、淡緑、白などがあり、二彩、三彩、四彩などひとつの器物に多数の色釉をかけたものをいう。装飾方法は、各色釉を間隔をおいて配列の順序を決め順次かけていくもの、一色を主調としてそこに他の色釉を添えていくものがあり、さらに各色釉を互いに塗り重ね、焼成時に釉が流れて互いにとけこみ、色とりどりで華やかな装飾効果が得られたものもある。胎土の特徴や製造技術は低火度単彩釉器と同様で、器物の種類は、日常の器皿、人物俑、動物像、建築部材、建材、玩具などがある。

代表的なものは、盛唐と中唐の人物俑、天王俑、腹部に稜をもつ広口碗、注口の短い水注、斂口温碗、方形枕、巻圏足の灯、龍頭形の建築部材、塔形壷などである。三彩の広口碗は、上半の器壁が垂直で腰で折れてすぼまり、実足〔内刳りを施さない高台〕または広くて低い高台がつく。また、腹部に稜がたち、稜線部分にはさらに三本の凹線文を飾っている。器全体に黄褐色、淡黄色と緑色の三色の釉を縦に交互にかけており、造形は重厚でかつ変化に富み、色彩は華やかである。この碗は器形、装飾、施釉技法すべてが唐の永泰公主《えいたいこうしゅ》墓出土の三彩碗と類似しており、盛唐時期の典型的な作品であるといえる。三彩の龍頭棟飾〔建築部材〕(カラー図版5)は、彫塑・貼花・刻花・剔花などの手法を用い、部材全体を龍頭形につくっている。隆起した眉、丸く見開いた目、大きく開いた口と剥き出した牙、流れるような顎鬚、そして口に含まれた宝珠など、人々が心に思い描く龍の姿を実に生き生きと描出している。この建築部材は宮殿など高級建築の軒下の突出した部分にはめこまれたもので、皇帝の至高の権力を示す象徴となっていた。

龍頭棟飾

3)曜変三彩釉《ようへんさんさいゆう》

釉薬の調合方法と釉色は唐三彩と同じであるが、表面に現れる色が一般の三彩とは区別される。曜変とは、釉の表面に赤、橙、黄、緑、青、藍、紫に輝く窯変の斑文が浮かびあがるもので、彩りが殊のほか美しい。この種の窯変の光彩は、焼成の最後の段階に窯内が還元の雰囲気になったときに形成されるもので、すでにその実験と倣製に成功している。代表的な器物は口が大きく開いた巻圏足の灯で、幅広の口縁部には虹色に輝く窯変文がみえ非常に美しい。

4)低火度釉絞胎《こうたい》

絞胎枕

白い胎土と褐色の胎土を重ねて練り合わせると、切断面に筋条の文様が入った素地土ができる。これを器物の表面に貼り付け、施釉の後、焼成する。作例は唐代の枕のみである〔日本では練上《ねりあげ》という〕。

5)瑠璃《るり》釉《ゆう》の建材

緑釉、黄褐釉、黒釉の数種があり、緑色が最も多い。瑠璃瓦、筒瓦など宮殿家屋の露出した部分に用いられる。胎は淡灰色あるいは淡紅色で、瓷土である。成形後にまず高温で素焼きし、施釉の後、二度目の焼成を行う。色釉はガラス質感が強く、胎はよく焼き締まっており、胎と釉の結合は良好である。唐代にのみ見られる。

高火度釉

1）黄褐釉《おうかつゆう》

釉は黄褐、青黄、黄の数種の色調がある。胎は多く淡灰色を呈し、灰白色や灰黄色のものもある。盛唐期にあらわれ、釉の品質があまりよくないため透明度が低く、光沢は少なく、ときにはその他の装飾と併用されることもある。初期のものは施釉にムラがあり、釉垂れや釉流れが多い。器物は日用の器皿、碗、鉢、盞、皿、盒、水注、盆などに限られる。代表的な器物は中唐初期の黄釉碗で、玉縁の口は直線的に大きく開き、広く低い高台がつき、釉下には白化粧が施されている。こうした作例は、晩唐期にはほとんど見られない。

2）青釉《せいゆう》

青釉瓷は耀州窯の代表的製品である。釉色には、青褐、灰青、青緑、淡青、天青、粉青、淡天青、オリーブ青、豆青、緑青、黄青など多数の色調がある。耀州窯が焼造を開始して間もなく制作されるようになり、窯が生産を停止するまでの800年間絶えず焼成された。各時代の胎、釉、造形、窯詰め方法などに違いはあるが、いずれも釉の透明度が高く、ガラス質感が強いという点が共通しており、釉下に絵付けをしたり、貼花、劃花、剔花、刻花、印花などの技法を用いた装飾文様を施すのに最も適していた。耀州窯で剔花青瓷、刻花青瓷、印花青瓷が盛んに制作され、また賞賛されるようになったのは、まさにこの色釉があったからなのである。

器物の種類は極めて多く、造形も豊富である。碗、盤、皿、盞、洗の類は、口縁部が敞《しょう》口、直口、撇《へつ》口、葵口、海棠口、蓮口、端反り、折返しなどいろいろで、腹部と高台の形もさまざまである。瓶の類は、盤口瓶、花口瓶、葫蘆瓶、長頸瓶、玉壷春瓶、浄瓶、梅瓶、油瓶がある。注器の類には、通常の水注形のほか盤口形、瓜形、〔注口の部分が〕鶏形、鳳凰形、龍形、蹲獅子形、母子獅子形のもの、人形型、〔器を逆さにして器底に穿たれた小孔から液体を入れる〕倒装壷、長条形、扁壷形、油壷などがある。盒は、粉盒、油盒、茶盒、重盒、子母盒〔盒の中に小型の盒が入っているもの〕、奩盒、碁笥《ごじゅん》などがある。その他、鉢、擂鉢《すりばち》、盅、盂、渣斗《さと》〔食べ滓《かす》入れ〕、尊、水盛、盞托、灯、燭台、枕、薫炉、提梁壷、盆、缸・瓮〔甕〕、杯、香炉、漏斗、硯、塤〔土笛〕などがある。さらに人物、馬、駱駝、獅子、猿、犬、鶏、鴨などの各種塑像があり、唐代から金代にかけての窯場の中で、その種類の多さ、造形の多様さは他に例をみない。

唐代の代表的器物としては、青緑釉の把手のついた注口の短い水注、葵口大碗、水盂があるが、その造形は中唐期以前の豊満で厚ぼったいものから、軽やかなものへと転じ、明らかに晩唐期の特徴を備えている。

五代は青緑釉の瓜形水注、杯形口部をもつ鼓腹水注、人形型の水注、貼花動物文多折杯、劃花菱口洗、劃花透し彫り如意頭文重盒、淡天青釉透彫貼花盞托、三足水盂、菱花形渣斗、粉青釉柳斗杯、剔花鼓腹水注、剔花童子遊戯牡丹文小壷を代表とする。この時期、線彫りの折枝花《か》卉《き》文が現れ、篦《へら》彫りで扇形の花芯を施すようになる。

北宋期の青瓷は、造形と施釉技術、装飾技法および文様構成から、早・中・晩期に分けられる。早期の代表的なものは、刻花仰蓮文碗、劃花大盤および親子の獅子をかたどった注口をもつ刻花水注、中期は刻花纏枝牡丹文玉壷春瓶、刻花牡丹文碁笥、刻花双耳折枝牡丹文瓜形水注、貼花海獣蓮弁文香炉、無文蓮口瓜形尊、晩期は刻花花喰鳳凰文盒、印花纏枝唐草文鼎形香炉、印花水波三魚文盞などで、いずれも人々が愛して手離さず、口々に賞賛した逸品である。(カラー図版37〜58)

金代の代表的器物は、刻花犀牛望月文碗、印花童子遊戯文碗、刻花開光葵文盤、印花水魚文碗、印花獅子座盞などである。この時期のものは宋代に比べて素朴で、青瓷の色も鮮やかな緑色になる（カラー図版66〜78)。金代後期以降は黄褐色の青瓷が主となり、元・明代に至ると釉色は黄色を帯びた青色となる。

3）月白釉《げっぱくゆう》

月白釉瓷器は主に金代に焼造された。釉はかすかな青に白みを帯びた淡青色を呈し、粘り気が強くてガラス化の程度は低い。釉層は厚く玉のような質感で、丸みを帯びた文様のない器物に多く用いられる。代表的なものに玉壷春瓶、斂口盤、鼎形香炉、板耳洗（カラー図版74)、蓮葉形蓋壷などがある。月白釉瓷の遺例としてもっとも素晴らしいのが、藍田県から出土した貼花夔鳳《きほう》文双耳三足香炉（カラー図版72）である。口縁部は幅広で直立し、頸部で一度すぼまり、胴部は丸く貼花で龍文を飾り、足は型づくりの獣足となっている。青銅器を模した重厚で古風な趣があり、精緻なつくりで高度な制作技術を備えていたことがうかがえる。耀州窯遺址からは大量の月白釉の瓷片が出土しているが、未だ完整品は出土していない。

板耳洗

貼花双龍文三足香炉

4）釉下白彩青釉《ゆうかはくさいせいゆう》

鉄分の含有量が比較的多い胎土に、化粧土で絵付けをし、青釉をかけて焼成する。透明な青釉の下に、灰黒色を地とした白彩文様が映え、質素な中にも気品のある美しさをたたえている。これは耀州窯で晩唐時期に創出された新種の釉下彩《ゆうかさい》である。これまで唐代には湖南省の長沙窯と四川省の邛県《きょうけん》窯にしか釉下彩は知られていなかったが、この発見によって耀州窯でも釉下彩瓷器が制作されていたことが判明した。

この種の瓷器の技法は、唐代以降の耀州窯青瓷には引き継がれず、発展していくことはなかったが、当時の国際都市長安を通して朝鮮半島に伝わり、後の高麗青瓷にみられる白堆《はくたい》技法の中でその成果を花開かせた。唐代の青釉白彩瓷器は日用の器皿を主として、碗、盤、盆、盒、鉢、水注、杯など多くの食器、酒器がつくられた。代表的なものは口縁が玉縁状で、蛇の目高台がつく青釉白彩碗（カラー図版20）で、内外に青釉を施し、五輪花口縁の下の内壁と見込みに白彩で3～5つの花を描くもの、口縁の内外に5つの半円弧形の花弁を描き出して、見込みに1～2つの変形花卉文を飾るものなどがある。器全体をあたかも満開の花のようにつくるユニークな構成で、独特の風格があり、唐代陶瓷器の装飾文様における新機軸といえるだろう。唐代以外では知られていなかったが、近年の発掘によって明代の陳炉耀州窯にも出土例が発見された。

青釉白彩碗

5）黒釉《こくゆう》

黒釉瓷器は耀州窯で最も早く出現し、また最も長い期間にわたって生産された。すなわち、唐代に始まり明代に生産が停止されるまで、どの時代にも制作され、その数は青瓷に次いで多い。中でも唐代の製品が最も多く、器物の種類や造形も豊富である。前述の瓷器のうち、唐代に焼造されたさまざまな器種はすべて黒釉瓷器でも作られており、その造形は多種多彩で、焼成後の釉色は深みがあり、ゆったりとした趣がある。代表作は唐代に多く、最も傑出しているのが黒釉塔形壷（カラー図版12）である。

この作品は蓋と壷部と台座の三つの部分からなり、蓋は別造りになっている。底部は八角形で、台座は二段構成になっており、第一層の各面には如意頭形の窓を開いて、内に仏法を守護する龍頭を置き、四隅には力士の像を飾る。第二層の各面には仏像が貼り付けられ、周囲は瑞鳥がとりまいている。壷の口は小さく口縁部は玉縁状で、胴はまるく平底につくり、胴下半部には大小異なる二重の仰蓮弁が貼りつけてある。蓋は仏塔の九重の相輪を象《かたど》っていて、てっぺんには右手を膝につき、左手をかざして遠くを眺めるような姿の猿が坐っている。全体の

黒釉塔形壷

釉色は真っ黒で光沢があり、造形は優美で厳かな印象を与える。デザインは斬新で、装飾技法も多様で非常に丁寧なつくりとなっており、まさに唐代黒釉瓷器の最高傑作といえる。

造形が独特な黒釉瓷器にはさらにさまざまな種類の枕があり、如意頭二力士台座枕、力士台座枕、獣面車輪台座枕、四連環台座枕などはデザインが巧妙かつユニークで、いずれも唐代黒釉瓷器の優品である。

6）花釉《かゆう》

黒釉花斑ともいい、耀州窯で新たに発見された釉種のひとつである。黒釉のうえに白色の斑文を散らしたもので、焼成後は光沢のある漆黒の地に白い斑文が浮かび上がる。斑文は乳濁色で、白や乳白色のなかに空色や淡緑色の細い筋が見え、まるで漂う雲のように千変万化する。器形には、腰鼓《ようこ》、壷、水注などがある。花釉は唐代に創始され、宋代鈞窯の先駆けと言われ、骨董の世界では俗に「唐鈞《とうきん》」と呼ばれるもので、河南省鞏《きょう》県、魯山《ろざん》、内《ない》郷《きょう》、禹《う》県一帯に出土例がある〔本シリーズ『鈞窯瓷』参照〕。文献の記載によれば、魯山窯でつくられた腰鼓が最も有名で、その他に山西省交城や広西省でも発見されている。1980年代になって耀州窯遺址でも花釉瓷器が出土したため、花釉瓷器を生産していたと確認される窯と地域がさらに拡大した。

唐鈞・黒釉彩斑壷

黒釉彩斑腰鼓

7）黒釉剔花填白彩《こくゆうてきかてんはくさい》

黒釉〔白〕象嵌《ぞうがん》ともいう。陰刻の技法を用いて、黒釉をかけたあと文様部分の釉薬と胎土を削り取り、そこへ白色の化粧土あるいは不透明な白釉を埋めこんで焼成する。焼きあがった器皿は、光沢のある黒釉地に立体感のある白い花文が現れる。黒釉花斑瓷器よりもさらに黒と白の対比が強く、黒地に白が映えて美しい。黒釉剔花填白彩瓷は耀州窯で唐代に創出されたもので、五代以降はみられなくなる。また現在のところ、中国のその他の早期窯址からの出土例はない。この技法は、当時長安城で盛んに制作された金銀製品の工芸技術と関係があり、金銀器の象嵌《ぞうがん》や線条細工の技術を陶瓷器に応用して造り出されたものである。器形は同時期の他釉の器物と同様で、水注、鉢、灯、釜がある。文様は器物の腹部に施されることが多く、菊の花を代表とする変形花卉文が多い。この種の技法もまた朝鮮半島へ伝わり、高麗陶瓷や朝鮮（李朝）陶瓷の装飾技法に応用された。

8）素胎黒釉彩《そたいこくゆうさい》

白地〔素胎〕黒花ともいう。黒釉を用いて胎土に直接文様を描き焼成する。素地を滑らかにし、白さを増すために、文様を描く前に白色の化粧土をかけることが多いが、化粧土は全体にかけず、往々にして胴裾は胎土が露呈している。白色の地に描かれるつやつやと光る黒釉の肉厚の文様は、民間工芸の切り紙細工のような素朴な味わいがある。この種の瓷器も唐代耀州窯で新しく造り出されたもので、唐代には比較的多く生産され、西安の唐長安城遺址からの出土例も多く、日本やイギリスの博物館にも収蔵されている。器種は碗、盤、皿、盞、鉢、罐〔壷〕、灯、盒（カラー図版18・19）などがある。代表的なものは白地黒花花文碗と盤である。黒釉で口縁部内外を帯状に縁取り、見込みに小さな花を描き、周囲に３～５つの変形花卉文を放射状あるいは旋回するように配したものがあり、筆さばきは滑らかで画面全体に勢いがある。また、平底の敞《しょう》口盤、高台のある盤、実足の高台のある盒では、盤の見込みや盒の蓋に満開の梅、菊や各種の野の花を描き出す。盤や皿の口縁部内外には、五つの半円形の文様を描くことが多く、黒釉の装飾効果をいっそう強めている。

白地黒花盒

白地黒花灯

白地黒花盤

ところで、盤などの見込みに描かれる花卉文が、一般にその直径が器の内底よりも小さくなっていることは注目に値する。これは焼成時に支焼具を用いず直接積み重ねるためで、見込みに描かれた黒釉の花文様は、ちょうど上に重ねた器の高台の内側に収まるようになっているのである。文様との接触を避けるため、この種の器の高台の内壁はすべて斜めに削りおとされ、接地面が極めて狭くなっている。このような例は珍しく、その他各時代の器物にも見られない、唐代黄堡窯でつくられた素胎黒釉彩瓷に独特のものである。

9）素《そ》胎《たい》茶《ちゃ》葉《よう》末《まつ》釉《ゆう》彩《さい》

この種の瓷器は器種、造形、制作技術、装飾技法、使用する釉などは、すべて素胎黒釉彩瓷器と同じである。異なるのは釉色のみで、素胎黒釉彩瓷器は釉が黒色、素胎茶葉末釉彩瓷器は釉が茶葉末色（抹茶色）である。また、両者は焼成温度が異なり、黒釉彩の胎は灰青色、茶葉末釉彩の胎は土黄色に焼き上がっている。この種の瓷器の装飾は、黒釉彩瓷器が白黒の対比が鮮明であるのに比べて、はるかに柔和な印象を与えるもので、それぞれに趣がある。

10）素胎青黒釉彩（素胎二色釉彩）

白色の化粧土をかけた盤や皿の口縁部内外に、青釉で５つの半円形の文様を描き、見込みとその周囲に黒釉で花卉文様を描いて焼成する。焼成後、青釉は透明感を帯びて美しく、黒釉の花文様は鮮やかに浮かび上がり、二色の色釉が互いに照り映える。この種の瓷器も唐代に新しく造られたもので、現在発見された器物は多くなく、その他の窯場では出土例が知られていない。耀州窯の工人がいかに探求の精神をもって大胆な創作を行ったかを物語るものである。

11）外青内黒二色釉

上述10の釉薬と同様であるが、こちらは文様を描かず、器の外面に青釉をかけ、内面に黒釉をかける。器の外側は青釉のみ、内側は黒釉のみの構成となる。この種の瓷器は、本来表現したい色釉が器外面の青釉であり、黒釉はあまり注意の届かない盒、水盂、水注などの器内面に用いられるため、一般にはこれを青瓷の一種として分類することが多い。唐代に始まり五代にも引き続き制作され、宋代にはほとんど見られなくなる。陶瓷器制作の観点からすると、これを青瓷に入れるのは不適切であると考えるので、ここでは単独に青黒二色釉瓷器として分類する。

12）外青内醤二色釉

外青内黒二色釉瓷器と釉薬および施釉方法、技術はほぼ同じである。異なるのは焼成後の釉色のみで、11の製品が内側が黒色あるいは黒褐色であるのに対し、こちらは紫褐色となる。この種の瓷器は晩唐、五代時期に現れるが、2種類の釉を同一温度で一度に焼成することが難しく、宋代以降は少なくなる。器種には水注、瓶などがあり、代表的な器は口がやや開き、胴部が丸く膨らみ、流線形の注口と高台がつく水注である。

13）茶葉末釉《ちゃようまつゆう》

唐代黄堡窯で焼成された基本的な色釉の一種で、釉は乳濁状を呈し、表面はつややかな光沢があるが、失透感がある。釉色は、褐緑、黄緑、青緑、深緑などさまざまである。優品は純粋な緑色の釉の表面に濃い色の結晶斑が現れ、あたかも新茶の青緑色の泡が器表に浮かんだようで、しっとりとして滑らかな釉面は彩りが変幻自在に変化する。茶葉末釉瓷器は唐代のその他の窯でも生産されているが、どれも耀州窯の製品には遠く及ばない。耀州窯で制作された最も優れたものは、清、雍正官窯で倣製された茶葉末釉の名品に匹敵する。器種は唐代黄堡窯の黒釉瓷器と同様で、ありとあらゆるものが揃っている。代表的な器物は、ラッパ形の口に細い頸で楕円形の胴に実足高台がつく50センチ近くもある巨大な双耳瓶や、ラッパ形の口に短い注口のつく水注（カラー図版21）、口縁部が玉縁状の温碗《おんわん》（75頁参照）、イスラム式の撇口《へつこう》水注

茶葉末釉瓜形水注

などがある。この種の色釉瓷器は唐代に始まって一時流行したが、五代、宋代にはあまり見られない。金、元、明の各時代に再び生産されるようになるが、釉色は黄緑色が多くなり、こまかな結晶斑があるものは極めて少なく、早期の唐代の製品に比べると明らかに質が低下する。

14）白釉《はくゆう》

白釉瓷は唐代黄堡窯で大量に生産されたもののひとつで、釉には粗密2種類ある。大多数が釉質の粗い白瓷で、釉色は乳白色、黄白色あるいはわずかに灰色を帯びた白色であるが、透明度は比較的良好で、ガラス質感が強い。釉質の細かい方は釉色が前者に比べ白い。しかし両者とも胎土がかなり粗く、鉄分を多く含んでいるため土黄色を呈し、玉壷春瓶などは白さを増すために化粧土を施している。器種は青釉、黒釉、茶葉末釉瓷器に比べて少なく、碗、盤の類が最も多く、その他、罐〔壷〕、盂、盒、灯、水注、盞、盞托、枕、瓶、盆および小塑像などがある。代表的なものには腹部下部に弦文《げんもん》があり高台のつく斂口碗、口縁は丸く鼓腹で反り返った高台をもつ双耳壷（カラー図版16）、輪花碗、輪花洗がある。晩唐期には生産数が減少し、五代から金代にほとんど見られなくなるが、元代に至ってまた増加する。元代の白瓷は胎質が粗いが、化粧土が唐代のものに比べて白くて細かいため、釉は雪白色かわずかに灰色を帯びた白色を呈する。釉層は薄く、化粧土は厚いが、ともに器体底部までは及ばない。

白釉双耳壷

15）白釉緑彩

白釉下緑彩ともいう。白色化粧土を施した器に、酸化銅を含んだ彩料で絵付けを行い、最後に白釉をかけて焼成する。透明な釉の下に鮮やかな碧緑の文様がきらめき、殊のほか美しい。この種の銅を呈色剤とする緑釉を用いた瓷器は、今のところ北朝時代すでにその例が知られている。耀州窯では唐代に始まり五代初期まで生産された。器種は碗、盤、盒、盞、盞托、盂、罐〔壷〕、燭台、灯水注、瓶、塤《けん》〔土笛〕、動物像などである。代表的な作例はラッパ形の足をもつ斂口灯（カラー図版16）で、幅広の口縁部に鮮やかな緑色の斑文が施されいる。この種の器物は唐長安城遺址や関中《かんちゅう》の唐墓から多く出土しており、唐時代の各階級の人々に好まれ、広く使用されていたことが知られる。これら多くの製品のうち、最も生き生きとした作例が、白釉緑彩の人頭形塤である。人物は眉が濃く、鷲鼻で、顎には髭を蓄え、頭頂に吹き孔をつくり、両目を押さえ孔として、頭部と面部を利用して土笛の孔を巧みに配置している。彫塑、透し彫り、刻花、劃花の技法を用い、器形と用途とをうまく組み合わせて造り出されたこの胡人《こじん》像は、唐代の耀州窯の工人が塑像製作の方面においても高い技術を持っていたことを物語っている。

白釉緑彩灯

白釉緑彩人頭形塤

16）白釉褐彩

白釉下褐彩ともいう。化粧土を施した器体に鉄分を多く含んだ彩料で絵付けをし、白釉をかけて焼成する。この種の瓷器は素胎黒釉彩瓷器の焼成技術を基礎にして、晩唐時期に生産を開始したもので五代初期までつくられた。唐代の器種は罐〔壷〕、灯、盒などあまり多くなく、生産数も比較的少ない。しかし、陶瓷史上この白釉褐彩瓷器の発見は非常に重要な意義をもっている。褐彩を用いた陶瓷器は両晋時代に現れるが、それらはすべて釉上彩である。隋、開皇4年(584)の張盛《ちょうせい》墓出土の白瓷人物俑に至ってようやく眉、瞳、髭や衣服の装飾に黒釉を用いた釉下彩の先駆ともいえる表現を見ることができる。唐代には南方の長沙銅官《どうかん》窯で釉下の褐彩、緑彩瓷器を生産していたが、これはすべて青釉下の彩色で、唐代に白釉下褐彩を用いた例は、現在のところ耀州窯でしか発見されていない〔青瓷褐彩の例は古越瓷にさらに古い例がある〕。

張盛墓出土・白瓷人物俑

この種のタイプや素胎黒釉彩瓷器は、宋代磁州窯で生産されるようになる白地黒花の先駆けである。代表的な器物は口の開いた鼓腹で実足高台がつく罐〔壷〕で、肩に褐彩で5つの変形花卉文が施されている。文様はわずかな描線を連ねただけの簡便なものであるが、筆使いは勢いがあると同時に洗練されており、特色ある表現となっている。

17）白釉褐緑彩

上述の15、16の二色の色釉の装飾技法をひとつにまとめたもので、白釉下に褐彩と緑彩が同時に現れる。光沢のある白色のガラス質釉の下で、2種類の文様が色を競い合うかのようである。この種の瓷器は耀州窯では五代に生産されたが、器種も数量も極めて少なく、わずかに頂部が盛りあがった形の盒に例を見るのみである。蓋と腹部周囲に緑彩と褐彩で絵付けが施されるが、褐彩で中心となる花を描き、緑彩をその周囲にあしらうことが多く、褐色の花と緑の葉が互いに映えて美しい。

18）白釉黒彩

白地黒花ともいう。制作方法は白釉褐彩とほぼ同じであるが、焼成時の窯の雰囲気が異なり、白釉黒彩瓷は主として酸化雰囲気で焼成が行われる。黄堡の耀州窯では元代晩期から明代初期にかけて、陳炉の耀州窯では元代末期から明・清・民国まで焼造された。器種には碗、盤、皿、杯、瓶、罐〔壷〕、盆などがあり、元代の中心的な産品であった。代表的なものは斂《れん》口碗、撇《へつ》口盤、広縁の盆、竹節高足杯、双耳大壷、玉壷春瓶などである。

元代では耀州窯の伝統的な青瓷工芸技術が日増しに衰退し、ついには消失するまでに至り、かわって台頭してきたのが黒、白、白地黒花の瓷器である。白地黒花瓷器の類は磁州窯の影響を受けると同時に、耀州窯の伝統と融合し、新たに洗練された豪快で型にとらわれない画風を生み出した。耀州窯でつくられた白地黒花瓷器は、他

白地黒花魚文盆

白地黒花双耳瓶

の窯で焼造された同種のものと比べると地方的な特色が濃いものとなっている。（カラー図版83～87）

19）醬《しょう》〔褐〕釉《ゆう》

柿釉《かきゆう》ともいう。耀州窯で焼造された重要な品目のひとつである。色釉は紫褐色の一色、釉面は滑らかで強いメタリックな光沢をもっている。唐末五代に始まるが、当時は釉に不純物が多かったために光沢が少なく、黒味がかった紫褐色を呈している。五代の器種は少なく、代表的器物は唐代のものと類似した広縁の高足灯、輪花口縁の高足渣斗《さと》である。宋代に至って釉の質が高まって釉色が純粋な紫褐色となり、施釉も均一となった。宋代耀州窯の醬釉瓷器の釉質と釉色に限っていえば、有名な紫定《してい》〔定窯の柿釉瓷〕とほとんど区別がつかない。両者はわずかに胎質と胎土の色が異なるだけで、耀州窯のものは紫定に比べて胎質が粗く灰色を帯びているが、堅く焼き締まっており胎と釉の結合もよい。（カラー図版60）

褐釉輪花碗

耀州窯で生産された各種の色釉瓷器の中で、焼成温度が最も高く、焼結程度が最も良好な製品は、この宋代醬釉瓷器である。これまでに碗、盞、盤、皿、盞托、灯、水注、把手つきの壷などが発見されており、茶器と酒器が最も多い。代表的なものは斂口碗、内刳り高台のつく斂口皿、内刳り高台のつく斂口盤である。金代に至ってもなお生産数は多く、元代に至って減少する。

20）結晶釉《けっしょうゆう》

黒釉鉄斑あるいは醬釉褐斑ともいい、油滴と兎毫《とごう》〔禾《のぎ》目《め》〕の2種類がある。油滴は多くが黒褐色釉で、稀に醬褐色釉のものもあるが、釉の表面に小さい結晶の斑文ができたものをいう。この2種の油滴釉は呈色が異なるものの、ともに釉面に現れた結晶斑文があたかも水面に浮かんだ油の滴のようで、細かい金属質の光沢をもった斑文がきらきらと輝き非常に美しい。兎毫もまた黒色釉であるが、釉の流動性が比較的強く、口縁部は釉が流れて薄くなり、部分的に茶褐色に変化している。器内外の黒釉は鉄分が焼成と冷却の過程で流れて筋状の結晶となり、上から下へ流れる細い兎の毛のような文様を形づくる。油滴や兎毫のような結晶釉瓷器の類は、施釉は一度しか行わないが、色釉の調合方法や焼成技術の違いによって、それぞれ異なった形の結晶文様を浮かび上がらせるのである。

この種の瓷器の焼造は、耀州窯では北宋時代に始まり金代にもつくられた。器形は碗、盞などが多い。生産が開始された当初、その器形は宋代耀州窯で造られていた敞口あるいは斂口系の碗や盞に類似したものであったが、宋代末期から金代にかけては、口縁下をしぼって幅広の高台がつく建窯の盞を模したものが現れる。耀州窯は他の名窯の長所をよく学び、建窯からは兎毫、油滴盞を学び模倣し、このような作品が生み出されていったのである。

21）黒釉《こくゆう》醤《しょう》〔褐〕斑《はん》

黒釉褐斑碗

黒釉醤斑は上述20の結晶釉とは異なり、釉の中に現れる色斑は焼造の過程で鉄分が結晶体となるものではなく、施釉方法と釉薬の調合方法の違いによって生じるものである。斑文装飾には羽状の鷓鴣《しゃこ》斑と斑点状の玳瑁《たいまい》斑の2種類がある。羽状の黒釉醤斑瓷器（カラー図版61）が最も多く、これは黒釉地に、器の内底を中心として紫褐色の羽状の文様が放射状に広がるものである。羽状の文様は二層式のものと多層式のものがあり、鷓鴣や錦鶏《きんけい》が美しい羽根をひろげたようにみえる〔鷓鴣斑に関しては文様の形状に異説もある。本シリーズ『建窯』参照〕。

一方、玳瑁斑は黒釉地に醤釉の斑点を散らしたものである。この種の黒釉醤斑瓷器は施釉を二段階に分けており、まず黒釉を全体にかけてから、もう一色の釉で自由に斑文をつけて焼成する。この手の瓷器は宋代北方地区でよく見られるもので、耀州窯以外にも河南や河北の磁州窯系の窯でも生産されていたが、醤釉の斑文はやはり耀州窯のものが最も生き生きとしている。器種は碗、盞が多く、少量の瓶、罐〔壷〕、注器がある。金代にも引き続き生産が行われた。

22）絞胎《こうたい》青釉白彩

絞胎青釉白彩瓷は耀州窯では唐代に焼造された。焼成前の器体にあらかじめ造っておいた絞胎を貼り付けて装飾する。このほか、絞胎を貼り付けず、白彩で自由に絵付けを施したものもあり、最後に青釉をかけて焼成する。この種の製品は枕の破片に例があるのみで、長方形の枕面には青釉下に絞胎の装飾があり、低い長方体の枕の四面には白彩文が施されていた。ただ青釉の透明度が低く、釉下の白彩ははっきりとしているが、絞胎の方はあまり明晰でない。こうした瓷器の装飾は制作に手間がかかるばかりでなく装飾効果も高くなかったため、製品の数も少なく、製作技術が発展していくこともなかった。

第4章 # 鑑賞の基礎知識

耀州窯瓷の胎と釉の特徴

1）胎と釉

耀州窯は800余年にわたり陶瓷器を焼造してきたが、胎土や釉の原料はすべて現地で調達されていた。つまり、この地に埋蔵されている鉱物資源の特性が耀州窯瓷の胎土、釉の特徴を決定する。黄堡鎮付近では「坩子土《かんしど》」と呼ばれる泥池粘土が耀州古窯の主要な胎土の原料であり、これは小清河、土黄溝、塬下一帯からも採取された。この種の瓷土は一種のカオリンを含む粘土層で、石英、長石、雲母や少量の鉄、チタンなどの鉱物を含んでいる。分析結果によると、この瓷土は比重が2.4〜2.5、可塑性80〜95%、収縮性10%、主要な化学成分は酸化アルミニウム25〜30%、酸化硅素56〜60%、酸化カリウム、ナトリウム0.2〜0.8%、鉄分が1.2〜2%、耐火温度は1600度であった。この分析結果を越《えつ》窯、邢《けい》窯、定《てい》窯、景徳鎮窯などの名窯の原料と比較すると、耀州窯の原料は鉄分を多く含んでいることがわかる。つまり耀州窯瓷器の器胎は、鉄分を多く含むという特徴をもっているということになる。鉄分が比較的多い原料は、青瓷を焼成するのに適しており、白瓷を焼成するのにはあまり適さない。

窯場とその付近には大量の高火度釉の原料である石灰石と料姜《りょうきょう》石および黒薬土と醤釉の原料が埋蔵されている。このほか、富平《ふへい》県に産する釉石もまた重要な釉の原料である。黒薬土は黄土高原に尽きることのない黄土で、鉄分が多くて融点が低く、黒釉の制作と醤釉の調合に適した原料である。石灰石は青石ともいい、酸化カルシウムを主成分とし、堆積岩の形で窯場の広い範囲に埋蔵されており、青釉と白釉の制作に欠かせない原料のひとつであった。

富平県の釉石は一定量の炭酸塩鉱物を含んでおり、料姜石は主に方解石を含み、これらはともに耀州窯瓷器の重要な釉の原料であった。こうした原料は粉砕、寝かし、練り上げという過程を経て陶瓷器の胎、釉となる。

以下に耀州窯瓷器の主要な原料の名称・産地・色と形状を示す。（その他、酸化物含量、酸不溶物、総量の一覧を巻末（198頁）に示した）

東山瓷土	陳炉	灰白色の塊・風化しやすい
羅家泉瓷土	陳炉	深灰色の塊・風化しやすい
富平釉石	富平・塔坡	青色・石塊状
黒薬土	陳炉	茶褐色・土塊状
料姜石	陳炉	黄褐色・土塊状
石灰石	陳炉	青灰色・石塊状
泥池粘土	黄堡	灰色・土状

耀州窯は中国古代の北方青瓷を代表する窯であり、青瓷を焼造することを特色としている窯場である。使用される青釉の調合方法は各時代で異なるが、全体に言えることは、すべて石灰石と瓷土を配合した石灰釉からなるということである。この種の石灰釉装飾の器物は、焼成の過程で石灰石中の酸化カルシウムと瓷土に含まれる二酸化硅素《けいそ》が融合してガラス質となる。双互の適応性は良好で、硬度も高く、釉面は光沢があってしかも比較的丈夫である。しかし、高温のもとでは粘性が下がり、流れやすくなり、釉層は薄くなる。こうした釉の特徴が耀州窯青瓷の歴代の窯の特徴を決定するのである。耀州窯の歴代の青釉がきらきらと輝くガラス質で透明度が高く、釉面は光沢が強く、釉層は薄いが硬度は高く、色調が柔らかで優美であるというのは、まさにこうした釉の特性

によるものなのである。この種の釉は造形が優美で文様のない青瓷に適しているばかりか、絵付け、劃《かく》花、貼《ちょう》花〔貼付け〕、剔《てき》花〔掻落し〕、刻《こく》花、印《いん》花などの手法を用いて装飾された青瓷にも適している。耀州窯の青釉と白釉はこのような特質をもっていたため、この窯では独特の風格をもつ釉下彩瓷器や劃花、貼花、剔花、刻花、印花等の瓷器が制作され発展したのである。

2）施釉方法

各時代の施釉方法はそれぞれの工房遺址と遺物から知ることができる。陶瓷器鑑定においてまず必要なのは、窯場の各時代のさまざまな施釉方法を理解し把握することである。

工房遺址の紹介（第2章）によって、耀州窯では唐・五代の時期には施釉の設備が成形工房の中にあって、その生産規模や施釉技術に限界があったことが理解されたと思う。宋・金時代には施釉のための単独の工房が現れ、生産規模も拡大し、施釉技術も改良される。

工房に残された施釉関連の遺址から、耀州窯各時代の施釉方法には蘸《さん》釉〔浸《ひた》し掛け〕、蕩《とう》釉〔柄杓《ひしゃく》掛け〕、刷《さつ》釉〔刷毛塗り〕などの数種があり、宋代晩期にはおそらく澆《ぎょう》釉法〔回し掛け〕が用いられていたと考えられる。

蘸《さん》釉〔浸し掛け〕　浸《しん》釉ともいい、陰干しにして乾かし、修正を施した器を手で釉薬の中に浸し入れ、器の内外に釉を均一にかける。釉層の厚さは釉薬に浸す時間によって決まる。一般に薄い胎の器の場合、器に水分が吸収されすぎて破損するのを避けるため、長い時間釉に浸すことはしない。また、耀州窯の青瓷には二度以上施釉した例はこれまで発見されていない。この浸し掛けが宋代耀州窯の主要な施釉方法である。施釉後の器は陰干しあるいは工房内に炉を設けて暖めて乾燥させ、その後、器底の釉を削りとる。あるいは施釉後に再び修正を施し、高台の内壁や器底の周囲を削り取る。この方法は耀州窯の黄堡を中心とする窯場で採用された方法で、耀州窯系のその他の窯場の施釉技術とは異なる重要な工程であり、製品の窯系を鑑定する際に重要なポイントとなる。

蕩《とう》釉〔柄杓掛け〕　釉を器の中に注ぎ込み、揺らし、逆さまにして余った釉薬を取り出す。主に袋物や大ぶりの器の中を施釉するときに用いられる。この方法は浸し掛けと組み合わせて使用される。

刷《さつ》釉〔刷毛塗り〕　主に浸し掛けと蕩釉の後、釉がかかっていない部分を刷毛塗りで補う。また、ひとつの器に何度も釉をかける場合、あるいは異なった調合の釉をかける場合にも使用する。例えば唐代の花釉瓷器はまず黒釉を浸し掛けし、さらに白藍色の花釉を刷毛塗りする。宋・金時代の黒釉醤斑、醤釉黒斑、黒釉褐斑など複数の釉の施釉にもこの方法が用いられる。

澆《ぎょう》釉〔回し掛け〕　旋回澆釉ともいう。この施釉方法は唐・五代には見られず、宋代晩期に採用された方法であろう。宋代の１号施釉工房に置かれた三つの大きな甕の中からは釉薬の残痕が発見された。そのうち二つの甕には底があったが、もう一つの甕は設置される前に底が打ち抜かれ、底部に石の回転盤が置かれていた。回転盤の中心には丸い孔があいている。この大甕の底はなぜ打ち抜かれているのか？　底のない大甕になぜ石の回転盤が置かれているのか？　底のない甕にもなぜ釉薬の残痕があるのか？　この特殊な装置からさまざまな問題が連想されるが、これは一種の回転式施釉装置であると考えるのが妥当であろう。甕の底に置かれた石製回転盤の上に台を置き、その上に器を置いて回転させ、そこへ釉薬をふりそそぐ。すると釉は遠心力によって器の外へ飛び出し、器には均一な厚さの釉がかかる。おそらくこのような操作方法で施釉が行われたのであろう。大甕は回転する際に飛び散る釉をおさえるための道具で、余分な釉料は甕の中にたまり、これをすくい出して再利用したのではないだろうか。もしこうした推測が成り立つならば、この特殊な施釉装置のさまざまな問題は解決され、宋代晩期の胎の薄い小型の碗や盞などが、いかにして一回の施釉で釉層が均一でしかも一定の厚さを持たせることができたのかが説明できるだろう。

3）各時代の胎と釉の特徴

耀州窯瓷器の胎と釉は、耀州窯全体としての特徴以外に各時代による特徴を備えている。耀州窯は焼造の歴史が長く、この長期にわたる窯業の発展のなかで生産技術は絶え間なく改良され、技術レベルは向上していった。したがって、時代による胎と釉の特徴の違いは比較的明らかである。紙面に限りがあり、ここではすべてを紹介できないので、どの時代にも造られ、また最も代表的な製品である青瓷に重点をおいて、その胎と釉の特質と変化を時代を追って述べていくことにする。

唐代の胎と釉　耀州窯の創業段階にあって胎土は水簸されていないため、胎質は比較的粗く顆粒状の石英を含み、やや大きめの気孔が少量ある。胎土は深灰色を呈するものが多く、灰色、黄色のものが少量、さらに灰色と黄色が混じりあったようなものもあり、器の表面近くは灰色で、内部は黄色を呈している。これは原料を粉砕し水簸する度合いや素地土をつくる技術、焼成を制御する際の経験不足や技術不足、焼成温度や窯内の雰囲気が不安定であることなどと関連している。唐代の青釉はかなり長い期間、加工が十分に行われず、鉄分の顆粒を含んでいたため、焼成後にしばしば点状の鉄斑文が現れる。

現在のところ、初唐期の出土物から青瓷の標本は発見されていない。盛唐期の青瓷は、胎土が淡黄色を呈していて、胎質は粗く均一でなく、気泡や顆粒状の物質が含まれている。釉も精度が高くなく、釉色は青褐色か青黄色で、釉の熔融度が低く、釉面はややもすれば光沢がなく、マットな感じのものもある。施釉方法は器内にはたっぷりと釉をかけるが、外面は器物の上半部のみに施釉され、腹部下半から器底は露胎となっている。釉層は均一でなく、釉垂れや釉流れの現象がみられる。

中晩唐期になると青瓷の制作技術や焼成技術が明らかに改善され、胎質は次第に密になり、器壁も薄くなっていく。器胎は灰色あるいは黒灰色を呈し、胎土は鉄分が比較的多いため、還元炎焼成を経ると小さな鉄斑文が現れる。釉色は灰緑色、灰青色あるいは青味を帯びた灰色を呈する。釉は比較的薄く、ガラス質感がかなり強い。出土した標本を婺《ぶ》州窯、岳《がく》州窯、寿《じゅ》州窯、洪《こう》州窯などの製品と比較すると、その品質は唐代青瓷の冠たる越州窯の秘色《ひそく》青瓷には及ばないものの、すでにこれらの名窯の製品に勝っていることがわかる。耀州窯青瓷がその他の窯の製品と異なる点は、釉のガラス質感が強く、透明度が高く、釉下の素地土にさまざまな装飾を施すことができるという点である。唐代晩期には、耀州窯の青瓷は無文以外に釉下白彩、印花および劃花文様で装飾を行うようになる。また、初期には器表面の半分ほどしかかけられなかった釉は、次第に器下部までかけられるようになっていく。中唐期には器の大部分に施釉されるようになり、わずかに胴裾と器底が露胎となり、晩唐期にはさらに施釉が下に及び、釉は器全体にかけられるようになる。

唐代には青釉以外にも黄褐色釉、黒釉、白釉、花釉、茶葉末釉など多くの種類の釉があり、その胎と釉の特徴は同時期の青瓷とほぼ同様である。しかし一部の瓷器は酸化炎で焼成されるため、還元炎焼成の青瓷の胎・釉と色調に違いがある。

五代の胎と釉　五代には青瓷がすでに生産の主流を占めるようになっていた。製作技術の改良と向上にともなって、この時代の青瓷はすでにかなりの成熟度を備えている。この時期の青瓷の胎は黒胎と白胎の2種に分けられる。

黒胎器は胎土が深灰色、黒灰色、鉄灰色、黒色などを呈し、胎質は唐代のものに比べると緻密であるが鉄分が多い。この比較的黒い胎土が青瓷の色に影響を与えないように、五代には器胎に厚めの化粧土を施し、そのうえに青釉をかけている。黒胎青瓷の青釉は唐代のものに比べて精度が高く、顆粒状の鉄分を取り除いているため、唐代の器によく見られた黒点状の鉄斑はほとんど見られなくなる。黒胎器の青釉は暗めの天青色あるいはわずかに灰色を帯びた湖青、湖緑、湖藍色などを呈し、ガラス質感は良好で、透明度が高く、常に細い貫入が入る。釉は器の内外全体にかけられるばかりでなく、高台や高台の裏にまでかけられるようになる。いわゆる「総釉《そうゆう》」である。

白胎の器は五代のやや遅い時期に現れる。瓷土は水簸の過程を経て、品質がかなり高くなり、胎土も白くなる。五代の白胎は瓷器標本の断面からみると、純白あるいはやや灰色を帯びた白で、耀州窯の各時代の青瓷のなかでも最も白い。しかし、胎質は宋代のものに比べると粗くムラもある。五代の白胎青瓷は化粧土を施さず、青釉を素地に直接かけている。釉色は淡青色、淡天青色、青白色、粉青色などが多く、湖青色や湖緑色を呈するものもある。釉の透明度は良好で、貫入があり、耀州窯の歴代の青瓷の釉色の中で、最も淡く優雅なものとなっている。

出土した遺物からみると数量は黒胎青瓷よりかなり少ない。五代の青瓷はまず黒胎器が現れ、続いて白胎器が出現する。五代の黒胎器は晩唐時期の黒胎青瓷を基礎に発展したもので、白胎器は五代晩期に至って制作技術が飛躍的に発展した結果、生み出されたものなのである。白胎器も器全体に釉がかけられるが、器底や高台の施釉方法はさまざまである。黒胎器と同様に総釉のものもあれば、全体に釉をかけた後、高台裏の釉を削りとり、さらにそこへ赤黄色の漿液を塗り、焼成後は胎土に含まれる鉄分が酸化した時にみられる赤褐色に近い黄赤色を呈するものもある。五代青瓷の施釉方法は、白胎器が黒胎器の施釉方法を採用し、これを応用して新しい方法を編み出し、宋代耀州窯の施釉技術の基礎を固めたといえる。

製品の主流を占めていた青瓷のほか、五代には黒釉、醤紫釉、白釉褐彩、白釉緑彩の瓷器などが少数ながらつくられた。（カラー図版22〜29）

宋代の胎と釉　宋代になると耀州窯の製瓷技術は飛躍的に進歩する。青瓷の胎土は淡灰白色を呈し、五代の白胎の白さには及ばないものの、胎質は均一で細かく、緻密で硬く、耀州窯800余年の歴史の中で最も品質のよいものとなる。

宋代の各種の釉はすべて丁寧に加工されているので、焼成後の釉面は非常に良好である。釉の原料の粉砕・研磨が細かく、配合される各種鉱物も充分かつ均一に混じり合っているため、熔融が容易であるばかりか美しい光沢を出す。宋代の耀州窯では青釉の原料を加工粉砕する際に、原料を分類し、それぞれに応じた加工を施していた。例えば瓷土や石灰石の原料のような比較的もろいものは、粉砕槽に直接入れて加工し、石灰石や料姜石、その他の石塊状の鉱物はまず小型の炉で焼成し、加熱によって膨張した原料を急激に冷却し、石塊に亀裂を生じさせたところで粉砕槽あるいは石臼に入れて粉砕した。このように各種の釉の原料はすべて均一に細かく粉砕されていたため、宋代瓷器の釉は熔融度が良好で、精緻でムラがなく、光沢があって美しいのである。

宋代の青釉は加工が丁寧であるばかりでなく、原料の調合でも大幅な改良が行われ、さらに科学性を増していた。まず宋代の青釉はガラス質感をうまく出すことに成功し、唐・五代時期に見られた釉流れや釉溜り、釉切れはほとんど見られなくなった。また釉面に光沢がなかったり、「橘皮釉《きっぴゆう》」と呼ばれる大小の気泡痕がみられることも少ない。これは、釉の原料の配合が科学的で、高温のもとで釉の粘性度と流動度が丁度いい具合に定まっているということである。さらに宋代耀州窯青瓷の釉は、釉と胎との結合が緊密で、胎と釉の間に「中間層」が現れる。これもまた唐・五代期には見られなかった現象である。現代の陶瓷技術の理論によると、この「中間層」は釉の中のある成分が胎土に浸みていき、同時に胎土の中の溶解物質が融けて釉と混じり合った結果、釉と胎の間に形成された両者の橋渡しをする仲介層のことである。標本の断面を見ると宋代青瓷の仲介層は一層の白色層で、晩唐五代の胎と釉の間にみられる化粧土とは全く異なるものである。化粧土も胎と釉の間の白色の層であるが、化粧土と胎・釉の間には鮮明な境界線がある。宋代の「中間層」も一層の白色層であるが、こちらは胎と釉との間に明確な境界線がみられない。この「中間層」は胎と釉という異なった物質の差異をなくし、胎と釉の結合を緊密にしているのである。これは宋代耀州窯青瓷の釉の調合が科学的であることの証《あか》しであり、耀州窯青瓷の唐・五代の器と宋・金代の器とを見分けるよりどころともなっている。

宋代瓷器の胎と釉は上述の全体的な特徴や傾向のほかに、さらに発展段階に応じた各々の胎と釉の特質をもっている。出土品の分析から、宋代耀州窯の瓷器は北宋の早期、中期、晩期そして南宋の四段階に分けられる。この四つの時期の胎と釉はそれぞれ異なった特徴をもっているのである。

北宋早期の胎と釉には、五代から宋代へ至る過渡期の特徴がある。胎土は濃い色と淡い色の2種類があり、濃い色の胎は黒灰色あるいは鉄灰色で、器には白色の化粧土を施す。淡い色の胎は浅灰色もしくは淡灰色で、これには化粧土を施さない。両者ともに黒い顆粒状の鉄分と小さな気孔を含んでいるが、胎質は五代のものよりもきめが細かい。早期の青瓷釉にはさまざまな色調があり、青灰色、青黄色が多く、五代のものに近い青緑色や淡青色も多少ある。

宋代中期の胎は、五代や宋代初期のような濃淡2種類の胎土はもはや見られなくなり、すべてが淡い灰白色を呈するようになる。胎質も緻密でムラがなく、胎土には顆粒状の鉄分も見られなくなる。器に化粧土は施されないが、胎と釉の間には明らかに一層の白色の中間層が現れる。中期の青釉は落ち着いた色調で、ほとんどが越州窯の秘色に似たオリーブ色を呈するようになる。

北宋晩期の胎は灰白色のものが多く、わずかに浅灰色や土灰色のものもある。胎質は均一かつ緻密であるが、胎土の粒子は中期のものよりもやや粗くなり、晩期の粉砕・水簸が中期ほど細かく行われなかったことがわかる。青瓷釉は依然として落ち着いたオリーブ色が主であるが、末期の青釉には再び暗青、青緑、青黄、淡青など多数の色調が現れる。晩期の器の胎と釉の間にも化粧土は施されないが、白色の中間層が多くみられる。（カラー図版37～59）

南宋期は極めて短いが、胎と釉に特徴がある。胎土の粒子は明らかに粗くなるが、ムラはなく緻密である。胎色は浅灰色、灰白色、淡灰色などである。その特色は北宋晩期に近いが、粉砕加工がさらに粗雑になっている。青瓷釉は宋代耀州窯を代表するオリーブ色のものはほとんどみられず、翡翠のような色調の青緑色が多く、灰青色や淡い月白色のものある。このほか、宋代耀州窯では大量生産された代表的な青瓷以外に黒釉瓷器、醤釉瓷器、黒釉醤斑瓷器や結晶釉瓷器などを焼造していた。

金代の胎と釉　金代の耀州窯の胎土の水簸は依然として比較的丁寧であるが、胎土は全体に黄白色を呈し、小さな気孔があり、焼結度や緻密さも宋代のものには及ばない。金代の文化層から出土した大量の青瓷を観察すると、この時期は前後二期に分けられる。前期の青瓷は青釉と月白釉の2種があり、生産された製品は部分的には新たな発展を示しているが、後期の青瓷は衰退への道をたどっていく。

金代前期の青瓷の胎は浅灰色で、わずかに褐色を帯びている。胎質は均一であるが、緻密さは宋代のものには及ばない。窯址から発掘された素地土加工用具をみると、宋・金両代はほぼ同様の石製粉砕槽を使用して原料の粉砕を行っているが、金代の加工技術は宋代のように精密でない。そのため粉砕後の原料は均一ではあるが粒子が粗く、胎土に関していえば、これが宋代と金代の青瓷を区別する重要な特徴となる。この時期の青瓷釉は豆青色や青緑色が多く、宋代のオリーブ色の青釉は少なくなる。

金代の月白釉瓷器は胎質にムラがなく緻密で、同時期の青瓷とほぼ同様の特徴をもっているが、胎土はやや白く、釉は青白色、白灰色、灰白色などを呈している。釉の透明度は比較的低く、耀州窯の歴代の青瓷のなかでもガラス質感が弱いが、その反面、美しい玉のような質感をもっている。この種の月白釉青瓷は宋代晩期に焼造がはじまり金代に成熟期を迎える。初期の釉色は青味を帯びた白で、耀州窯の伝統的なオリーブ色あるいは豆青色とは全く異なるものであった。宋代末期の月白釉は青味を増して淡青色に近くなり、釉層も薄くなる。

この時期の盤や碗の内壁あるいは見込みには、よく印花装飾が施される。金代になると釉色は青味が大幅に減って明らかに白さを増す。最上のものはしばしば青白色を呈し、白のなかにほのかに青色が浮かび上がるような特徴があり、一般のものは往々にして灰白色か月白色となる。月白釉瓷器は青と白の色調を特徴とするために、ある研究者はこれを「耀州の青白瓷」と称したほどである。月白釉瓷器は無文のものが多く、丸みを帯びた重厚な造形に粘り気の強い釉がたっぷりとかけられた様は、

美しい玉の如く、温潤で味わい深い美をたたえている。（カラー図版72〜74）

金代後期から耀州窯の青瓷生産には大きな変化が現れ、生産量を高めることに重点がおかれるようになる。民衆の求めに応えるため耀州窯は大衆向けの二級品を生産するようになっていく。青瓷は焼造を開始して以来の各時代のものとは様相を異にし、胎土は均一であるものの、緻密度、精度がやや劣り、釉色は青黄色、黄青色、黄褐色などになる。またこの時期の特徴として碗や盤のような円形の器の見込み部分の釉が削りとられ、輪状の無釉部分、いわゆる釉剥《は》ぎが多くみられるようになる。（カラー図版69）

青瓷印花蓮池魚文盤

金代には青瓷、月白釉、黄褐釉のほか黒釉、醤釉、黒釉醤斑、結晶釉などの瓷器が焼造された。

元・明代の胎と釉　元・明時代は耀州窯の衰退から終焉の時期にあたる。王朝の交代や政治・経済・文化の中心の移動にともなって宋代以降の耀州窯は閉ざされた渭北高原に身をおくことになり、結果、製品の販売市場にも根本的な変化が訪れ、その影響は耀州窯の生産の方向性を決定するにまでに至った。往時の一級の青瓷は姿を消し、現地や周辺の民衆が必要とする日用の中級品を焼造するようになった。この生産方向の転化は当然製品自体にも重大な影響を与え、この時期生産された器の胎と釉は以前のどの時代のものよりも粗略なものとなる。製品の特徴からこの時期は元代前期と元代後期から明代の二段階に分けられる。

元代前期の製品は黄褐色の青瓷が多く、金代後期のものに近いが、さらに質が低下する。胎土は淡灰、土黄、黄白色を呈し、高台の露胎部分は土黄色あるいは黄褐色、紅褐色となる。釉は多くが黄褐色で青黄色ものもある。器の内側にはたっぷりと釉がかけられ、多くは輪状の釉剥ぎがみられる。器の外側は、初期は金代後期のものと同様、器全体に施釉され、高台内にも薄く釉がかけられる。その後は外側全体に釉はかけられるものの、器底や高台は露胎となる。こうした黄褐色の青瓷以外、元代前期には黒釉、醤釉、茶葉末釉、白瓷そして少数の白地黒花瓷器が焼造された。

元代後期から明代にかけての変化は大きい。黄褐色釉青瓷の生産量は日増しに減少して、製品の胎と釉の品質がますます低下する。胎土は多くが淡灰色、土黄色を呈し、高台の露胎部分は赤褐色か茶褐色が多くなる。明代に至ると青釉は濃淡の黄褐色のほかに黄色、緑褐色などが出てくる。元代の施釉に関していえば器内に輪状の釉剥ぎが多くみられ、器外も総釉のものは少なくなり、多くは腹部より下が露胎となる。明代のものは、元代のものを踏襲するもののほか、器の内外をともに半分ほど施釉する一種の蘸《さん》釉〔浸し掛け〕の技術が現れる。この時期の耀州窯瓷器は白瓷、白地黒花瓷器が多く、その他、黒釉、醤釉や茶葉末釉瓷器がみられる。器物の施釉部位は同時期の黄褐色釉青瓷とほぼ同じである。

以上、耀州窯各時代の青瓷の胎と釉の特徴を述べてきた。耀州窯歴代青瓷の胎と釉の化学成分組成表を巻末（198・199頁）に示しておく。

成形方法と各種器物の特徴

1）成形方法

陶瓷器の成形とは精製された素地土を各種の方法を用いて、一定の形と寸法をもったものにすることである。成形後の半製品はさらに修整、乾燥、施釉、焼成という過程を経て完成品となる。唐代から元・明代にわたって生産を続けた耀州窯では、轆轤、型、手びねりや彫塑といった方法をそれぞれ単独で、あるいはこれらのいくつかの方法を併用して陶瓷器の制作が行われた。

陶瓷器の制作はひとくちに成形方法が同じであるとい

っても、工具や設備には原始的なものもあれば先進的なものもあり、成形の技術にもいろいろなレベルがある。その結果、同じ成形方法で制作された製品でも品質には良し悪しがあり、造形の特徴は時代によってさまざまに変化していく。器物を鑑定する際にはまず以上のような点に留意する必要があるので、以下に各種の成形方法を紹介していく。

轆轤《ろくろ》びき　耀州窯の成形は主に轆轤を用いて行われた。轆轤による成形は素地土を回転盤の上にのせ、これを回転させながら遠心力を利用して、ひっぱったり、つまんだり、おさえたりして形を作っていく。耀州窯ではどの時代でもすべてこの轆轤による成形方法が採用されており、碗皿類でも袋物でも、およそ円形に属する器物はすべて轆轤で成形された際につく回転痕、轆轤目がついている。

唐・五代に使用された轆轤は木製で、水平を保ったまま回転する慣性が弱いため、制作される器物の種類や造形も比較的簡単なものであった。その後、宋代になると轆轤は木製から石製のものに変化する。素地土の塊を円盤上において回転させるが、重量があるので安定もよく、職人は両手を水につけて土をとり、轆轤の回転にあわせて手を上下にすべらせ器を作り上げていった。窯址から発見された宋、元豊7年（1084）の『徳応侯碑』にみられる「始め土を合わせて坯（素地土）となし、轆轤をひいて制作すると、方円、大小はすべて規格通りとなる」という記述は、宋代耀州窯の轆轤成形の実際とその制作レベルの高さを伝えている。

出土品をみていくと、宋代耀州窯の瓷器には碗、盤、皿、鉢、すり鉢、盞、洗、杯、盅、唾壷、渣斗《さと》、盆、水注、盂《う》、罐〔壷〕、瓶、灯、灯盞、盒、釜などがあり、これらにはすべて轆轤目が残っていて、しかも一回の水挽きで作られていることがわかる。こうした器は轆轤を回して形ができあがると、糸を使って器の底を素地土の塊から切り離し、棚板にのせて陰干しする。そしておよそ半分ほど乾いた時点で再び轆轤の上にのせ、次にさまざまな削り道具で器壁を削ったり、高台を削り出したりする。轆轤を用いてつくられた器は器壁の厚さが均一で器形も整っていて、一般に器壁と高台にはすべて轆轤目が残っている。

轆轤を用いて制作した器には一回の水挽きによるものではなく、器をいくつかの部分に分けてつくり、継ぎ合わせたものもある。灯の本体部分と足、孔明灯盞や早期の供盤の二層になっている部分、盞托の外側の盤と内側の托の部分、尊の身の部分と足、薫炉の二層になった器身と高台、腰鼓や大型の瓶、水注などはすべてひとつのものを二回あるいは数回にわけて水挽きし、器が半乾きのところで合わせ目に素土地を水でといたものを塗り、継ぎ合わせている。

轆轤びきと型づくりの併用　この成形方法は円形の器物の器身を轆轤びきで成形し、そのほかの組み合わせる部分を型でつくるものである。例えば水注の本体と注口・把手、耳のついた壷の本体と耳、一部の盞托の盞と托、香炉や薫炉の身と足、樽の身と三本の足、漏斗の碗状の部分と管、力士座灯の器身と台座の三力士、龍虎瓶の身と頸の上についた蟠龍などはすべてそれぞれ別々に轆轤と型を用いて成形し、それを継ぎ合わせてつくられている。（カラー図版80）

青瓷瓢形水注

轆轤びきと手びねり、彫塑の併用　この成形方法はまず円形器物の主体となる部分を轆轤びきし、その後、手びねりや彫塑の手法を用いて局部の加工を行うものである。例えば五代と宋代の多曲盞・多曲洗、葵口・海棠口・蓮弁口・菱口など輪花の器の成形、花挿の器身と内壁の六つの環耳、尊・瓶類の耳と花口・荷口の部分、水注・瓶・碗・盤・洗などの瓜割りや外反口縁などがそう

青瓷十曲盞

で、こうした特殊な部分はすべて水挽きの後、器体が乾くまでの間に手や刀などの道具を用いて装飾が施される。

型づくり　型づくりとは柔らかい素地土の可塑性を利用して型を用いて成形する方法である。型に泥状の土を塗りつけたり、粘土状のものを入れて押しつけ、少し乾いたところで取り出す。この手法は轆轤びきと併用されるほか単独で用いてひとつの器物を成形する場合もある。例えば四角・六角・八角形の盤・皿・重盒などは柔らかい土を型に押し当てて成形されている。このほか各種の枕、八稜龍首杯、多稜瓶、方壺などは各パーツを二回あるいは数回にわけて型おこしし、それらを継ぎ合わせている。また二個以上の型を用いた合わせ型は主に人物像や獅子・駱駝・犀・犬・羊・馬・猿・鶏など動物像の成形に用いられる。

手びねりと彫塑　この成形方法は主に瓷器や陶器の丸彫り彫刻や瓷器の小さな塑像を制作する際に用いられ、また耀州窯では多く補助手法として採用されている。この方法だけで何かの器皿をつくり出すことは稀であるが、例えば轆轤成形と併用すると、器物の口・頸・腹・足の部分に変化をもたせ、さまざまな造形を作り出すことができる。ただ丸彫り彫刻や浮彫りの型をつくるときには主にこの手法が用いられる。これはまず陶土で人物や動物などさまざまな造形を作り出し、焼成して紅陶質の母型〔内型〕をつくる。さらにこの陶質の母型にあわせて瓷土で范模〔外型〕をつくり出すのである。こうした陶質の母型は耀州窯の唐、五代、宋の文化層で多く発見されている。陶土は瓷土に比べて彫塑成形に便利なため、このような母型は陶土で制作されることが多く、瓷土が使用されることはほとんどない。

青瓷型押し童子像

2）各種器物

耀州窯瓷器は使用範囲が広く、器物の種類が豊富である。これらを用途別に分類すると以下のようになる。

食器類：碗、盤、皿、鉢、盆、渣斗

酒器類：水注、温碗、玉壷春瓶、梅瓶、杯、盅

茶器類：盞、盞托、蓋付き碗、すり鉢、釜、香盒、水壷、水洗

日用容器類：罐〔壷〕、盆、瓮・缸〔壷〕、水注

照明用具類：灯、小灯盞、燭台、油壷、油瓶

化粧道具類：盒、奩盒、面盆、油盒、粉盒

装飾器類：尊、樽、瓶、花挿、各種彫塑品

供献具類：供盤、灯盞、瓶、香炉

衛生用具類：唾壷、渣斗、薫炉

文具類：水盂、硯、筆洗

このほか枕、将棋や囲碁の道具、腰鼓、塤《けん》〔土笛〕、鳥用の餌壷や水入れなどがある。耀州窯では当時の社会生活に必要なものはすべて焼造されていた。このほか、窯址や西安からは耀州窯で生産された瓷器製の墨壷、下げ降り〔糸の下に錘がついたもので、垂直線を出すために用いる道具〕、羅針盤など瓷器製品としては珍しい建築測量器具も出土している。ひとつの窯場でこれほど多くの器物を生産することができたところは例が少ない。

耀州窯瓷器は器種が多く、用途が広いばかりでなく、造形も多種多様で美しい。碗、盞、盤、皿の類が最も一般的な円形器皿の例であるが、口縁の種類だけでも大きく広がる口（侈口《しこう》）、やや広がった口（撇《へつ》口）、大きく開いた口（敞口《しょうこう》）、六弁の葵口《きこう》、六弁の菱口《りょうこう》、六つの円弧をつなげたような口（六曲口）、真っすぐに立ち上がる口（直口）、やや内に抱え込むような口（斂口《れんこう》）、強く抱え込むようなせまい口（弇口《えんこう》）があり、さらに口縁部が外反したもの、巻き込む形のもの、水平に折れるものなどがある。また碗や盞は口が大きく開き、口縁部が反っ

ていて、腹部は輪郭線が弧を描き、見込み部分が凹み、輪高台のつくものが最も一般的であるが、その腹部にもさまざまな種類があって、円弧腹、浅い円弧腹、細身の円弧腹、わずかに直線的な円弧腹などに分類される。このような変化に富む円弧形腹部には、さらに立瓜形の稜線や筋文様が施されることが多く、その造形は規範にのっとりバランスがとれていて、また適度な変化もあって精巧で多彩な美しさをみせている。

耀州窯遺址から発掘された器物の標本を整理する際に、我々は各々の器種の異なった造形を「型」と「様式」にわけて分類した。型とは各々異なった造形を指し、様式とはひとつの器物の時代による造形の変化をいう。各種器物を分類した結果、なんと千種類以上もの異なった型と様式が選別された。つまり宋代耀州窯の器物には千種類以上もの異なった造形があるということである。この千件もの標本と一つひとつ異なった器物の実測図を前にすれば、誰もが驚きの声をあげ感心せずにはいられないだろう。

このように豊富な造形は中国古陶瓷史の発展の中で当然重要な地位を占めている。以下にいくつかの典型的な器物を簡単に紹介し、各々の器物が時代によってどのような特徴を持ち、またどのような発展過程をみせるのかを知り、時代・真贋の鑑定のためのよりどころとしたい。

碗　黄堡窯は創業以来、碗類を最も多く生産してきた。中唐以前の造形は比較的少なく、敞口円腹〔丸いカーブを描く側壁〕、敞口斜腹〔直線的な側壁〕、侈口折腹〔腹部に角をもつもの〕などがある。ともに器壁は厚く、実足あるいは蛇の目高台がつく。晩唐から五代にかけては造形が多くなり、器壁は次第に薄くなって、口は輪花形のものが大量に現れる。

五代には金銀器を模したタイプの碗が多くみられ、大きく開いた菱花口で弧腹のもの、折腹のもの、輪花で曲

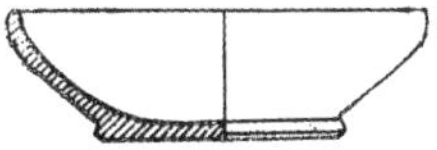

唐

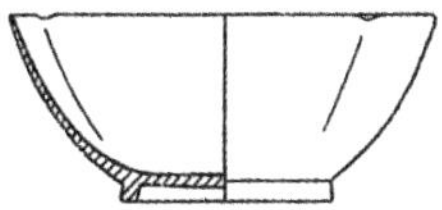

五代

腹〔弧腹よりもカーブのきついもの〕のもの、折腹のものなどさまざまな造形がある。高台は唐代に盛行した蛇の目高台から輪高台に変わり、裾広がりの撥《ばち》形のものが多く、高さを少々増す。

北宋初期になると碗類の造形は晩唐・五代と比べて簡単になり、金銀器を模したタイプはほとんど見られなくなる。

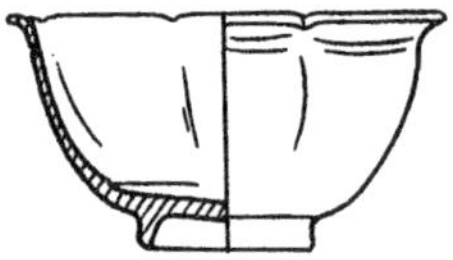
北宋初期

北宋早期の碗は口が大きく開き、腹部は円弧形で、見込み部分が凹んでいて、輪高台がつくものが多い。口は葵口であったり、腹部に立瓜形の稜線や筋文様を施したり、刻花の仰蓮弁文を幾重にも飾ったりしたもののほかに無文のものもある。このほか斂口円弧腹で見込み部分が凹んで輪高台のつく碗、斂口の深い碗で裾広がりの高台がつくものもある。北宋早期のこれらの碗は五代のものに比べて実用性が増し、器腹は深く丸みも強くなる。撥高台が多いが、やや高さを増し幅も狭くなっていく。

北宋中期

北宋中期になると碗の造形は大幅に増加する。最も多くみられるのは口を大きく開き、口縁部が反り、円弧腹で見込み部分が凹んでいて、輪高台のつくタイプである。腹部に立瓜形の稜線、筋文様が施されたものや無文のものだけでなく、腹部が浅いもの、細身のもの、直線的な斜腹のものや、口を大きく開いた折り縁のものも現れる。斂口円腹に輪高台のつく碗は中晩期に至ると口の部分が六葵口、六曲口、菱口などに変化し、口を大きく開いた斜腹の碗は碗の形体に浅いものと深いものが現れ、腹部に筋文様を施したものが出てくる。中期の碗は早期のものに比べて高台が小さくなり、高さを増して接地面が狭くなる傾向にある。また施釉の後、足の部分をさらに念を入れて修整することが多く、中期の器足が最もきっちりと整っている。

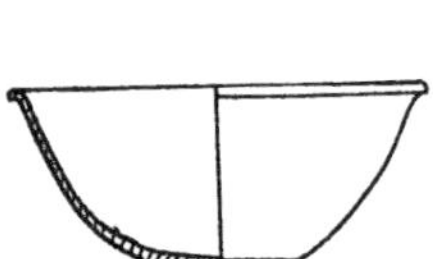
北宋晩期

北宋晩期の碗の造形は引き続き発展をみせ、口を大きく開き、口縁部が反った円弧腹の碗は、腹部下部が細くなっていく。中期に現れた口を大きく開いた斜腹形の碗は、晩期に至ってさらに口を大きく開いた笠形の碗になる。また口を大きく開いた円弧腹の碗は、幅広の折り縁のある新しい形体へと変化する。このほか、敞口、斂口、直口、葵口、菱口、弁口および反り口、巻口、折り縁、そして円弧腹、斜弧腹〔腹部の輪郭線がやや直線的な弧を描くもの〕、浅斜腹、深斜腹など各種の碗があり、造形は多種多様で変化に富んでいる。全体的には底足が小さくなり、下腹部は細身になり、高台は低くなって器底には「鶏心底〔兜巾《ときん》〕」と呼ばれる突起が多く現れ、高台の修整は中期ほど念入りには行われない。南宋の碗もこのような特徴を備えているが、造形の種類は大幅に減少する。

金代の碗の特徴は口縁部が厚くなり、ものによっては口縁部が腹壁よりも厚く、器壁断面が杭《くい》を逆さまにしたような形になる。

元代には斂口円腹の大碗が流行する。また明代には敞口、斂口の碗があり、高台付け根の部分に溝を削り出したものが多く、これが台脚形の高台となっていく。

温碗《おんわん》　注碗ともいい、一種の温酒器で水注とセットにして用いる。唐、五代、宋、金の各時代に生産された。

唐代の温碗は同時期の鉢に似ていて、直口でわずかにすぼまった弧腹に蛇の目高台がつくタイプと斂口で腹部が深く蛇の目高台がつくタイプとがある。

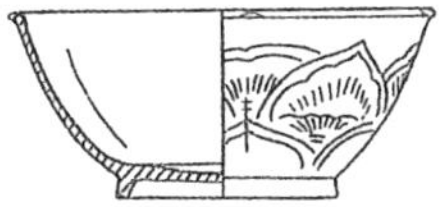
五代

五代の温碗は敞口折腹、敞口弧腹、花口曲腹のもの、さらに口をやや開き玉縁で弧腹のものがある。

北宋初期には五代の花口曲腹で腹部に瓜稜線の施された造形のみが継承される。口縁部の花弁は次第に高さを増し、瓜割りの稜線は深くなり、高台も高さを増し、接地面は狭くなっていくが、この種の温碗は北宋晩期以降みられなくなる。北宋中期には直口鼓腹で頸のすぼまったもの、敞口で玉縁、腹部が直線的で裾がすぼまったも

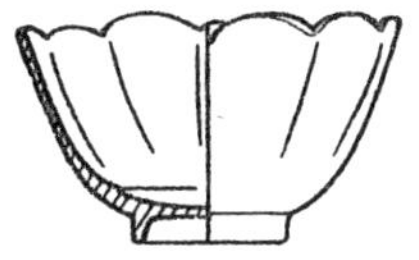
北宋初期

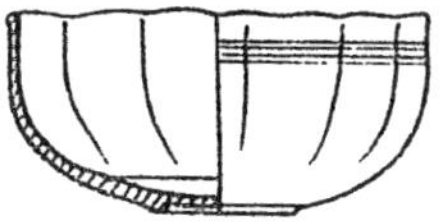

北宋中期

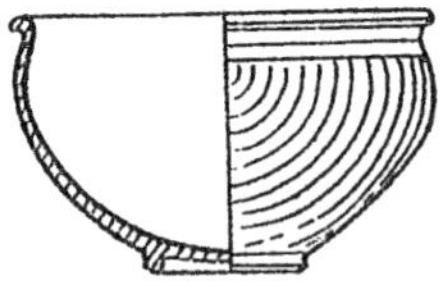

北宋晩期

の、花口で多折腹に内刳り高台のつくもの、さらに柳斗杯〔柳を編んだような文様がついている杯〕形の新型の温碗が現れる。これら新型の温碗はさらに実用性と芸術性を強調したデザインとなっている。陶瓷器は外観だけでは器種や用途がわかりにくいものもあるが、そこでひとつ手がかりとなるのが釉のかかり具合である。温碗の釉は器の外側にはたっぷりとかけられているが、内側は多くが底のすべりが悪く、温碗の中に置かれた水注が摩擦で動かないようになっている。これに加えて、口のすぼまったもの、深い鼓腹や直腹といったデザインはさらに使い勝手を良くしているのである。北宋晩期になると闘茶に用いられる弇口《えんこう》盞の器形にヒントを得て、新たに抱え込むようなせまい口で深い円弧腹の温碗がつくりだされるが、この種の温碗は水注の中の酒を温めるのに効率の良いつくりとなっている。

金代の温碗は抱え込むような狭い口で鼓腹のものが多いが、器身は低くなり、扁平な鼓腹のものまである。

元・明代はこの種の器物は非常に少ない。

花挿《かそう》〔生け花用の鉢〕 唐・五代にはこの種の器物はみられず、北宋中期に出現する。耀州窯の花挿は、現在中国の窯址で発見された最も年代の早いものである。

北宋の花挿は内外二層の構造で、外側は敞口平縁で円弧形の腹部に高台がつく、碗や盆に似た形をしている。内側は敞口丸底の碗を伏せたような形で、花を挿す孔が透し彫りで施されている。内側の透し彫りの花挿しに対応して、器の内壁には3つの輪を一組とする環耳《かんじ》が6つ付けられている。この環耳は細長く成形した素地土を巻いてつくったもので、一本を三等分して3つの環を連ねたものが内壁の同一水平線上に貼りつけてある。花挿の器外面には牡丹文と連続する富貴銭《ふうきせん》文を飾り、器内の花挿し座には牡丹文と如意文が透し彫りで施されている。花挿し座にはさらに6組の丸彫りの龍首を飾り、この龍首

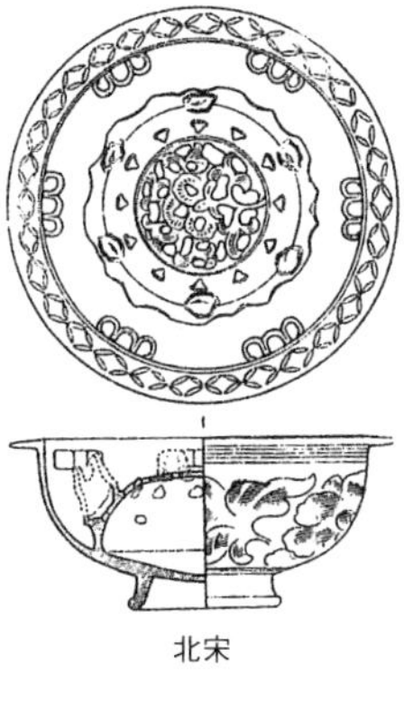

北宋

北宋

は内壁に貼りつけられた環耳と交互になるように配置されている。宋代の社会ではあらゆる人々が花を育て、観賞し、売り、これを飾った。花挿はこうした社会背景によって生み出されたもので、全体として華やかで独特の美しさを備えている。

『東《とう》京《きょう》夢《む》華《か》録《ろく》』によると、宋代の汴京（河南省開封）では毎年「金明池・瓊林苑が開かれ」「三月一日から四月八日に閉まるまでのあいだは、風雨がひどくても遊覧客がとだえることがない。季節は春で花が咲き乱れ、牡丹、芍薬、棠棣、木香などさまざまな花が市に出る。花売りは馬頭の形の竹籠をならべ、その呼び声はすっきりとして耳に心地よい」という。こうした習慣は南宋に至っても受け継がれ、『武林旧事』賞花には「禁中の賞花はひとつでない。前もって後苑および修内司が分担して事にあたり、おおよその諸苑・亭榭の花木は装いを新たにする……梁、棟、窓にも湘筒に花を入れ、鱗のように並び連ね、万の花が咲き乱れる」という記述がみられる。

宋代耀州窯から出土したこの種の花挿は、器内壁の6つの環耳以外に透し彫りの花挿し座があり、ひとつの器に多くの花を「鱗のように並び連ね」観賞することができる。この花挿が発見されたことによって宋代耀州窯の器種はさらに増加し、またその造形の特徴から、当時の宮廷や民間で行われていた生花の様子の一端を知ることができるようになった。

耀州窯では金代にも花挿が焼造されたが、造形は宋代のものに比べると非常に簡単なものになる。これまで発見されたものはすべて外側が敞口弧腹の碗形で、器内には頂部にたくさんの孔のあいたものが口縁下にはめられ、孔に花を挿すようになっている。金代の花挿は造形が簡素であるばかりでなく小型になり、龍首の装飾もなく、おそらく民間で使用されたものと思われる。

鉢　耀州窯では唐代に生産が開始される。唐代の鉢は直口巻口もしくは斂口巻口の鼓腹形で、初期のものは実足であるが、後に接地面が幅広の背の低い高台となる。

五代の鉢は花式斂口型〔器壁全体に蓮弁を飾り、全体が蕾《つぼみ》のようにみえるもの〕や斂口で口縁上面が平らになっているものへと変化し、また直口巻口で腹部下部がすぼまる円弧腹のものや、口縁部がやや外反（小敞口）し、腹下部がすぼまる円弧腹ものが新たにつくられるようになる。高台はすべて低い撥高台である。

宋代初期には花口の深鉢はみられなくなり、五代のものを引き継いだ小敞口で腹下部がすぼまる円弧腹のものだけとなる。北宋中期に至ると造形の種類が増し、外反口縁がやや広め（小侈口）で、頸はすぼまり、鼓腹で内刳り高台の柳斗形の鉢、小侈口で頸はすぼまり、鼓腹で内刳り高台のつく鉢、斂口鼓腹で平底の鉢、斂口鼓腹で内刳り高台の鉢、あるいは斂口鼓腹で低い輪高台のつく鉢が現れる。上述の宋代中期の各種の鉢は宋代晩期まで引き継がれていくが、器腹は次第に浅いものへと変化していく。そしてさらに口がすぼまりやや直線的な弧腹で低い輪高台のつくものが現れる。

すり鉢　唐代には比較的多く生産された。唐代のすり鉢は敞口で腹部が浅いものと、斂口で注口のある浅い弧腹のものの2種類があり、ともに幅広で低い輪高台がついている。

五代の鉢は敞口で口縁部が巻口になっているタイプのものだけで、注口があるものと注口のないものがある。ともに撥形の輪高台がつく。

宋代早期はすり鉢の数が減少し、中晩期に至って再び増加する。敞口あるいは直口で口縁部が巻口のもの、小侈口で玉縁のものが多く、斂口鼓腹のものもみられる。宋代各時期のすり鉢は、すべて腹部が深くて底がひろく、撥形の低い高台か内側に凹んだ実足高台がつく。高台の変化の過程は、同時期の碗、盞、盤、皿の類の変化とは

唐

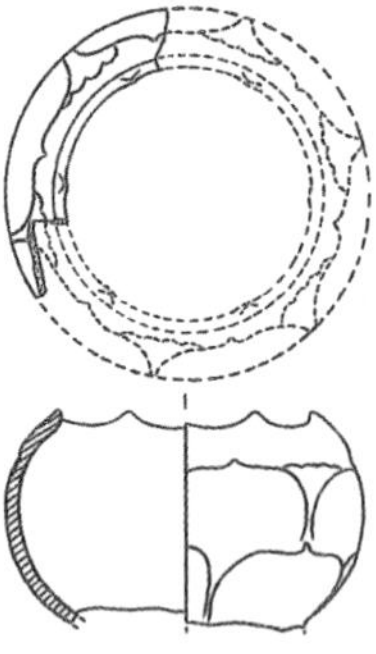
五代

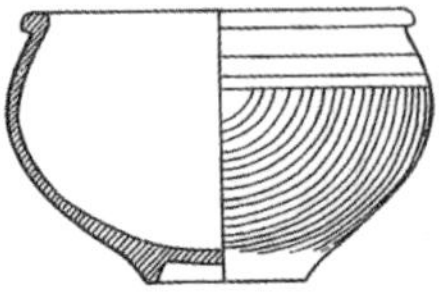
北宋中期

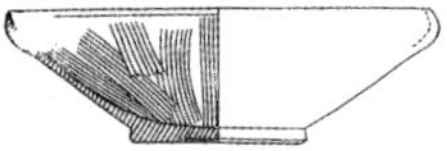
唐

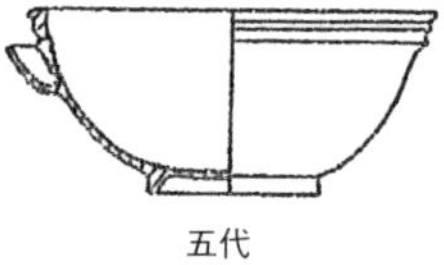
五代

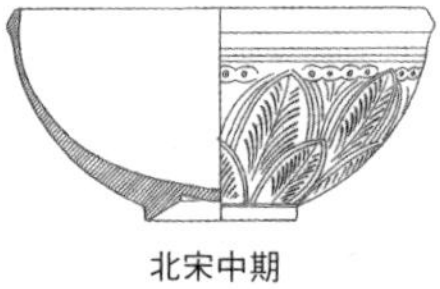
北宋中期

全く異なり、底が小さく、幅が狭くて背の高い高台のつくすり鉢はひとつもない。こうした特徴はすり鉢の作業上の安定を考慮した結果生まれたもので、また同時に五代のすり鉢のように注口がつくものはみられなくなる。これらのすり鉢を時代順に配列した結果、以前は知られていなかったひとつの変遷過程が見えてきた。唐五代から北宋中期までに耀州窯で焼造されたすり鉢は、すべて器内がざらざらとしていて篦《へら》で陰刻線が施されているが、北宋晩期に至るとこの特徴に変化がおこり、器内は施釉されないままであるが、伝統的な劃花の篦文様が施されたものが減少する。特に北宋最晩期にはその傾向が強くなり、金元代のすり鉢は篦《へら》文様のあるものがほとんどみられなくなる。

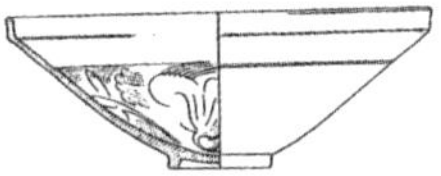

北宋晩期

盞　酒や茶の飲器である盞は唐代から生産が始まる。唐代の盞は敞口と斂口の2種があり、ともに腹部は浅く、広く低い輪高台がつく。しかし器が比較的大きいため、盞と呼ばれることがあっても報告書では単独の項目として扱われていない。

五代になると盞の造形は増加し、器は小さくなって高台は撥形のものが多くなる。斂口斜腹の盞には、高台のつくものと浅い内刳り高台のものがあり、敞口で高台のつく盞には斜腹のものと円弧腹のものがある。また外に大きくひらく葵口のもの、口縁部が反って大きく外反する葵口のもの、輪花の多曲腹〔口縁部の花形に反って腹部が曲折するもの〕のものなどが現れる。

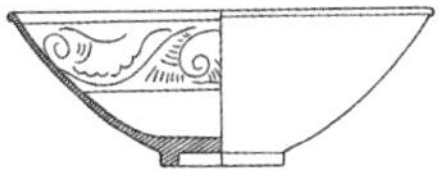

五代

宋代初期には斂口の盞はあまりみられない。斂口に近い口縁部をもち、弧腹が下半ですぼまり内刳り高台のものがあるが、大部分は敞口と侈口で輪高台がつくタイプである。侈口円弧腹で見込み部分が凹んだもの、外に大きく開いた葵口で瓜形の腹部で見込みが凹むもの、敞口弧腹で六本の稜線がつくのもの、敞口斜腹型などいくつかの種類がある。五代のものと比較すると、高台は高く

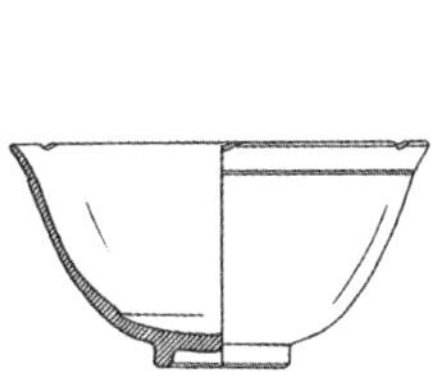

北宋初期

なり、幅は狭くなっていく傾向にある。

北宋中期になると盞の造形は大幅に増加するが、おおよそ侈口盞、敞口盞、斂口盞の三つに分類することができる。

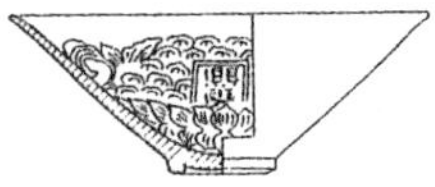
侈口盞

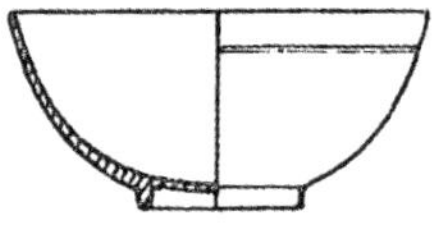
敞口盞

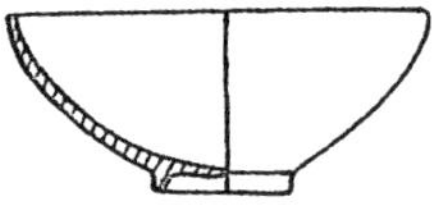
斂口盞

侈口《しこう》盞：侈口弧腹、侈口円腹、侈口斜腹、侈口斜弧腹、外に大きく広がる葵口盞、外に大きく広がる花口瓜腹〔腹部に瓜稜線の施されたもの〕盞など数種がある。

敞口《しょうこう》盞：敞口円弧腹、敞口円腹で稜線のあるもの、敞口斜腹など数種がある。

斂口《れんこう》盞：斂口円腹の1種のみ発見されている。

これら3種の盞にはすべて幅の狭い輪高台がついており、口径と底径の差が次第に大きくなって、腹部は痩せていく傾向にあり、早期にみられる腹部の深い盞は徐々に浅いものへと変化していく。

北宋晩期

北宋晩期に至ると盞の種類はさらに豊富になる。上述の中期にみられる各種の造形のうち、外に大きく広がる花口瓜腹の盞はみられなくなるが、そのほかのものはさらに発展し派生した形を生み出していく。そして、弧腹で輪高台のつくもの、口を大きく開いた（大敞口）斜腹で丸底のもの、建窯を模した侈口深斜腹の盞で下腹に角をもつタイプなど新しいものが作られていく。

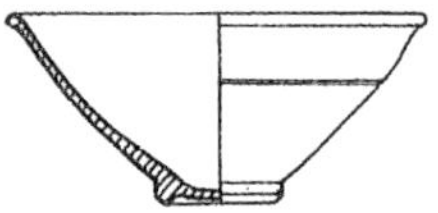
南宋

南宋時代には、斂口の盞と丸底の盞が現れる。北宋晩期と南宋時代の小型の盞は、口径が大きく底径が小さい笠形が特徴で、見込み部分が凹んで、高台の内側に「鶏心底」という突起が現れるようになる。高台はすべて低くなり、高台内壁が外側に傾斜するものも現れる。

金代の盞は敞口で深い斜腹のもの、弇口《えんこう》円腹のもの、斂口円腹のものなどがある。高台は宋代のものに比べて幅広となり、高台内壁が外側に傾斜するのを特徴とする。

盞托《さんたく》　盞托とは盞と組み合わせて用いる器物で、盞を支えるための台である。

中唐期から黄堡窯で生産が開始され、口を大きく開いた盤形の中に背の低い杯形をはめ込んだものと、同心円の内外二層になった盤形のものの2種類がある。

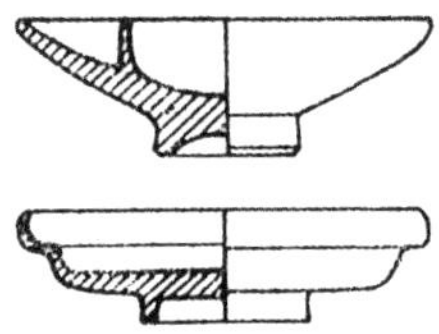

唐

五代にはこの2種類の盞托が変化発展し、内側に杯を置くようなタイプのものは、中の杯の部分が次第に高さを増して、外側の盤の口縁部よりも飛び出すようになる。また、二層式の盤のタイプは内側の盤の中心が凹んだものと、外側の盤に幅の広い折り縁がつき、内側の盤の中央が突起したものの2種類に分化する。さらに敞口斜腹で底がなく、内側の盤もない新しいタイプの盞も現れる。

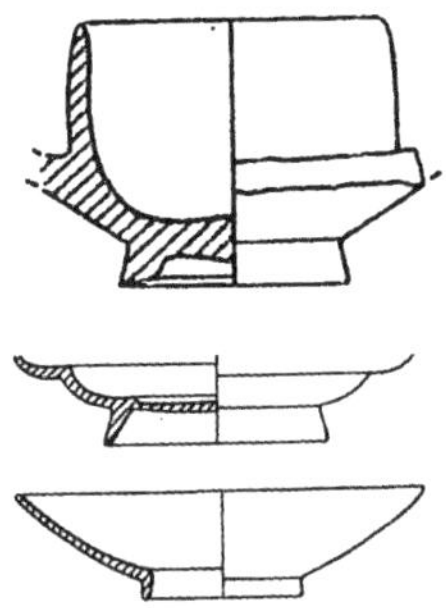

五代

北宋初期になると、内外二層式の盤形のものは盤の内側に浅い受け皿のある内托式となり、五代の内側に杯を置くようなタイプは底のない中空式盞托と結合して、口縁部が反った盤の中に底のない高杯形を組み合わせた新しい造形を生み出していく。

北宋中期に至ると、盞托の造形は以下のような4種類に分類されるようになる。

第1種：外側の盤は口縁が幅広の折り縁で内側の托は口縁部が外反する浅腹形のものと外側の盤は口縁が幅広の折り縁で内側の托の口縁が外側の盤の口縁部より高く飛び出るもの。

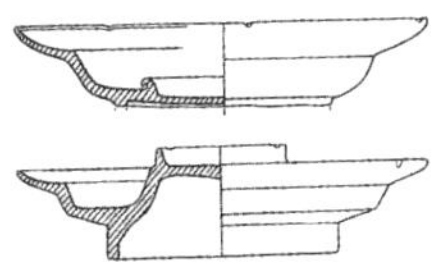

第1種

第2種：外側の盤は敞口斜腹で、内側の托が外側の盤より高く飛び出るもの。

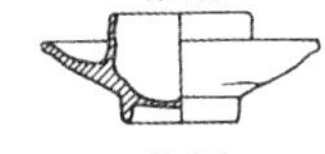

第2種

第3種：外側の盤は敞口斜腹で、内側の托が外側の盤より高く飛び出て、かつ中空で底がないもの。

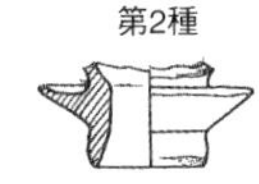

第3種

第4種：外側の盤は敞口で、ややすぼまった浅い腹部に内刳り高台がつき、内側の托は口縁部が外反する浅腹形のもの。

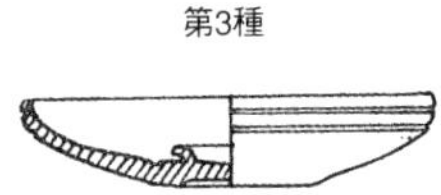

第4種

北宋晩期の盞托は、以上の4種のうちわずかに第3種と第4種の造形しかみられないようになり、南宋に至っては口縁部が外反し、盤の内側に杯を置くようなタイプのみとなる。耀州窯で出土した北宋時代の盞托の数は五代

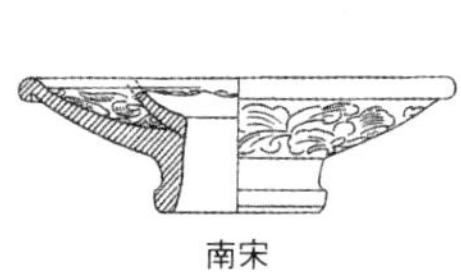

南宋

のものより少なく、また同時期の小型の盞の数や造形の種類は、組み合わせて使用する盞托のそれをはるかに超えている。おそらく宋代には盞を単独で使用することがあり、また中晩期には大量に現れる小型の皿と組み合わせて使用されたのであろう。

供盤《きょうばん》　供盤とは祭祀用の供物を置くための盤である。

五代に焼造が開始されるが、発見された数は少ない。五代の供盤は内外二層の構造になっており、外側は直口直腹の平底で、内側は敞口丸底の浅い盤となっており、祀りごとの際に菓子や果物などの食品を盛るのにふさわしい荘厳なイメージを備えている。

北宋初期には引き続き二層式の供盤がつくられるが、器壁の外側には剔花の花卉文様が施されるようになる。また平面が八角形を呈した器壁の厚い一層式の新しいタイプの供盤が現れる。これは二層式の供盤を一層の厚い器壁のものに代えたもので、その結果、制作面では二つの器物を別々につくり、それらを貼り合わせるという手間のかかる作業が軽減された。そのうえ、この一層式の供盤は芸術性や実用性の面で二層式に劣ることがない。一層式の器壁の厚い供盤は、外側が筒型で、内側は盤のような弧腹形を呈している。

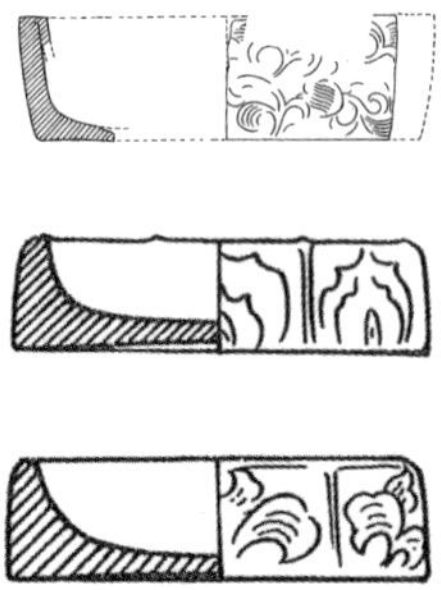
北宋初期

こうした造形は宋代初期から後、延々と引き継がれ発展し、宋代中晩期および南宋に至っては二層式の供盤は姿を消し、一層式の器壁の厚いものだけが流行する。一層式の供盤には八稜形のものと円柱形のものがあり、内刳りは浅いものと深いものの2種がある。生産が開始された当初は器底が二層式の供盤と同様の平底であったが、次第に内側が凹んだ形へと変化していく。宋代も中晩期ごろになると、外観は平底の一層式のものと変わらないが、わずかに凹んだ平底が内刳り高台へと変化した新しいスタイルのものが現れる。こうしたタイプは北宋晩期から南宋にかけて流行した。

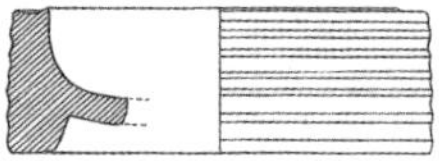
北宋晩期～南宋

盤　盤類は耀州窯が唐代に焼造を開始して以来、大量に生産された器物のひとつである。

唐代の盤は平底のものが多く、斂口弧腹、侈口斜腹、外に大きく広がる葵口斜腹、侈口で口縁部が巻口になったタイプなどいくつかの種類がある。このほか侈口もしくは敞口折腹で、接地面が幅広で低い高台がつくものもある。

唐

五代には上述の平底の盤が引き続き生産されるが、器底は次第に内側に凹んでいき、浅い内刳り高台へと変化していく。そのほか、侈口あるいは敞口折腹で、接地面が幅広で低い撥高台がつくものがある。また侈口、敞口、花口で腹部は円弧形を描き、撥高台がつくものも現れる。

五代

北宋初期の盤は種類が比較的少なく、敞口あるいは侈口円弧腹で輪高台がつくものが多く、その高台は依然として撥形ものが多いが、次第に高さを増していく。北宋中期から晩期になると盤の種類は大幅に増加し、南宋に至るまでかなり多様な展開を示す。宋代の盤は大まかにいうと、輪高台がつくものと内刳り高台がつくものとに分類することができる。輪高台のあるものには、敞口、侈口、花口などがあり、敞口のものは器腹の造形に円弧腹、鼓腹、瓜腹、弧腹に稜線のあるもの、斜折腹〔腹部の輪郭線が直線的で斜めにのび、角のあるもの〕、弧折腹〔腹部の輪郭線が弧を描き、角のあるもの〕などのいくつかのタイプがある。口縁部で分類すると、敞口、敞口で玉縁、葵式敞口、花式敞口、菱式敞口などの数種がある。侈口の盤には折腹、瓜腹、円弧腹、斜弧腹などがあり、輪高台は接地面が狭く背の高いものへと変化するが、北宋晩期には再び幅広で背の低いものが現れてくる。内刳り高台の盤は、葵式敞口で瓜腹のものと葵式侈口で瓜腹のものに分類され、内刳り高台は径が比較的小さい。北宋中晩期から南宋時代には、折り縁で口が大きく広がり、内刳り高台のつく方形盤や同様の八角盤、浅腹盤そして

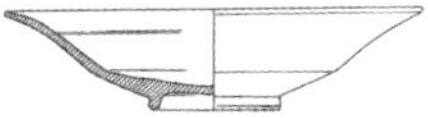
侈口盤

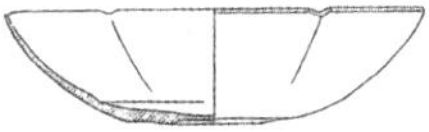
葵式敞口盤

八角盤

葵口で折り縁の浅腹盤が現れる。

皿　盤よりも小型の浅い器のことをいう。

唐代の皿には敞口と斂口の2種があり、ともに腹部は浅く平底で、後代のものより大型なために『唐代黄堡窯址』の報告の中では単独の項目として分類されず、すべて盤の中に組み入れられている。

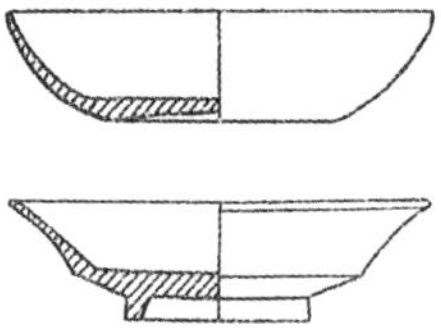

五代

五代になると小型になり種類も増す。斂口の皿には弧腹で平底のもと弧腹で輪高台のつくものがある。敞口の皿には弧腹で平底のもの、弧腹で輪高台のつくもの、斜腹で輪高台のつくものがある。五代にはさら侈口折腹で輪高台がつくものや花口曲腹で内刳り高台のつくものも現れる。

北宋時代に至ると皿類の生産量が急激に増加し、種類もまた豊富になって、同時期に生産された器物の中で最もバラエティーに富んだものとなる。宋代中晩期に入ると造形はさらに多様化し、宋代において皿類の種類が少なくなるのは南宋の152年間だけである。

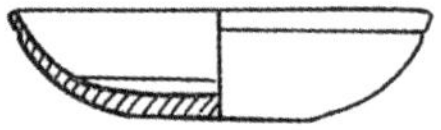

平底皿

北宋時代の皿は種類が非常に多いため、ここでは器底を平底、内刳り高台、輪高台の3種に分類して話を進めていくことにする。平底の皿には敞口弧腹、葵式敞口瓜腹、葵式敞口斜腹、葵式侈口斜腹、葵式侈口外反などがある。変遷の特徴としては底径は次第に小さくなり、内側に凹んだものが多くなる。

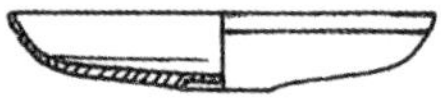

内刳り高台皿

内刳り高台の皿には敞口弧腹、葵式敞口瓜腹、葵式敞口弧腹で稜線をもつもの、敞口斜腹、葵式敞口斜腹、敞口折腹、葵式敞口折腹、斂口弧腹、侈口斜腹、葵式侈口斜腹、侈口折腹、葵式侈口折腹など10種以上もの造形がある。変遷の特徴としては、同じ造形の中で内刳り高台の内刳りが次第に深くなっていくことが挙げられる。また、折腹で内刳り高台がつくものは比較的遅く出現するが、現在確認される最も早い例は北宋の中期から晩期ごろのもので、これは腹下半にわずかに角があるだけで、器腹も比較的浅い。晩期に至ると、腹部の稜角がはっきりと鋭くなっていく。

高台のつく皿は葵式敞口弧腹で稜線がつくもの、葵式敞口折腹、葵式侈口弧腹で稜線がつくもの、葵式侈口折腹、敞口外反のもの、敞口で水平の折り縁のもの、敞口で斜めの折り縁のものなどさまざまである。その特徴は、北宋初期の高台が多く撥形であるのに対し、中期の高台は高さを増して接地面は狭くなり、晩期は見込み部分が凹んで外底は多く鶏心底となる。北宋晩期末から南宋にかけては、高台の内壁が削られて外に傾斜しているのが特徴である。

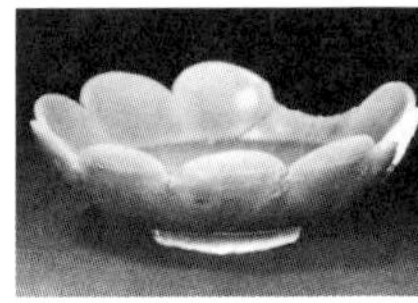
葵式敞口高台付皿

洗《せん》　唐代の洗は花口で浅く、直腹で平底のものしかみられない。

唐

五代には平底の洗はみられず、すべて高台がつき、花口多曲弧腹、敞口多曲折腹、敞口折り縁斜腹、敞口折り縁弧腹、外反敞口円弧腹などがあり、高台はすべて撥形という特徴がある。

五代

北宋初期の種類は比較的少なく、花口弧腹で輪高台のつくのものが引き続き生産されるほか、深い敞口弧腹で内刳り高台のものが現れる。北宋中期以降は洗の造形が増加し、中・晩期の洗は、内刳り高台のものと輪高台のものに二分される。内刳り高台の洗は、敞口深弧腹、敞口浅弧腹、侈口深筒腹、侈口浅弧腹、直口多曲鼓腹、花口多曲弧腹など、多数の造形がある。時代による変化をみると、花口や多曲腹のものは晩期に多く、そうでないものが中期に多い。北宋晩期から南宋にかけては、斂口鼓腹で三日月形の板状の把手や小環耳のつく内刳り高台の洗が現れる。輪高台のつく洗には、外反敞口弧腹、葵式敞口弧腹、花口多曲腹、侈口折腹などがある。

北宋

杯《はい》　唐代に生産が開始される。唐代の杯は口を大きく開き腹部が深い。

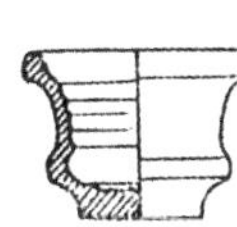
唐

五代に至ってもこの種の造形は引き続き生産される

が、腹部は次第に浅くなり、高台は幅広で背の低いものから撥形へと変化する。また直口深腹、敞口弧腹、侈口瓜形弧腹、花口多曲腹、花口多折腹などで、高足あるいはやや高めの輪高台がつくものが現れる。こうした新しいデザインの杯は晩唐から五代にかけての金銀器を模したもので、この時期に柳の籠を模した柳斗杯も現れる。

宋代になると五代に流行した金銀器を模したタイプの杯は少なくなる。唐・五代以来の侈口深弧腹に輪高台のつくものや、五代に新たに出現した柳の籠を模したタイプの杯は、北宋時代も引き続き生産される。柳斗杯には直口弧腹で平底のもの、侈口直腹で底がすぼまった内刳り高台のもの、外反した侈口で頸がすぼまり鼓腹で内刳り高台のもの、外反侈口で鼓腹平底のものなど多くの種類がある。北宋晩期には新たに龍頭を飾った八稜杯が現れる。さらに下ると敞口深弧腹で把手のついた杯が現れるが、ひとつの把手と内壁が外側に傾斜した高台が特徴的である。

盅《ちゅう》　耀州窯の焼造開始以来の器種である。唐代の盅は敞口巻口で、円腹に実足高台がつくもの、侈口鼓腹に実足高台がつくもの、侈口弧腹に実足高台がつくもの、敞口巻口で接地面が幅広の低い高台がつくものなどがある。晩唐期には敞口で半円形の丸底のものも現れる。

五代には敞口と侈口で高台のつくものが引き続き生産されるが、実足高台と接地面が幅広で低い輪高台は、撥高台へと変化していく。半円形丸底の盅は敞口から斂口、直口、小侈口へと変化し、造形は次第に小さくなり、晩期には内側に凹んだ碁笥底のものが現れる。また敞口斜腹で輪高台のつくもの、高い輪高台のつくもの、平底のものなどいくつかの新しいタイプも現れる。

北宋初期、小型の盅の造形は基本的には晩唐・五代のものを引き継いでおり、大きな変化はない。北宋中晩期以降、盅の造形は減少し、多くは玉縁の敞口で、鼓腹に

五代

五代・柳斗杯

北宋

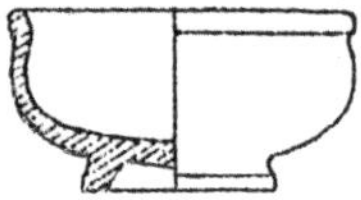
唐

五代

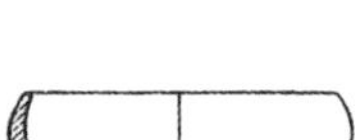
北宋晩期～南宋

輪高台のつくもので、腹部が深いタイプと浅いタイプの2種が流行する。南宋時代には新たに斂口円弧腹で輪高台のつくものが現れる。

唾壷《だこ》　耀州窯の生産開始とともに焼造され、唐代のものはすべて幅広のラッパ口で、頸がすぼまり、腹部はまるまるとしている。ただし、中唐以前のものは実足高台で、その後は接地面が幅広で低い輪高台となる。

五代の造形はおよそ唐代のものと同様であるが、口縁部の幅がやや狭くなり、曲線を描いてすぼまっていた頸は、鋭角に折れるようになる。

宋代の造形は幅広のラッパ口で、頸がすぼまった鼓腹のタイプであるが、口縁部の直径が大きくなり、腹部が小さく背の低いものへと変化する。

五代時期には輪高台のつくものがほとんどみられず、多くは内刳り高台か平底となる。

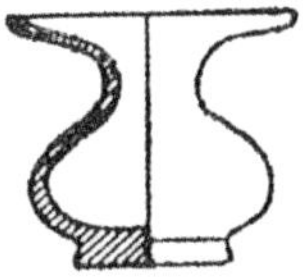
唐

五代

北宋

渣斗《さと》　耀州窯では唐代に生産が開始される。唐代の渣斗は口縁部が斜めに折れた敞口で、頸がすぼまり、円腹に接地面が幅広で低い輪高台がつく。全体として丸々とした形であるが、器腹は後世の渣斗に近く、晩唐期には器腹部分が次第に高さを増していく。

五代初期の造形は唐代のものと近いが、花口の盤をのせたような口縁部のものが多く、高台も接地面の幅が狭くなっていく。その後、造形には比較的大きな変化が起こり、器腹は次第に深くなっていき、高台は高さを増して撥形となる。そして口縁部が斜めに折れた花口で、頸がすぼまった鼓腹のものと、口縁部が花口の多折盤〔盤の腹部に口縁部の花形にそった稜線が入るもの〕をのせたような形で、頸がすぼまった鼓腹のものが新たに派生する。

宋代に至っても渣斗の造形は引き続き変化をみせ、外に大きく広がった花口で、頸はすぼまり、鼓腹で輪高台のつくものや、口縁部が多折ラッパ口で頸がすぼまり、

唐

五代

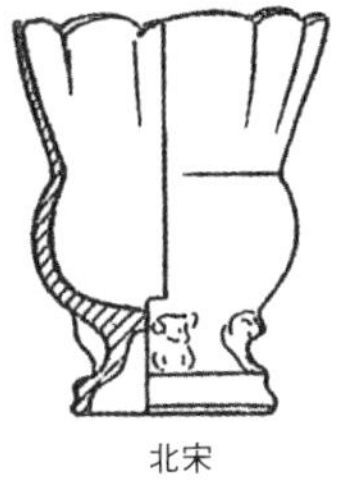
北宋

鼓腹で輪高台のつくものなどが現れる。

尊《そん》　尊には背の高いものと低いものの2種があり、ともに口が大きく広がり、口縁部は外反する蓮葉形で頸はすぼまり、腹部は丸々として輪高台がつく。

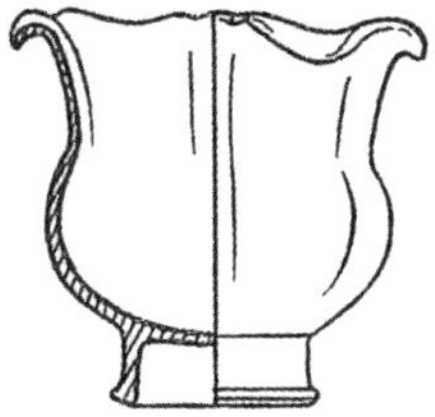
北宋中期

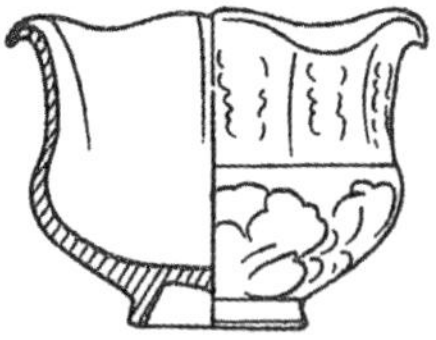
北宋晩期

背の高いタイプは宋代中期に現れ、細身のもの以外はすべて高い輪高台がついている。背の低いタイプは背の高いものから派生したもので、頸や腹部がゆったりとして背が低くなるほか、高台も低くなる。各器物の編年を行った結果、宋代の尊の造形は耀州窯五代および宋代初期の渣斗に極めて近いものであることが判明した。口を大きく広げ頸のすぼまった鼓腹に輪高台のつく渣斗は宋代初期にしかみられず、中期以降はみられなくなる。そして口縁部が外反する蓮葉形で、頸はすぼまり、鼓腹に輪高台あるいは背の高い高台がつく尊は北宋中期に現れて、北宋晩期、南宋時代にかけて流行する。この種の尊が流行している期間には、別種としての渣斗はつくられていないのである。つまり、五代から耀州窯で生産されてきた渣斗と尊は、習慣上別の呼び方をされているが、実際は同じ類の器物であると考えられる。造形上の特徴から古代の酒器の名をとって尊と呼んでいるが、宋代の尊は装飾器であるとともに、宴席で肉や魚の骨を入れるための渣斗として兼用されていたに違いない。

盆《ぼん》　盆は耀州窯で長期にわたって制作されたもののひとつである。

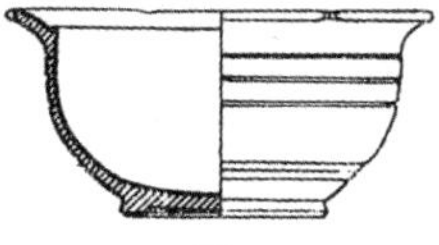
唐

唐代中期以前の盆はすべて弧腹に実足高台がつき、直口で口縁部上面が平らなものと外反した斂口のものの2種がある。晩唐の盆には斂口のタイプはなく、侈口円弧腹に撥高台がつくもの、口縁部上面が平らな敞口で浅弧腹で平底のものと幅広で低い輪高台のつくものがある。

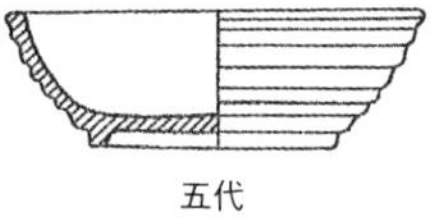
五代

五代に入ると敞口浅弧腹で平底のものが多くなるが、口縁部は唐代の上面が平らなものから内側に傾斜するものに変化し、腹部は次第に深くなっていく。また敞口巻口で、弧腹に輪高台のつくもの、敞口弧腹に輪高台がつくもので器壁全体に平行の稜線が施されたもの、玉縁の敞口弧腹で平底のものなどが現れる。

宋代に至ると、口縁部が折り縁になった敞口弧腹と侈口弧腹のタイプが流行する。これらは五代の平底が撥高台に変化し、器腹下部が細身になったもので、ものによっては腹部に立瓜形の稜線が施される。敞口で口縁部上面が平らな浅腹のタイプも引き続き生産されるが、唐五代のものが平底であったのに対し、宋代のものは輪高台に変化する。北宋晩期にはさらに耀州窯の盆の類型では、前例のない折り縁の侈口弧腹丸底盆が現れる。

北宋

花盆《かぼん》　花盆は宋代耀州窯に現れる青瓷の新しい器種で、宋代以前には例がなく、宋代の文化層から出土したのもわずか一点のみである。花盆は上底が大きく下底が小さい台形を呈する直方体で、口を大きく開き、口縁部は上面が平らな巻口で、器壁は斜めに真っすぐのび、平底に四本の短い足がつく。器壁外側には刻花折枝牡丹文が施され、内側には劃花の縁飾りがつき、内外ともに青釉をかけている。釉のかけ具合いや文様の配置構成からすると、植木鉢のカバーとして用いられたものと考えられる。元代耀州窯からもこれに似たタイプのものが発見されている。

北宋

枕《ちん》　唐代の枕《まくら》には2種類ある。ひとつは直方体で枕面の手前が低く奥が高く、表面がわずかに凹んだ小型のもの。角はやや丸みを帯び、四角四面なところに変化をもたせている。もうひとつのタイプは如意頭形で、弧を描いた如意頭形の板状の枕面をさまざまな形の台座が支えるもの。台座の種類には双人跪座、単人跪座、車輪座、四連環座、臥獅子座、犀牛座などがある。(カラー図版７)

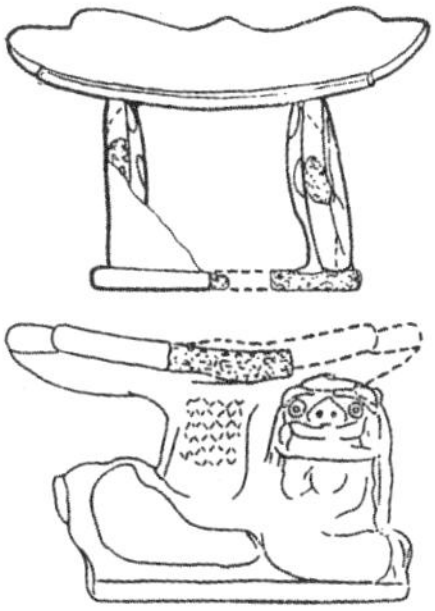
唐

黄釉犀牛枕

五代には長方形のものと如意頭形のものの残片しか出土例がなく、復元可能なものが出ていない。詳細は不明であるが唐代の形を引き継ぐもので、特徴としては大型化が挙げられる。

宋代は伝統的な如意頭形の枕が引き続き制作され、さらに大型化が進む。如意頭形枕の台座部分は発見されていないが、枕面の陶瓷板についた接続痕から、これを支える台座があったことは間違いない。長方形の枕もさらに大型化するが、接続痕からみると長方形の枕面に縁取りがついた新しい造形に変化する。

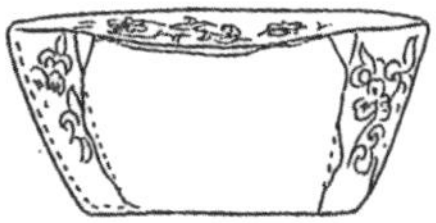

南宋

南宋および金代には、腰形枕〔平面が楕円形を呈するもの〕や六稜腹枕〔平面が六角形を呈するもの〕など新しいタイプのものが現れる。

小水盂《すいう》　小水盂は耀州窯が焼造を開始して以来、どの時代にも生産された。

唐

唐代の水盂は斂口鼓腹のもの、玉縁で斂口鼓腹のもの、直口鼓腹のもの、口をわずかに広げ頸がすぼまった鼓腹のものなどいくつかのタイプがある。中唐以前のものはすべて背が低く実足高台がつく。晩唐時期には斂口のものの器腹が次第に深くなっていき、接地面が幅広で低い輪高台がつくものが現れる。口をわずかに広げ、頸のすぼまったタイプのものは、腹部に立瓜形の稜線を施すものが多い。

五代

五代には唐代にみられたいくつかのタイプが引き続き生産されるが、斂口盂の器腹は次第に浅くなり、高台は幅広で低いものから撥形へと変化していく。口をわずかに広げ、頸がすぼまった鼓腹の盂は、頸が長くなり、腹部はさらに丸みを増し、高台はすべて撥形となる。また直口で頸は真っすぐで短く、鼓腹の平底に三本の短い足がついた新しいタイプのものも現れる。

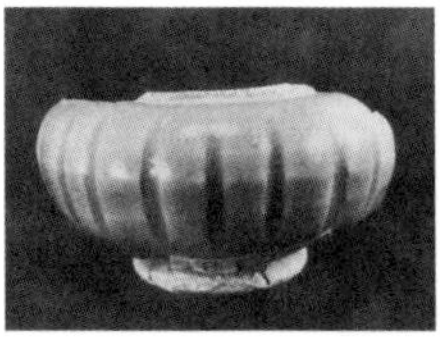

宋

宋代に至ると小水盂の種類は減少し、以前流行した斂口や玉縁で斂口のものは見られなくなる。宋代に多くみられるのは、直口短頸で鼓腹には立瓜形の稜線が施され、輪高台のつくタイプである。

南宋および金代には直口で肩が傾斜し、腹部は輪郭線が円弧形で平底が内側に凹んだタイプの小水盂が現れる。

鳥餌壷《ちょうじこ》　耀州窯では北宋中期に現れる。器形は小さく、主に斂口の鉢、盂、杯の形をとっており、北宋の中晩期に流行した。斂口鼓腹を基本として玉縁で輪高台と把手がつくもの、平底で把手のつくもの、碁笥底〔内側に凹んだ平底〕のもの、低い輪高台がつくもの、玉縁で輪高台のつくものなどがあり、中国陶瓷器の鳥の餌壷《えさつぼ》としては年代の早い方に属する。

罐《かん》〔壷〕　罐は耀州窯の創業開始以来の製品である。

唐代の罐には、敞口で頸がすぼまった円弧腹のもの、敞口で頸がすぼまった鼓腹のもの、斂口鼓腹のものなどがある。中唐以前のものは平底か実足高台で、晩唐時期になると接地面が幅広で低い高台が現れる。敞口で頸がすぼまったタイプの罐の腹部は、初唐期は深く高さがあり、次第に背の低いものへと変化する。一方、斂口の罐の器腹はこれとは逆に背の低いものから高いものへと変化する。晩唐期には新たに直口で頸は真っすぐで短く、腹部は丸々として内側に凹んだ平底のものが現れる。

五代に至っても上述のタイプの罐は引き続き生産されるが、器腹はすべて背の低いものとなり、高台は接地面が狭くなり撥形へと変化する。また、斂口深腹で碁笥底の小型の罐は、斂口で頸のすぼまったものとなる。さらに直口で頸が短く深鼓腹の甕形の罐、外反で敞口弧腹の盆形の罐、短い直口で平底の鼓腹に三本の足がついた盂形の罐が現れる。

宋代初期には上述のいくつかのものが引き続き生産され、造形は晩唐期、五代のものとほぼ同様であるが、五代の甕形罐、盆形罐、盂形罐はみられなくなる。北宋の中晩期のころになると、罐の造形はこれまでみられなかった新しいスタイルのものとなる。斂口鼓腹で腹部下部に角があり、内側に凹んだ平底のもの、直口で頸が短く

北宋

唐

北宋

肩が直角に折れ、内刳り高台の筒形罐、口縁部上面が平らな直口で、頸はすぼまり、丸々とした腹部で内刳り高台のもの、直口で頸は短く、深い鼓腹に内刳り高台のつくものなどいくつかの新しいタイプが現れる。これらの器底がすべて内側に凹んでいることと、これまでみられなかった凸形の口〔子口式〕をもつ筒形の罐がつくられたことは注目に値する。

双耳壷　双耳壷は耀州窯では盛唐期に生産が始まる。唐代の双耳壷はわずかに外開きになった直口で、頸は短く肩は丸く、腹部は深く実足高台がつくものと、外反の撇口で、頸がすぼまり肩はなだらかな曲線を描き、腹部には瓜稜線が施され、裾が大きく反り返った高台のつくものの2種がある。腹部は次第に細身になり、実足高台は内側が凹んでいく傾向にある。（カラー図版15）

唐

五代

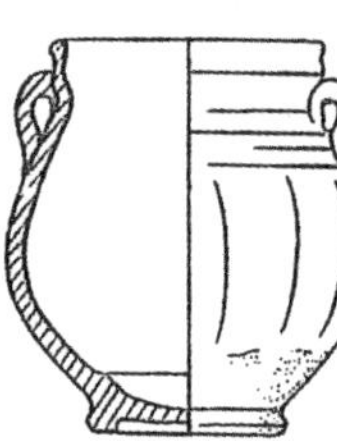

北宋晩期

五代には直口とわずかに外開きになった直口の双耳壷が引き続き生産されるが、丸みをもった肩はなだらかなものへと変化する。また直口鼓腹に内刳り高台のつくものや、玉縁の斂口で、円鼓腹の裾がすぼまったものが現れる。

北宋初期にみられる双耳壷は、すべて直口で真っすぐな頸に比較的大きな耳がつき、角のある肩に瓜稜線の施された直線的な腹部をもつものと、丸い肩で円弧形の腹部のものとがある。北宋中晩期から南宋にかけては、盤口〔盤をのせたような形の口〕で頸はすぼまり、鼓腹に瓜稜線の施されたものや、斂口で肩は傾斜し、直線的な輪郭線を描く腹部のものが多くみられ、北宋晩期にはさらに斂口で傾斜した肩に角のある、直線的な腹部をもった双耳壷が現れる。

北宋時代の100年の間に双耳壷は次第に背が低くなり、耳は小さくなって高台は高さを増していった。

単耳壷　単耳壷は盛唐期に生産を開始する。盛唐期の単耳壷は敞口で頸はやや外開きで真っすぐにのび、腹部は丸々として実足高台と耳がつく。中唐期には器体が高くなり、晩唐期には接地面が幅広で低い輪高台がつくものが現れる。

五代の単耳壷は唐代のものとほぼ同じで、鼓腹で丸々としたものと、丸みをもった肩から腹部がすぼまっていく細身のものの2種がある。

北宋初期には五代に流行した2種類のタイプが依然として生産されるが、細身のものは次第に背の低い丸みを帯びた形へと変化していく。晩期にはやや外開きの斂口で、撥形の長頸をもつ単耳壷が現れる。

水注《すいちゅう》　水注は耀州窯の創業開始とともに生産が開始され、各時代の袋物の中で比較的生産量の多い器種のひとつである。

盛唐期の水注は口縁部が外反したラッパ口で、鼓腹に実足高台と把手がつき、注口は真っすぐで短い。中・晩唐時期に至ると水注の造形は大きく変化し、多くはラッパ口の口縁部が外反しなくなり、注口は次第に長くなって、実足高台は内側に凹み、接地面が幅広の低い高台となっていく。こうした造形の変化には、

1．頸が次第に短くなり、腹部が長くなる
2．頸が次第に長くなり、腹部が短く丸くなる
3．頸と腹部がともに細長くなる

という三つの流れがあり、それぞれ三つの異なった造形を生み出していく。また唐代末期には口が小さく頸の短い、鼓腹に瓜稜線の施された輪高台のつく水注が現れる。

五代に至っても口が小さく頸の短い、鼓腹に瓜稜線の施された水注の生産は続き、晩唐期に三つの方向で変化していった水注はバランスよく統合され、ラッパ口が直口に変化し、注口は長く曲線を描くようになり、高台は接地面が狭く多くが撥形のものとなる。また直口で頸が長く腹部が球形で、曲がった把手と長く曲線を描く注口をもつ水注が派生する。この新しいタイプの水注の注口

唐

五代

唐

は、長く曲線を描くもののほかに、鳳凰や鶏、蹲《うずく》まった獅子をかたどったものがあり、腹部には剔花の纏枝花卉文や花鳥文が施され、造形は精緻で装飾も美しい。このほか、五代には斂口鼓腹で短い注口のつくものや、弇口や盤口で球形の腹部に短い注口のつくものがある。特に後者は五代の一時期に非常に流行したようで、出土例が大量に確認されている。

五代

五代末から北宋初期にかけては、口をやや開き、頸は真っすぐで長く、鼓腹に輪高台がつき、長く曲がった注口のついた水注が現れる。この種の水注は発見数が最も多く、北宋時代の主要なタイプといえる。変化の方向としては、腹部が次第に短くなり、腹部の最大径が下方に移動し、よりいっそう安定感のある実用に適した形となっていく。このほか、北宋の水注には、直口で頸は太く、鼓腹に輪高台のつくものや小さな口をやや開き、すぼんだ頸がなだらかな肩へとつながり、鼓腹で内側に凹んだ平底のものがある。

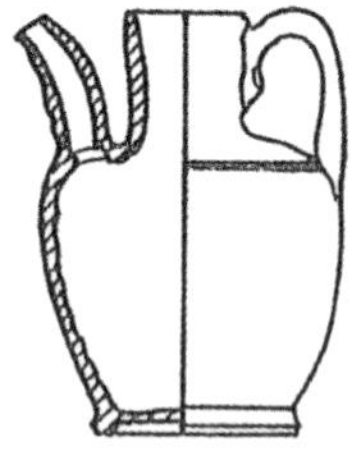
北宋初期

北宋晩期にはまた直口で頸は細く肩の広いものと、口をやや開きすぼんだ頸がなだらかに肩へとつながり、鼓腹で内側に凹んだ平底に短い注口のつく水注が現れる。（カラー図版42）

北宋晩期

瓶《へい》　瓶は耀州窯では唐代に生産が開始される。唐代の瓶には双耳瓶、盤口瓶、葫蘆《ころ》瓶、長頸瓶、浄瓶、双魚瓶（カラー図版8・9）などがある。

五代になると双魚瓶の数は減少するものの、そのほかの各種の瓶は引き続き生産され、新たに短頸瓶、長頸多稜腹瓶〔腹部の平面が多角形を呈するもの〕、五管瓶などが現れる。

宋代には瓶類の造形がさらに増加し、唐・五代の双耳瓶、盤口瓶、葫蘆瓶、長頸瓶、浄瓶、短頸瓶などを引き続き生産しながら、一方ではまた下記のような新しいタイプのものを生みだしていった。

五代

・口縁部が平らな小口で、頸は短く肩は丸く、長い胴部に内刳り高台の梅瓶《メイピン》。
・広口で、頸は真っすぐで短く肩は丸く、円弧形の腹部に内刳り高台の梅瓶（罐式梅瓶、梅瓶式罐とも呼ばれる）。
・玉縁の小口で、頸はすぼまり肩に角があり、腹部が筒状の洗濯棒のような形の瓶（棒槌瓶）。
・細長い頸で肩に角があり、円腹で内刳り高台のラッパ口の瓶。
・ラッパ口で頸が長く、肩はなだらかで鼓腹に輪高台がつく玉壺春瓶。
・外反蓮葉口で頸が長く、丸く豊かな肩から胴裾にむかってすぼまり、さらに裾が外反し内刳り高台の瓶。
・小さな直口で頸が短く、傾斜した肩に角がある円腹で内刳り高台のつく双耳瓶。
・口縁部が平らな敞口で、頸は長くなで肩の貫耳《かんじ》瓶。

北宋・玉壷春瓶

宋代に現れたこれらの新しい造形は、デザインは斬新で造形は美しく、実用性と芸術性が見事に融合した宋代耀州窯の逸品といえる。

腰鼓《ようこ》　耀州窯では唐代に生産が始まり、唐代のものはすべてが花釉のかけられた瓷器製品である。腰鼓は中間部が細長い筒状を呈し、両端が球形のものと、丸い鼓の形をしたものの2種がある。（カラー図版８）

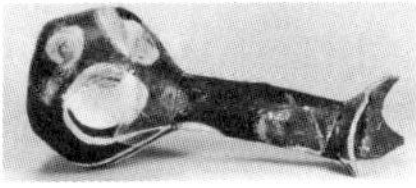
唐・花釉腰鼓残片

五代でも引き続き腰鼓の生産が行われた。現在は残片しか発見されていないため詳細は不明であるが、釉が花釉から青瓷釉へと変化したことがわかっている。

宋代耀州窯では、引き続き青瓷の腰鼓が生産された。形は唐代の両端が丸い鼓形のものに近いが、唐代のものは中間部が竹節状のものを奇数継ぎ合わせて造られることが多いが、宋代のものはそれが偶数となる。器面には刻花で文様が施され、青釉をかけたその姿は形も装飾も美しく、完整品がないのが惜しまれる。

灯《とう》　灯は耀州窯の創業以来数多く生産され、台座のついた高足灯と灯盞の2種がある。台座のついたものは灯盤と台座のふたつの部分からなっている。

唐

盛唐以前の灯は口を大きく開き、幅広の折り縁をもち、腹部は円弧形で裾が反り返った高台がついている。中唐以降は灯盤の腹部が次第に深くなり、円弧腹から折腹へと変化し、高台は高さを増して外反しなくなる。中唐から晩唐にかけての灯は灯盤の口が真っすぐ立ち上がり、腹部には角があって、見込み部分が凹むところに特徴がある。また灯盤の口がやや抱え込むような印象のものやわずかに開いたものもあり、見込み部分の凹みは時代が下るほど深くなっていく。

五代

五代に入ると灯盤の見込み部分の凹みは浅くなり、またそうした凹みのあるものはあまりみられなくなる。五代の灯盤は真っすぐに立ち上がる口が折り縁口縁よりやや突出し、腹部は筒状で平底のもの、あるいは平底で筒状の腹部がすぼんで角のあるタイプが多く、台座の部分は裾広がりのラッパ形や、多層の竹節形、束腰形のものが流行する。また、斂口で折り縁が幅広で弧を描き、深い腹部は中ほどが細くなり、丸底に高い台座のつくタイプと、直口で折り縁が幅広で弧を描き、深い筒状の腹部の下方に角があり、多層の竹節があるラッパ形の台座のつくものが現れる。

北宋

宋代に至ると、こうした台座のついた高足灯の生産数が大幅に増加し、造形もさらに多様化する。灯盤はすべて幅広の折り縁がつき、折り縁はわずかに弧を描くものもある。そのほかの造形はさまざまで、底の種類は平底と丸底があり、それぞれに直口で腹部は浅い筒状を呈し腹下に角があるもの、斂口直腹で腹下に角があるもの、斂口直腹で腹下に角があるもの、斂口で深い腹部の中ほどが細くなり腹下に角があるものなどがある。背の高い台座には、裾が外反する高台、一層階段式高台、二層階段式高台、多層竹節ラッパ形高台、多層竹節階段式高台、階段式高台に獣面のついたもの、階段式高台に蓮葉装飾をつけたものなどがある。北宋の高足灯は、以上の多数の灯盤と高台を組み合わせることによって多彩な造形を生み出している。

北宋晩期から南宋期にかけては、大きく開いた花口で弧腹丸底の洗式灯盤が現れる。この灯の台座部分はすでに欠けていて全体像は不明であるが、灯盤の底にみられる接続痕や出土したいくつかの獅子形の台座から判断すると、これが獅子座灯盞《とうさん》（カラー図版78）の初期の形態であると考えられる。

金

もうひとつの盞形の灯（灯盞）は、耀州窯が生産を開始して以来、窯址や陝西省各地の古墓から数多く発見されている。唐代の灯盞は玉縁で口を大きく開き、腹部の輪郭は弧を描き、器底は平底あるいは実足高台がつき、小型の盞に近い形をしている。この種の灯盞は、黒釉、茶葉末釉、赤褐色釉瓷器が多く青瓷のものはみられない。器の外面と口縁部内側は露胎で、口縁下およそ5ミリのところから見込み部分に釉がかけられている。初唐の灯盞の器壁は厚く、中唐以降次第に薄くなっていく。

五代の灯盞は唐代のものよりもやや浅い弧腹で内側が削られ、器壁はさらに薄くなって軽い手取りとなる。

宋代には唐・五代に流行したこれらの灯盞が徐々に変化する。弧腹は浅い斜腹となり、平底は徐々に内側に凹み、持ち運びや使用に便利な形となっていく。同時に、口を大きく開き、腹部が直線的な弧腹で、平底の見込み部分に灯心を立てる柱がついている灯盞や、口を大きく開き、弧腹が内外二層になっていて、水を注ぐことができるようになっている孔明灯盞など新しいタイプのものが現れる。中が空洞の柱のついたものは灯心の扱いが便利であるし、水を注ぐことのできるタイプは温度を下げ、油の節約に便利で、どちらも理想的な省エネルギーの灯盞といえる。宋代耀州窯の工人たちの才能や知恵、また

宋

世情を洞察する能力といったものが、こうした民間で日常使用される灯盞のデザインに体現されているのである。

樽《そん》　樽は耀州窯の唐代の遺物にはみられず、五代にはわずかに残片が発見されただけで、宋代中期と晩期に出土例が確認されている。樽は口が真っすぐに立ち上がり、腹部は筒状を呈し、腹下がすぼまって器底は平底内に小さな内刳りがあり、三本の短い先の尖った足がついている。これまで確認された標本の造形は、腹部の深さに違いはあるもののおおむね以上のような形をしている。しかし発見数が少ないので、変遷過程をたどるまでには至っていない。

宋

香炉《こうろ》・薫炉《くんろ》　炉には三足のものと五足のものとがある。器外にのみ釉をかけ、内側は香を焚《た》くため釉をかけない。

五足形の炉は唐代の薫炉《くんろ》に例がある。子母口〔蓋と身の口が凹凸で噛み合うようになっているもの〕の蓋のついたもので、平底に五本の足がついている。五代にはさまざまな薫炉に例があり、宋代に至ると、薫炉以外に新たに五足形の香炉が流行する。この種の香炉は大小の2種類があり、大型のものは器底が丸底と平底の別があって、直口で口縁部は幅広、筒状の腹部は中ほどでくびれ腹下に角があり、腹部周囲に獣面のついた足が五本ついている。腹部と幅広の口縁部には装飾が施されることが多く、獣面のついた足は精緻なつくりとなっている。小型のものは大型のものに近い形を呈しているが、盤を逆さにしたような形の幅広の口縁部がやや直線的で、文様を施さないものが多い。また文様がある場合もそれは口縁部に限られ、獣面のついた足もつくりが粗い。（カラー図版50）

北宋・五足香炉

三足形の炉は唐代に例がある。唐代の三足炉は口縁部が玉縁状で口は真っすぐに立ち上がり、腹部は浅く真っすぐで、器底は丸底となり、腹部周囲に三本の獣面足がついている。五代の三足炉は2種類のタイプに変化する。ひとつは口縁部が反り、腹部は筒状で腹下に角があり、平底で三本の獣面足がつくもの、もうひとつは平底で筒状の腹部に外反する足がついている。後者のようなタイプは、その後、北宋晩期から南宋にかけて出土例が知られているが、唐五代の早期のものとは造形がかなり異なったものとなる。北宋晩期や南宋にみられる三足炉は、口が真っすぐに立ち上がってやや抱え込むような印象があり、口縁部は平らな折り縁で、短く真っすぐな頸に丸々とした腹部をもち、器底は平底あるいは内側に凹んだ平底となり、腹下に三本の馬蹄形の獣面足がついている。宋代晩期は夏商周の三時代を尊び、復古主義の意識が高かったため、このような青銅の鼎に形をとった三足炉が生み出された。このような鼎形香炉は、主に金代に流行する。

北宋〜金・三足香炉

薫炉は耀州窯では唐五代の時期に現れるが、数が少なく、完器の造形も比較的変化がない。宋代になると薫炉の数は増加し、数量、種類とも唐五代のそれを上回るようになる。唐代の薫炉は子母口の蓋のついたものが唯一の例で、蓋の頂部には蹲《うずくま》った獅子がのり、五本の獣面足がついている。

唐・素焼蹲獅薫炉

五代には蹲った獅子のついた蓋、五本の獣面足のついた器底部分や仰蓮弁を飾った腹部の残片などが発見されているが、復元可能な薫炉が出土していない。しかしこれらの標本から五代では唐代にみられた五本の獣面足をもち、蓋の頂部に蹲った獅子を飾った薫炉が引き続き生産され、また同時に腹部周囲に仰蓮弁を飾るものが現れたということが推測できる。

宋代になると薫炉の造形はさまざまに発展し、製品の数は大幅に増加する。五本の獣面足がつくタイプは依然として生産されるが、腹部は内外二層式となる。内側は口を大きく開き、盤を逆さにしたような幅広の縁がつき、平底で腹部は円弧形を呈している。外側は斂口で、腹部は筒状で中ほどが細くなり、腹下がすぼまって小さな平底となり、五本の獣面足がついている。外側の層の腹部周囲には透し彫りの装飾が施されることが多く、内側の層を覆って幅広の縁の下で接合されている。この種の薫炉は造形が精緻で美しく、北宋中期の最上品といえる。

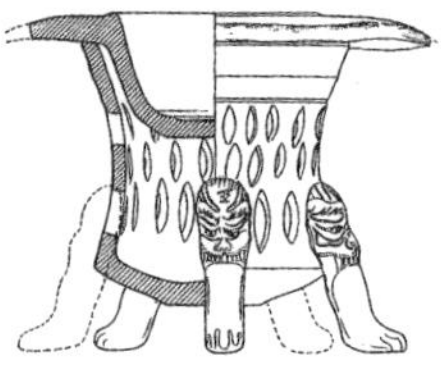
北宋中期

腹部が二層式になった薫炉は五足のもののほか、一層階段式や多層階段式の背の高い高台がつくものがあるが、腹部の造形はすべて五足のものとよく似ている。腹部が二層式で、足が多層階段式になっている薫炉には、覆いとなる外側の層の腹部に透し彫りの龍文様が施されたものが出土している。これは造形上の特徴からみて、宋代中期の熙寧、元豊年間に貢瓷品として焼造された器物のひとつであると考えられる。この種の二層式の薫炉は、宋代晩期になると器形が背の低いものへと変化し、外側を覆う層の腹部が足の部分と一体化し、透し彫りのついた一層階段式の台座となる。

北宋中期

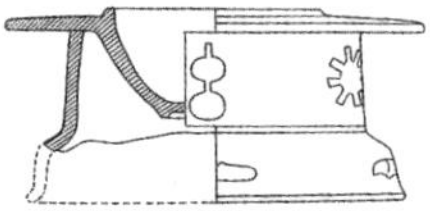
北宋晩期

一方、五代に新たに出現した腹部周囲に仰蓮弁を飾る薫炉は、北宋に至ってさらに変化し、真っすぐで短い凸形の口（子口式）を持ち、中ほどの円盤状の部分に海獣蓮弁文を飾るものや、外に開いた短い凸形の口を持ち、腹部は丸々として平底で、二層階段式の背の高い高台がつく薫炉が現れる。

北宋中期

宋代晩期になると、上述の腹部周囲に施された貼花の蓮弁文が簡略化し、花のような鋸歯文形となったものが新たに出現する。唐・五代の間、凸形の口をもつ薫炉本体と組み合わさる凹形の口をもった薫炉の蓋は、すべて蹲った獅子の形を呈しており、焚かれた香の煙は中空の獅子の体を通って、獅子の口からゆらゆらと立ち上る仕組みになっていた。宋代になると、薫炉の蓋の造形も多くなり、蹲った鳥の形をした蓋や中空で頂部に小さな穴

北宋晩期

のあいた瓢形のつまみのついたもの、多数の透し彫りの円孔がある蓋、頂部が透し彫りで周囲に蹲った獣を配した蓋などがつくられた。このうち、蹲った鳥のついた蓋はそのほかの造形とかなりの隔たりがあり、おそらく漢代から唐代にみられる鳥形灯と関連があると思われる。

盒《ごう》〔合子《ごうす》〕 盒は耀州窯の創業開始とともに生産されるようになり、日常の器皿のなかでよくみられる重要な製品のひとつである。

唐代早期の盒は扁平な形で、腹部は真っすぐに立ち上がり、蓋と底はともに平らになっている。その後、器体は次第に高さを増し、実足高台がつくようになる。中唐以降、内側に凹んだ実足高台は、徐々に接地面が幅広の低い輪高台へと変化し、蓋は頂部が平らなものから甲高のものとなる。晩唐期には蓋の頂部が盛り上がり、腹部が深い筒状を呈し、実足高台あるいは輪高台のつく盒が現れる。

唐

五代には甲高の蓋で、側壁が真っすぐに立ち上がり、輪高台をもつ盒が多くつくられた。腹部が深い筒状を呈するものは、蓋の頂部が盛り上がったもの以外に、周囲を斜めに削り、小さな平らな頂部をもつものも発見されている。さらに腹部が深く側面がやや傾斜したもので、内側に凹みのある平底の盒や器壁に多数の平行の稜線や瓜稜線が施され、高い高台がつくものなど新しいタイプのものが現れる。

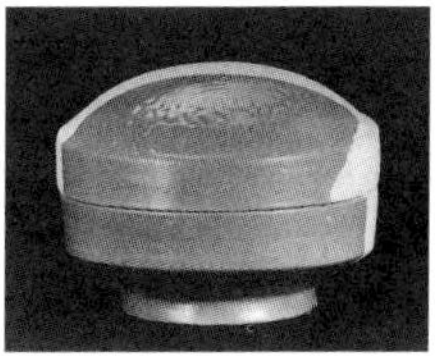
五代

宋代になると口が凸形を呈する盒の身の種類が大幅に増加する。腹部の形はさまざまで、側壁が真っすぐで腹下からすぼまったものが、深さの程度によって3種あり、側壁がやや傾斜した直腹で腹下からすぼまったもの、瓜稜線の施された直腹で腹下からすぼまったもの、弧腹のもの、斜弧腹のもの、筒状のものなどがある。器底と足の形には、平底、内側に凹んだ平底、平底に輪高台のついたもの、丸底で輪高台のつくもの、平底で内刳り高台のあるもの、丸底で内刳り高台のあるものなどがある。盒の蓋の造形には頂部が平らなもの、頂部が平らで周囲を斜めに削りおとしたもの、孤形のもの、浅い孤形のもの、甲高のもの、さらに高く隆起したものなどがある。これらさまざまな形の腹部、器底、足、蓋を互いに組み合わせると実に多種多様な盒が生み出される。このほか、北宋中期からは盒の身の口が凹形となって、蓋の口が凸形を呈し、しばしば太鼓の留め金具文様が施された将棋や囲碁の駒を入れる盒〔碁笥《ごじゅん》〕がつくられるようになる。（カラー図版57）

北宋中期

重盒　五代に生産が始まり、腹部が内外二層になっていた。内側は孤形の浅い盤で、外側は口が凸形で中空の筒状を呈し、同じ形の器を重箱に積み重ねられるようになっている。

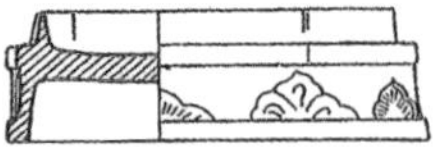
五代

宋代初期にはこの種のものが引き続き生産されるが、宋代早期から中期に移行する頃には、造形に大きな変化がおこり、凸形の口で側壁が真っすぐに立ち上がった円形の一層式のものが現れる。この新しいタイプの重盒は、器腹が深くなって物を盛るのに便利なばかりでなく、成形が簡便となった。五代および宋代早期の重盒は、二層式の腹部をそれぞれ別途に制作しそれを貼り合わせなければならなかったが、新しいタイプの重盒は一回の轆轤びきで成形でき、後に足や口を削り出せば完成する。デザインの変化によって成形技術も大きく前進したといえる。

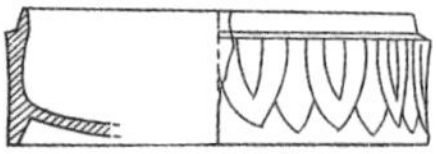
北宋初期

入れ子の罐〔壺〕　同じ形で、大きさがひとまわりずつ小さくなっていく罐を３つから４つ入れ子にしたもので、一番小さなものには凸形の口の蓋がつく。この種の器物は五代と北宋の重盒から変化発展したもので、元代末に現れ、明清から民国にかけて陳炉鎮の耀州窯で流行する。制作が容易で実用的なところが優れている。

蓋付き碗　碗と凸形の口の蓋を組み合わせた茶具であ

る。宋代中期に現れ元代にかけて生産された。宋代の碗は口が真っすぐに立ち上がり、直線的な腹部が腹下から円弧形を描いてすぼまり、径の小さい輪高台のつくものと、口がやや開き、真っすぐな腹部が腹下から弧を描いてすぼまり、径の小さい輪高台のつくものの2種がある。蓋は幅のせまい縁がつき、頂部は盛り上がって蔕《へた》の形をしたつまみがつき、平らな口縁の下部は凸形を呈し、身とぴったり合うようになっている。上下の比例は整っていて、丸々とした造形は精巧で美しい。

北宋中期

金・元代の碗は腹部の直線的な部分が長くなり、腹下で円弧形を描いてすぼまる部分が短くなり、輪高台は接地面が幅広になる。蓋は盛り上がりがやや低くなり、つまみは扁平な球形あるいは宝珠形となる。蓋と碗の上下のバランスがよくないが、全体としては素朴で穏やかな印象を与えている。

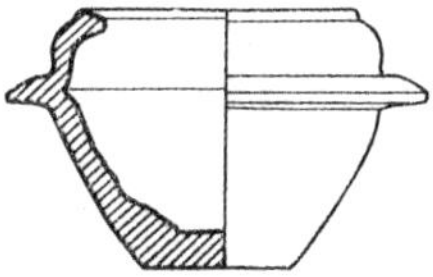

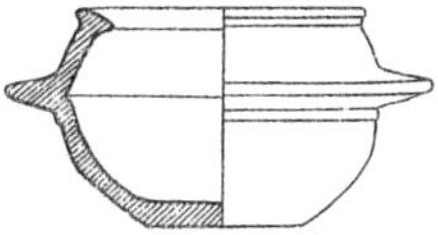

唐・釜

釜《かま》　古代以来の煮炊具で、唐宋時期には茶を煮炊きする用具として使用され、唐代に比較的多く宋代にはあまりみられない。形は口縁部がやや抱え込むような印象で、腹部は丸く、半球形に近い丸底を呈し、腹部中ほどには把手状の幅広の縁がつく。

碾槽《てんそう》と碾輪《てんりん》　茶葉を砕くための薬研《やげん》形の一組の道具で、唐代に生産されていたが、その後はみられなくなる。碾槽は長方体で、内側が弧形にくりぬかれており、両壁には孔がうがたれ、使用時に釘で固定できるようになっている。

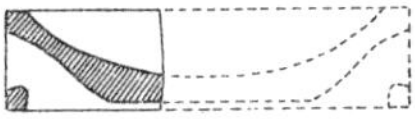

唐・碾槽

唐・碾輪

碾輪は粉砕用の円盤である。扁平な円形で、中間部が厚く周辺部が薄く、中央に軸を通すための孔があいており、軸を通して前後に転がして使用した。

燭台《しょくだい》　照明用具で唐代にしかみられず、すべて円い盤に柱をたてた形を呈している。台座の足は中空の裾広がりのラッパ形で、四つの如意頭形の孔が透し彫りで施され、上には玉縁で口を大きく開いた浅斜腹の承盤がのり、承盤の中心に竹のように節のある柱がたち、柱は二つの承盤を貫くような形になっている。上層の承盤は蝋燭《ろうそく》に火をともすのに便利なように中心が凹んでいる。デザインはおおらかな美意識をもつ唐代の器物の特徴を備えている。

唐・燭台

硯　墨をすり、墨汁をいれるための文房具である。辟《へき》雍《よう》形〔中心に島があり、周囲を池が囲む形〕のものはみられず、すべて「風」の字に似た形の風字硯で、土器製のものと瓷器製のものがあり唐代から宋代につくられた。瓷器製のものは2点発見されており、ともに「風」字形を呈し、箕《き》形硯とも呼ばれる。ひとつは一面が「風」の字形で口が大きく開き、底の端に二本の短い足がつき硯の面を持ち上げて傾斜させ、底部は露胎となっている。そのほかの三面には低い器壁がめぐり青釉がかけられている。全体の形は単純であるが理にかなっており、水を入れて墨をすり、墨汁をためるのに使い勝手がよい。もうひとつの硯も「風」の字に似た箕形で、両端に短い足がつき、筆や墨をたてかける部分の一部が残っている。

唐・硯

塤《けん》〔土笛〕　塤とは中国古代の吹奏楽器のひとつである。瓷器製で唐、宋、金、元の各時代すべてに出土例がある。唐代のものが最も多く、すべて大きな眼、高い鼻に、ぼうぼうの髭と髪、そして顔中に毛のある胡人の頭部をかたどっている。頭頂にはひとつ吹き孔があり、ふたつの眼は指押さえの孔となっていて、両頰に各々指押さえの孔があいているものもある。音を測定した結果、この種の土笛は３つから４つの音階を出せることがわかっている。

宋代の塤は人頭をかたどったものと、人形《ひとがた》のものと2種類ある。人頭形のものは唐代の胡人の顔が中国人の顔となり、四角い顔に三日月形の眉と細長い眼がつき、髪を中央で分けて後に梳って双髻を結い、髻の下にシルクのハンカチを結んでいる。宋代の人形の塤は、残念なこ

唐

とに首から下が破損しており全体像は不明である。しかし頭部にはさまざまな髪型があり、双髻のもの、髪を束ねて先の尖った髻を結うもの、髪を束ねて蓮葉形のものをかぶせたもの、帽子をかぶせたものなどがある。指押さえの孔は両頬に各々ひとつあり、頭頂か後頭部に吹き孔がついている。

金・元代には破損のない人形の塤が多くみられる。

漏斗《じょうご》 日用および医療の用具で、液体や煎じ薬を注ぐのに使用され、唐代から宋代の瓷器製品が発見されている。これまで発見された漏斗はすべて碗と管を上下につなげたような形をしている。碗の部分は口縁部が平らな敞口円腹に実足高台がつくものと、斂口円腹に実足高台がつくものの2種類がある。見込みの中心には孔があいており、上方が幅広で下方が細くなった管とつながっている。各時代の造形はほぼ同じであるが、胎と釉はすべてその時代の特徴を備えている。

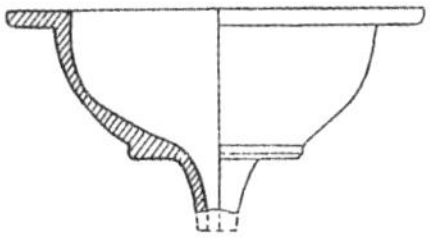
唐

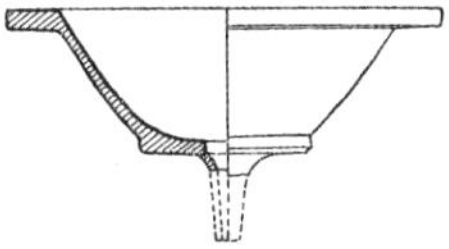
宋

駒と碁石 将棋の駒と囲碁の碁石の2種類がある。ともに素焼きでざらざらとしており、釉をかけたものはみられない。将棋の駒は丸く扁平な形で、上下両面は平らに整えられ、焼成の後に墨で「車」、「馬」などの文字が書き込まれている。各時代の造形はほぼ同様である。

宋

碁石は白と黒の二色である。唐代と宋代の造形は異なり、唐代の石は中間部が厚く周囲が薄くなり、唐代絵画にみられる対局中の石の形と同じで、遣唐使や留学僧が日本へ伝え、現在も使用されている石の形である。一方、宋代の石は丸く扁平な形で、上下両面が平らに整えられている。一つひとつ片面に花文様を飾り、文様は美しいばかりでなく滑り止めの効果を持っていて実用にも適っている。囲碁の石をいれるための碁笥は唐代にはみられず、宋代中期になってようやく現れる。それは陣太鼓に似た形を呈しており、気勢をあげて敵を打ち負かすという意味が込められている（カラー図版57）。金・元代の碁笥は宋代のものと同様である。

すり棒　すり鉢とあわせて用いる道具で、主に茶葉をひくのに用いられ、日常の生活でも使用された。すり棒は柄の部分と先端の円形部分からなっている。先端が球形で中空の長い柄がつくものと先端が扁平な円形で中空の短い柄がつくものの2種類がある。

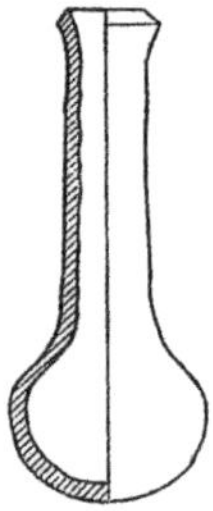

唐

鈴　鈴は主に唐代にみられる。上下を接合した中空の球形で、上部は半球形で頂部にひもを通す環《かん》がついている。下部は隙間があいており、中に小さな球を入れ、揺り動かすと鳴るようになっている。唐代の鈴は大きなものが多く〔高さが5センチ程度〕、豊かな蓮弁文やそのほかの文様を飾ることが多いが、宋代の鈴は小さなものが多く、文様のついたものは少ない。

唐

◇

燿州窯にはこのほかにも、さまざまな美しい造形をもつ器物が数多く存在する。紙面の都合により一つひとつ紹介することができないが、以下にこれまでそのほかの窯や窯系で発見されていない燿州窯独特の造形を挙げておく。

温碗：柳を編んだような文様がついているもの、輪花の多折腹で高台のあるもの。

花挿：内外二層式で、器壁に水平に飾られたいくつかの環耳、透し彫りの花挿し座、丸彫りの龍首のあるもの。

盞托：外側の盤の中に浅い托があるもの。

供盤：内外二層式で器壁に如意頭形の壼門《こんもん》〔開光〕や坐仏を飾るもの。

把手つき杯：斂口円腹の把手つき杯。

灯盞：さまざまな獅子形の台座。

薫炉：内外二層式で、透し彫り網文様が施されたもの、貼花の蟠龍文を飾るもの。

盒　：陣太鼓のように太鼓の留め金具文様が施された

囲碁の石をいれる碁笥。

以上、これら精緻で美しい青瓷の数々はすべて耀州窯の工人が工夫を凝らして創り出したものである。耀州窯の各種瓷器の造形がどのようにして生まれ、またどのように変化していったのかを分析していくと、耀州窯瓷器の造形がいかに豊富で多彩なものであるかを知ることができる。耀州窯が世に名高く、市場を獲得し、中国古代の名窯のひとつとなったのは、まさにこうしたさまざまな造形が生み出されたからにほかならない。

装飾技法と文様

1）装飾技法

耀州窯瓷器の装飾技法には劃花、剔花、刻花、印花、貼花、戳花、手びねりおよび彫塑、透し彫り、化粧土による絵付けなど数多くの技法がある。各時期によって使用される技法、流行する技法はそれぞれ異なり、そこに段階的な発展の過程をみることができる。

劃花《かくか》　劃花は弾力性のある先の尖った工具を用い、器胎表面に線条文様を刻み付ける技法である。この技法は耀州窯では早くは唐代に現れ、五代の主要な技法となって宋代初期まで続いていく。宋代中期以降は単独で使用されることが少なくなり、刻花の花や葉の輪郭内部を表わす際の補助技法として用いられることが多くなる。宋代の劃花には描線が一本のものと複数の線が並行するものと2種類の表現がある。複数の線が並行したものは、櫛のような工具を用い、器胎に一度に多数の線条文様をつけている。この種の劃花の技法は、早いものは唐代のすり鉢の内壁文様に例があるが、器外面の文様装飾として使用されたものはなく、五代末から宋代には剔花《てきか》や刻花の補助手法として用いられる。(カラー図版25・28・31)

劃花瓷片

剔花《てきか》　剔花は彫花《ちょうか》ともいう。ナイフ状の工具で、事前に器胎表面に刻み付けられた文様の輪郭線の外側を削り落とし、文様部分を浮かび上がらせた浮彫り文様の効果をねらったものである。この種の技法は五代に現れるが、五代黄堡窯の工人が漢・唐の石刻芸術にみられる「減地刻〔掘り下げ技法〕」にヒントを得て創り出した陶瓷装飾における新技法のひとつである。剔花は主に五代に流行し、宋代初期にも続いたが五代ほど広範囲には用いられなかった。宋代中期およびそれ以降は、耀州窯ではほとんどみられなくなる。

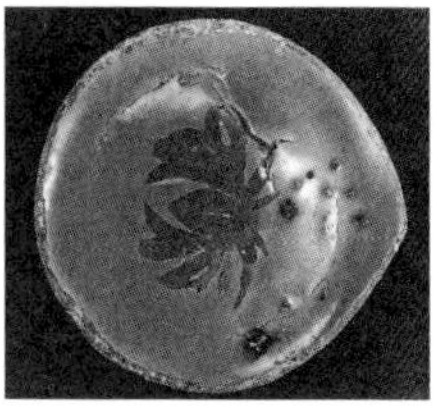
剔花瓷片

刻花《こくか》　ナイフ状の工具で器胎表面に文様を刻みだす装飾方法。宋代耀州窯瓷器の刻花は、中国陶瓷器装飾のなかでも一種独特の風格と手法をもっている。この種の刻花の技法は、五代の劃花と剔花の技法を基礎として両者の特徴を融合させたもので、宋代早期のやや下ったころに現れる。まず真っすぐにたてた刃先で器胎に文様の輪郭線を深く刻みつけ、次に輪郭線の外側を斜めにした刃先で削りとっていく。ともに力を入れて深く、広く刃を入れているので、文様は器胎表面にはっきりと浮かび上がる。宋代の刻花は浮彫りに立体感があり、彫り文様の線が鋭くまた滑らかである。さらにこの浮かび上がった文様に櫛状の道具で葉脈や花弁の線が施され、最後に青釉がかけられる。さまざまな色調をもつ優麗なガラス質の青釉の下に浮かび上がる刻花の文様は、きらきらと輝きまた生き生きとして優雅な気品を備えている。この種の刻花の技法は主に北宋中期に流行し、北宋晩期から金代にも引き続き盛んに用いられたが、装飾の主流は次第に同様の風格をもった印花技法にとって代わられるようになる。(カラー図版37〜42・44・45・47・49・52・53・57・58)

刻花碗

刻花盤

印花《いんか》　文様図案が彫られた印花用の型を用いて、器胎に文様をつける装飾技法。耀州窯の装飾や成形の過程で、部分的な型押し技法や簡単な突き印および陶笵《とうはん》〔型〕による成形は早くは唐代に例がある。しかし、碗、盤、皿、洗、盞、盆などの丸い器皿に、宋代耀州窯瓷器の刻花と

印花碗

宋・摩羯鴛鴦文陶范

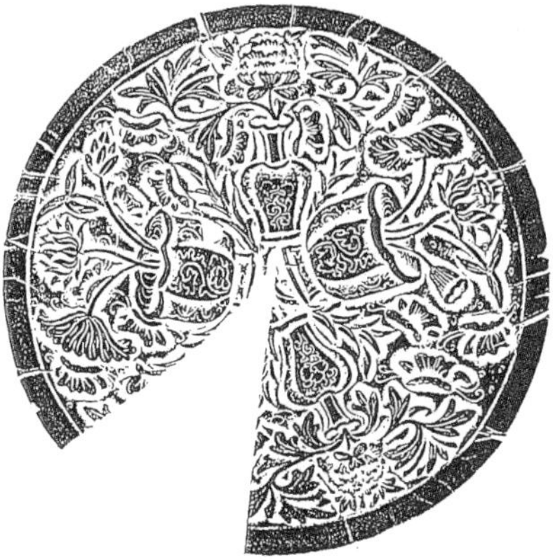

宋・牡丹蓮花文陶范

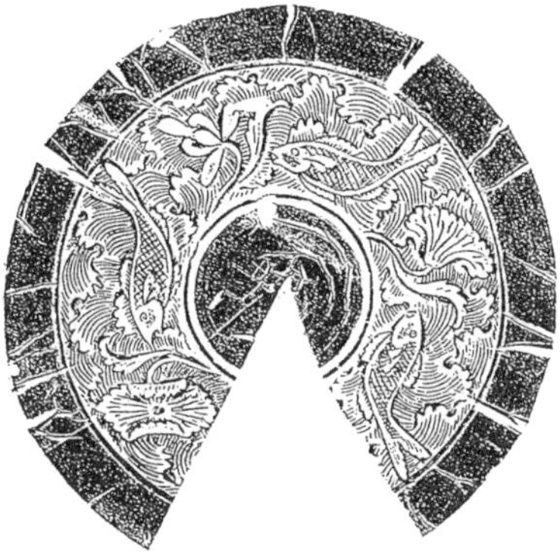

金・水波魚蓮文陶范

宋・折枝牡丹文陶范

〈印花陶范拓影〉

同様の風格を備えた印花や型による装飾が施されるのは、宋代中期になってからのことである。宋代中期には耀州窯の刻花青瓷が社会に広く受け入れられたため、耀州窯では同様の風格と文様をもつ印花による装飾技術が考案され、生産量が大幅に増加した。(カラー図版54～56・69)

印花による施文には、まず瓷土を用いて印花用の型を作る必要がある。文様を彫りつけた型を陰干しし、窯に入れて素焼きにする。次にその型にあうような大きさの器皿を轆轤で成形し、べたつかない程度に乾燥させる。

印花盤

これを型にかぶせ、手のひらや弾力性のある小さな木板で型に軽く叩きつけ、器を型にぴったりと押し付け、形と文様が一致するようにする。最後に文様がついた器を取り出し、轆轤にのせて外壁を削り表面を滑らかにして厚さを整え、高台を削りだして完成する。発掘の際、宋代の印花用の型（カラー図版63）が、ほぼ完全な形のものから残片まで大量に発見されたが、さらに型を作るための、内壁に文様図案が刻まれた母型も発見されている。耀州窯では母型を用いて印花用の型を制作する方法が考案されていたのである。

印花陶范

貼花《ちょうか》　型や手びねり、彫塑の手法を用いて人物、動物や花文様などの造形をつくり、泥漿《でいしょう》で器胎に貼り付けて装飾とする技法。この技法は唐代から金代までの各時代にみられ、文様には蓮弁、人物、仏教造像、力士、海獣、各種の龍などがある。瓶、水注、尊、灯、香炉、薫炉など袋物の器物の装飾に用いられることが多く、碗、盤、盞、鉢などの円形の器にはあまりみられない。（カラー図版46・50・71）

貼花獣面文三足香炉

戳花《たくか》　印文の一種で、器物の表面に突き印で文様を施す手法。耀州窯では晩唐・五代に例があるが、宋代にはあまりみられず、魚子地《ななこち》のような文様を施すときにのみ用いられる。文様の地の部分に隙間なく並べられた小さな円圏文様は、おそらく細い竹管で作った道具で施文されている。

手びねりと彫塑　手びねりと彫塑という方法を用いてひとつの造形を作り出したり、もしくはその一部を飾る手法で、耀州窯では唐代、五代、北宋の各時代すべてに例がある。宋代では轆轤成形ではつくることのできない装飾部分にこの手法が用いられた。各種器物にみられる葵式、海棠式、菱花式、蓮葉式の口縁部装飾や瓜稜線、筋文様の施された腹部、そして多折腹や多曲腹、さらに動物や人物の塑像などはすべてこの手びねりと彫塑の手法によっている。

透し彫り　ナイフ状の工具を用い、器胎に描かれた文様を透し彫りにする技法。耀州窯では唐代、五代、北宋時期に例がある。宋代には主に祭祀用や装飾用の器物および高級生活用品にこの技法がみられる。薫炉や香炉、灯、花挿などの装飾に採用され、精巧な金銀器や玉彫製品のような効果が得られる。（カラー図版48）

透し彫り香炉

化粧土による絵付け　白色化粧土を水にとき、器胎に絵付けを施す、あるいは印花装飾が施されたものにこれを塗布する技法で、立体効果を高める一種の装飾技法である。耀州窯では晩唐期に現れる青釉白彩（カラー図版20）といわれるものがこれに該当し、五代にはあまりみられない。北宋時代にも採用されたが、発見された例は極めて少ない。

青釉白彩碗

魚子地刻劃花　北宋晩期から金代前期に出現するもので、伝統的な刻劃花の技法による文様の地の部分を魚子〔粟粒文様〕でうめる技法。磁州窯に学んだものであるが、青瓷にしかみられない。

絵画　絵画の手法を用い、褐彩や緑彩、黒彩の絵を釉下や釉上に描く装飾手法。唐代、五代には褐彩、緑彩のものがあり、元代晩期から明代には白地黒花となる。

以上のことから、耀州窯の瓷器の装飾にはさまざまな技法が用いられていることが理解できたと思う。器物を斬新で美しく、しかも変化に富んだものにするために、ひとつの器物には2種類あるいはそれ以上の装飾技法が併用されることが多い。各々の装飾技法と各種器物の組み合わせは無限に近く、一つひとつが人々に愛される素晴らしい耀州窯瓷器が生み出されていった。

2）さまざまな文様

耀州窯では唐代以来、装飾文様が豊富であったが、五代に入るとさらに発展し、北宋に至って最盛期を迎える。耀州窯の出土品や伝世品をみると、北宋期の文様だけでもその数は200種類以上に達する。ここではできるだけ要点をおさえ、北宋時代の文様についてのおおよその状況を紹介していきたい。

宋代耀州窯の文様は植物類の花卉文様が最も多く、動物類の瑞獣、珍禽、昆虫、水生動物もまた大量にみられ、人物故事や仏教道教の造像がこれに次ぐ。山水、文字の類は比較的少なく、幾何学文様は縁飾りなどに多くみられる。

A．植物文様

耀州窯瓷器の文様は植物の類が最も多く、花、草木、果物の数種に分類される。

牡丹《ぼたん》文　宋代には牡丹を「富貴花《ふうきか》」と呼んでいた。牡丹は幸福と繁栄を象徴する花として、耀州窯瓷器に最も多くみられる花卉文様の一つである。牡丹文には纏枝牡丹文、折枝牡丹文、交枝牡丹文、対枝牡丹文、そして瓶や盆に挿した牡丹文などがある。これらはたくさんの花と葉をつけた牡丹を生き生きとクローズアップして描くところに特徴がある。花弁の構成もさまざまで、花弁を塔のように高く積み重ねたもの、数枚の花弁を二層にして連ねるもの、三枚の花弁のものなどがある。このほか牡丹団花文、六区牡丹文、小花を散らしたものや、鳳凰や孔雀などの動物と組み合わされたものもある。（カラー図版36・38～41・44・45・52）

菊花《きくか》文　宋代耀州窯瓷器によくみられる花文様のひとつ。菊はあらゆる花の中で、霜にも屈せず花を咲かすという特徴があり、古代中国では清らかで不屈、俗を超越する象徴とされた。菊花文は耀州窯では比較的早期に現れる花文様で、唐、五代および宋代初期に団菊文が多くみられ、続いて纏枝菊花文が現れ、宋代中期には交枝菊花文や中心に団菊文を飾った纏枝菊花文などが流行する。

蓮華《れんげ》文　仏教の流行の後に瓷器の装飾文様に取り入れ

られた花文様である。仏が誕生した時、その足跡に蓮華が生じたということから、仏光が普《あまね》く照らされ如意吉祥を象徴するものとして古くから覆蓮弁や仰蓮弁が器物の装飾に用いられた。耀州窯でも比較的早く登場し、唐代、五代および宋代初期には貼花、刻花の蓮弁文を飾る各種の色釉瓷器が数多くみられる。宋代、蓮華は文人に「汚泥から出づるも染まらず、清漣《せいれん》に濯《あら》われても妖《よう》ならず」と誉めたたえられ、清廉高潔な品格をもつものとして装飾文様に広く採用された。北宋中晩期には蓮の花に実や葉をあわせて表現した蓮華文様が現れるが、そうした蓮華文には水波蓮華文、一束の蓮華文、二束の蓮華文、三束の蓮華文、蓮華牡丹文、蓮華慈姑文、纏枝蓮華文、器物に挿した蓮華文や小蓮華を散らしたものなどの例がある。さらに、人物や動物と組み合わされて吉祥の寓意をもつ蓮華文も多い。例えば童子戯蓮文、童子戯纏枝蓮文には「連（蓮）生貴子」〔後継ぎに恵まれる〕という寓意があり、双鴨戯蓮文、鴛鴦戯蓮文、孔雀銜蓮文には幸福、如意という意味がこめられており、蓮華双魚文は「蓮蓮有魚」が「年年有余」〔毎年余裕がある〕と音が通じるといった具合である。このほかに六魚蓮華文などもある。（カラー図版25・36）

西番蓮《せいばんれん》文〔トケイソウ文〕　花が大きく形が蓮華に似た花文様である。ヨーロッパで多く栽培されるところから西番蓮華と呼ばれている。トケイソウ科の蔓生植物で水生の蓮華とは異なり、花の中央に糸状の副花冠があり、葉は深い切れ込みがあって蔓がついている。元から明清時代にかけての陶瓷器の文様によくみられ、宋代にはあまり例がない。宋代耀州窯瓷器にこの文様が発見されたことは、宋代には対外貿易が発達し、東西で広い文化交流が行われていたことの証となる。

葵花《きか》文　葵《あおい》は「向陽花」とも呼ばれ、太陽の動きにあわせて花の向きを変える特性があり、人々に好まれ陶瓷

器の文様にも使用された。耀州窯では唐代に現れるが、表現は正面から捉えたものに限られ、枝葉をつけた花の表現は北宋晩期から金代になって現れる。宋代耀州窯瓷器にみられる葵花文には纏枝葵花文と鳳凰銜葵文がある。

梅花《ばいか》文　梅は冬の終わり、早春の寒さの厳しいころに花を咲かせ、雪を凌《しの》ぎ霜に屈しない、忍耐強いものの象徴として人々に愛されてきた。その小さな花は唐代耀州窯の素胎黒花瓷器の文様に現れ、枝葉のついた表現は北宋晩期から金代に登場する。宋代耀州窯瓷器にみられる梅花文は「歳寒三友」を象徴する松竹梅文、「喜上眉梢」を象徴する〔喜びが眉に現れるという意味を表わすために、喜と喜鵲《かささぎ》、眉と梅をかけた〕梅にカササギのいる図や童子戯梅文などがある。

鶏冠花《けいかんか》文〔鶏頭《けいとう》文〕　宋代耀州窯瓷器にわずかにみられる花文様で、宋代晩期に現れ、花は側面形に描かれる。この花は名前に「冠」という字を含むため、官職や位があがるという意味が込められた。近年の発掘によって新たに発見された花文様である。

花卉《かき》文　何枚かの花弁を組み合わせた小さな花形の文様で、花弁の部分だけで構成され枝葉はない。宋代耀州窯瓷器では団菊花卉文を器物の中心に飾るほかは、器物の各所に散りばめられる構図となり、主題となる文様の補助装飾として用いられることが多い。

忍冬《にんどう》文　忍冬は金銀花《きんぎんか》ともいい、寒さに耐え蔓をのばす特徴があり、唐代以来流行した草葉文様の一種である。「蔓草文」「巻蔓文」とも呼ばれ、日本では「唐草文」に含められている。宋代耀州窯瓷器には多く採用され、主に器物の縁飾りとして用いられた。

柳枝《りゅうし》文　柳の枝は風に随ってさまざまに姿を変え、たおやかで美しいばかりか強い生命力を持ち、水に挿せば成育するので古くから人々に好まれている。宋代耀州窯

瓷器の柳枝文の例は多くなく、主に魚とあわせて描かれる。

竹枝文《ちくし》　竹は寒さに耐え、堅く、素直で常に緑を保つという特徴があり、清らかで高潔な品格を象徴する中国の伝統絵画にはよくみられる題材である。宋代耀州窯瓷器の文様には童子戯竹梅文、童子戯松竹文、喜鵲登竹文などがあり、つねに人物や動物と組み合わされて描かれる。

蕉葉文《しょうよう》　蕉葉は葉が大きい常緑の植物で、永遠に枯れることのない生命力を象徴している。宋代耀州窯瓷器の文様にも数多く採用されているが、主に器物腹部の装飾に用いられ、縁飾りとして補助的に表わされる場合もある。

瑞草文《ずいそう》　瑞草は葉のついた枝で瑞祥を象徴するものであるが、外観からは具体的な植物の名称が判断できない。宋代耀州窯瓷器の文様には多く現れ、鶴銜瑞草文や鹿銜瑞草文などがある。

芦文《ろ》　補助文様のひとつで、多くが蓮池の図案のなかに現れる。鴨戯芦蓮文や鴛鴦戯芦蓮文などがある。

石榴文《せきりゅう》　石榴《ざくろ》は種が多いことに特徴があり、中国の伝統的図案の中では多子多産、多子多福を象徴することが多い。宋代耀州窯瓷器の文様には鳳銜石榴文や纏枝石榴文などがある。

葡萄文《ぶどう》　葡萄はたくさんの実をつけるところから、中国の伝統図案の中では石榴と同様に、多子多産、子々孫々連綿と続くという意味が込められていた。耀州窯では唐代に出現し、宋代にも例がある。宋代耀州窯瓷器の葡萄文には葡萄だけを描いた纏枝葡萄文のほか、人物と組み合わされた童子戯葡萄文がある。口の大きな梅瓶の腹部に施された童子戯葡萄文は、たくさんの実をつけた葡萄の蔓のなかで、無邪気な童子が楽しげに戯れる様子が描かれている。童子たちは蔓によじ登ったり、ぶら下

がったり、跨いだりと、陽気で腕白な姿に描かれており、童子と葡萄の文様が見事に融合されている。

瓜瓞文《かふふ》〔瓜文〕 瓜瓞とは大小の瓜のことで、『詩経』の「瓜瓞綿綿」に由来し、中国の伝統文化では果実が累々として子々孫々連綿と続くという意味がある。耀州窯では宋代晩期の文様に現れ、飛翔する鳳凰が瓜の蔓を銜《くわ》えた様子で描かれる。柔らかい曲線を描く蔓に丸々とした瓜が実を結び、構図は斬新で文様は生き生きとし、吉祥の寓意をもち、耀州窯瓷器には珍しい文様である。

蓮蓬文《れんほう》〔蓮の実文〕 蓮実文ともいう。蓮蓬とは蓮の花が開花後に結ぶ実のことである。蓮華は「仏門の聖なる花」であるからその実も当然聖なる果実となり、吉祥の聖なるものを象徴する。また同時に蓮蓬文は蓮華文と同様、「連（蓮）生貴子」〔後継ぎに恵まれる〕の象徴でもあった。耀州窯では唐五代の蓮華文を飾った器物の登場にしたがって、浮彫り式の貼花の蓮弁文が流行する。平面の刻花や印花の蓮蓬文はやや遅れて北宋中期以降に現れるが、こうした文様は蓮華の花や葉とあわせて描かれる場合が多い。

B．動物文様

各種の動物もまた宋代耀州窯瓷器の文様の主要な題材である。動物文様は瑞獣、珍禽、昆虫、水生動物などに分類される。

龍文《りゅう》 中国の封建社会において皇帝は「真龍天子」と称されていたため、想像上の動物である龍は皇帝権力の象徴でもあり、皇室のために生産された瓷器にはしばしば龍文が施された。耀州窯でも創業を開始した唐代から、龍をかたどった三彩の建築部材や龍の形をした把手などがつくられている。五代には貼花や劃花による龍の造形が現れるが、劃花のものは瓷器の残片しか発見されていないため五代の龍の全体像は未だ明らかではない。宋代に入ると刻花、印花、型および手びねりや彫塑といった

さまざまな手法によって龍文の装飾が行われるようになるが、中でも刻花の龍文に優れたものがある。

この龍文は逆巻く波のなかに現れた猛々しい龍の姿を描き出したもので、龍は首を曲げ、細長い体には四本の足があり、S字型に尾をくねらせている。龍首には二本の角とたてがみが見え、眼を怒らせて口を大きく開く。下あごを前に突き出し、上唇はわずかに盛り上がっていて、三本の鋭い爪のついた前肢を振りかざし、頭上には火焔のついた宝珠が浮んでいる。この龍文は構図が理に適っており、文様は生き生きとして描線が滑らかで、全体に動きがあって北宋中期の龍文が施された青瓷の優品といえる。

宋代耀州窯瓷器にはこのほか貼花の双龍瓶、三龍香炉、龍首形の注口や龍首形の把手など多くの龍の造形がある。また龍文と鳳凰文を同じ器物に表わした龍鳳文も発見されているが、残念なことに残片しか残っておらずその全体像を知ることはできない。さらに宋代耀州窯瓷器の龍文には正面形の龍文も現れる。波涛文の中央で長い首を伸ばし、二本の角を生やして牙をむく正面形の龍で、額に「王」の字が描かれ、周囲には小さな水生動物が泳ぎわまっている。このような龍の形や構図は宋代耀州窯の工人たちが独自に考えだしたものであろう。

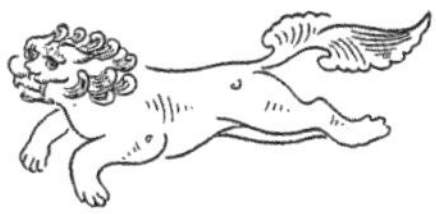

獅子文　獅子は古くから「百獣の王」といわれ、また釈迦の乗りものとされたため、中国の文様の中では瑞獣として広く用いられ、力や吉祥を意味している。耀州窯では唐五代の陶瓷器に獅子文が現れ、宋代の瓷器にも採用されている。最も素晴らしいものは、宋代中期から晩期にかけての青瓷の蓋付き罐〔壷〕にみられる獅子文である。器の腹部周囲に三頭の獅子が互いに追いかけるような姿で描かれており、生き生きとして趣のある描写となっている。

鹿文　鹿は中国では「仁獣」や「純善禄獣」とされ、

平和や善政、官位や俸禄の象徴であった〔鹿は禄に音が通じる〕。宋代から金代の耀州窯瓷器の文様には鹿の文様が多くみられ、耀州窯の動物文様の中で最も多く描かれた瑞獣のひとつである。宋代耀州窯瓷器の鹿文は、纏枝菊臥鹿文、鹿戯牡丹文、牡丹臥鹿文、鹿銜瑞草文などがあり、「官禄幸福」「官禄如意」や「加侯進禄」〔官位が進み俸禄が高くなる〕という意味が込められており、中国で比較的早期にみられる「福禄」を象徴する文様である。

虎文　虎は古代中国では「百獣の長」とされ、「魑魅《ちみ》を捕らえて噛み殺すことができる」と考えられていた。虎の文様は権威と武力、そして辟邪の象徴であった。耀州窯では五代に劃花の猛虎追牛文、猛虎追猴文や双虎文の笵模〔型〕がつくられ、さまざまな構図の虎文様が現れる。宋代に入っても虎文は耀州窯の瓷器文様に使用され、新たに刻花の虎文が出現する。しかし出土した瓷器片は小さく、わずかに虎の腰の部分しか残っていないため、残念ながらその全貌を知ることはできない。宋代耀州窯瓷器にみられる虎文様に関していえば、筆者は1996年に香港で「武松打虎」〔『水滸伝』の豪傑武松が虎を倒す挿話〕の文様を見たことがある。その図案は虎が跳びかかろうとするまさにその瞬間を捉えており、構想は巧みで、宋代耀州窯瓷器の中で極めて稀な、故事に題材をとった一例である。

象文　象もまた仏や菩薩のための乗り物であり、中国の文様の中では瑞獣や吉祥を表わすものとして採用され、明清時代には「太平有象」〔太平の兆しあり〕という意味も込められた。宋代耀州窯瓷器には象文の例が少なく、わずかに青瓷の双耳刻花瓶の耳の部分に貼花の装飾がみられるだけである。このほか宋代の伝世品には大阪の東洋陶磁美術館所蔵の「五童子戯犬碗」にみられるような犬文があるが、出土例がないのでここでは紹介する

にとどめておく。

鳳凰文　鳳凰は龍と同様に中国古代の想像上の動物で、最も珍貴な禽類である。その姿は自然界の各種の鳥類の美しい部分を取り出して合成したもので、鸚鵡《おうむ》の嘴《くちばし》、鴛鴦《おしどり》の頭、錦鶏の身体、孔雀の尾、鶴の足、鷹の翼をもっている。中国の封建社会では龍は皇帝が「真龍天子」であることを象徴し、鳳凰は「群鳥の長」で「皇后」を象徴するものであった。耀州窯では五代に鳳凰文が施された青瓷があり、宋代にはさらに多くなって碗、盤、盞、枕などに例がある。鳳穿牡丹文、飛鳳穿雲文、鳳銜瑞草文、鳳銜纏枝石榴文、鳳銜纏枝瓜文、鳳銜葵花文などには「幸福吉祥」「幸福多子」「吉祥光明」などの意味が込められている。このほか水注の注口に鳳凰を象ったものがある。

孔雀文　孔雀はめでたく美しいもので、吉祥、平和そして美しく豪華なものを象徴していた。宋代耀州窯瓷器の装飾には多く用いられ、碗、盒、枕などの器物に刻花や印花の手法を用いて描かれている。耀州窯の文様には孔雀戯蓮文、孔雀銜蓮文、孔雀銜瑞草文などがあり、生活が幸せで、はなやかにめでたくあるようにとの意味が込められた。

鶴文　中国には「鶴は寿千歳にして、以てその遊を極む」とか「鳴鶴陰にあれば、その子これに和す」という言葉がある。前者は鶴が長寿であること、後者は父子の情を表わしており、古代の文様にはよく鶴の文様が使用された。宋代耀州窯瓷器においても碗や盤の文様に多く用いられ、耀州窯では双鶴対舞文、飛鶴童子文、騎鶴仙遊文、群鶴博古文〔古器物と鶴の群れ〕などの文様がある。そのうち飛鶴童子文と騎鶴仙遊文は道教的色彩が濃く、宋代の瓷器にはあまりみられない。

鴛鴦《えんおう》文　中国では古くは「鴛鴦は番《つがい》の鳥で、朝な夕な共にいる」と考えられていたので、鴛鴦の仲睦まじい様

子を人間夫婦の愛情にたとえ、鴛鴦が池で戯れる様子を描くことで夫婦の情愛を表わしていた。宋代耀州窯瓷器の碗、盤などの円形の器皿には、鴛鴦戯蓮文が多くみられる。さざめく水波と蓮の花を背景にして、一対の鴛鴦が戯れる様子を描いたもので、前をゆく鴛鴦は後ろを振り返り、もう一羽の鴛鴦はこれにぴったりと随うように泳いでいく。さらに交差する枝葉の両側に一対の鴛鴦を配置した鴛鴦戯枝文もある。このほか鴛鴦戯遊鴨文や単鴛双鴨文など、鴨と鴛鴦がともに泳ぎ、画面の構図が非対称となる変化に富んだ図案もみられる。

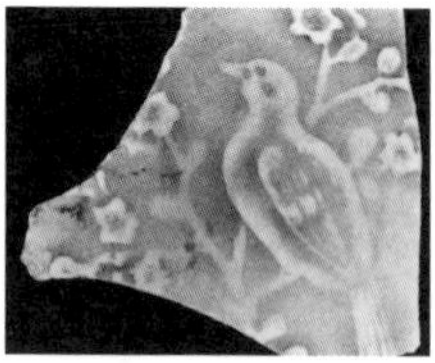

喜鵲文《きじゃく》〔カササギ文〕 喜鵲は古代中国では喜びを知らせる瑞鳥と考えられており、宋代やそれ以降の花鳥画にはよく登場し、宋代耀州窯瓷器の装飾文様としても用いられた。耀州窯には鵲竹文と鵲梅文がある。竹は多くが枝分かれした一本の竹で、梅は下に垂れる枝や枝分かれしたものが多く、喜鵲は枝の間で頭をもたげたり、振り向いたり、あるいは翼をひろげて飛翔する姿に描かれる。中でも喜鵲と梅の枝を描いたものは宋代の陶瓷器の文様としては前例がなく、「喜上梅（眉）梢」〔喜びが眉に現れるという言葉の喜と喜鵲、眉と梅とをかけて吉祥を表わす〕という吉祥図案を陶瓷器に描いた例としては最も早いものと考えられる。

鴨文 鴨は中国でよくみられる家禽の一種で、水中で泳いでも羽毛が濡れないという特徴がある。古く中国では、「鴨」という字の偏「甲」を科挙の「甲」に合格するという意味にあて、吉祥文様としてよく用いられた。宋代耀州窯瓷器にも鴨を取り入れた図案は多くみられ、主に碗や盤などの円形の器皿を飾り、枕の側面に描かれた例もある。鴨をモチーフとした文様には水波鴨文、双鴨戯蓮文、鴨戯鴛鴦文、魚鴨戯蓮文などがある。多くは構図が左右対称かバランスのとれたもので、前を行く鴨が後方を振り返り、もう一羽の鴨がこれにつき従うとい

うような構成になっている。このほか鴛鴦と組み合わせて画面を三分割したものもあり、単鴨戯鴛鴦文や単鴛戯双鴨文は漂う水と満開の芙蓉、そこに遊び戯れる鴨と鴛鴦の姿が写実的に、生き生きと描き出されている。

鵞鳥文　鵞鳥は鴨に似ているが、鴨よりも大きく首も嘴も長く個性的である。王羲之は鵞鳥を愛したという伝説があり、明清の陶瓷器には「王羲之愛鵞図」がよく描かれる。宋代耀州窯瓷器にも鵞鳥の姿を多くみることができるが、そこに人物が表現されることはなく、明清の陶瓷器に描かれる鵞鳥図の前段階と考えられる。多くは鵞鳥戯水文や水波鵞鳥文など水波文様とあわせて描かれる。

雁文　雁は渡り鳥で、「秋になるとやってきて、冬になると南へ帰っていく」雁は古来季節を知らせる証であった。また『漢書』蘇武伝には「雁を得ると、足に帛書《はくしょ》が結んであった」という記載があり、雁は手紙を届ける役割も担っていた。宋代耀州窯瓷器にも雁の文様が採用されている。内外に所蔵されている宋代耀州窯瓷器にみられる雁は飛翔している姿のものが多いが、宋代耀州窯から発掘された標本は残片しか残っておらず、典型的な形を知ることはできない。

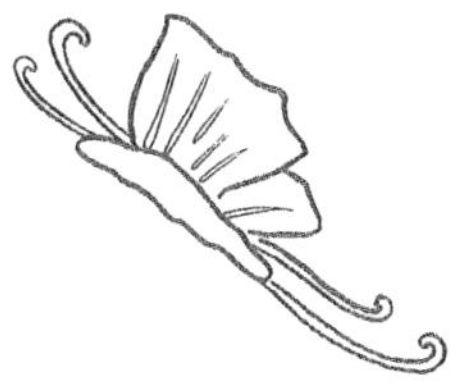

昆虫文　昆虫の鱗翅目に属する蝶や蛾の類で、蝶が多く表わされる。宋代耀州窯瓷器の蝶文様は正面形のものと側面形のものがあり、蝶は花から花へと飛び回り、体の両側についた斑文のある羽や、頭と腹の下にのびる鉤型の触覚がきわだった表現となっている。花とともに描かれる蝶の図案は、蝶の長い触角が満開の花と触れ合うものが多い。これは「蝶が花に恋をする」場面を表わしていて、幸福への憧れを象徴している。

魚《ぎょ》文　魚文は中国陶瓷器の文様として、六千年の歴史がある。魚はたくさんの卵を産むところから、氏族や子孫の繁栄の象徴とされた。のちに魚は「余」と音が通じ

ているため、魚と蓮を描くことによって「年年（蓮蓮）有余（魚）」〔毎年余裕がありますように〕という願いが込められるようにもなった。宋代耀州窯瓷器にもさまざまな魚の姿が描かれており、水波三魚文、双魚戯蓮文、水波五魚文、魚鴨戯法螺貝文、鴛鴦遊魚戯蓮文、水藻群魚文、群魚戯蓮文、柳枝群魚文などがある。

摩羯文《まかつ》　摩羯は摩伽羅《まから》、摩羯魚ともいい、インドの神話に出てくる凶暴な「海中の大魚」「魚の王者」である。阿含経《あごんきょう》では「目は日月のようで、鼻は泰山、口は赤谷のようである」といわれる。姿は魚に似て口が長く隆起し、歯は鋭く、目は飛び出していて海中の権力を象徴している。宋代耀州窯瓷器に表わされた文様には摩羯戯水文と水波摩羯文がある。一対あるいは一匹の摩羯魚が逆巻く波のなかにあって、互いに追いかけたり跳びはねたりする様子が描かれ、波文様も摩羯魚も動きがあって生き生きとしている。

魚龍文《ぎょりゅう》　摩羯魚と似ているが、こちらは魚の体に龍の頭がついている。このような龍首魚身の魚龍文は遼代の陶瓷器の文様に例があるが、そこに描かれる魚龍はふたつの翼をもっているものが多い。宋代耀州窯瓷器にみられる魚龍文には水波魚龍文があり、角を生やし目が飛び出ていて、歯を剥き出した魚龍が波の中を跳ね回っている様子が描かれる。これはおそらく古代中国の雑技の「魚龍曼衍《まんえん》」に由来するものであると思われるが、魚龍という雑技は、「猞猁の獣が庭の極で戯れ、殿に入る前に水をうち、比目魚に変じる。跳びはねて水を漱ぎ、霧を作って目をくらます。ついに八条の黄龍と化し、水から出て庭で戯れ、日光のように光り輝く」というものである。この魚龍の変化は中国古代の封建社会における魚龍変幻という概念を表わしたものである。その後、明清時代にはさらに意味が推し進められ、科挙の試験場の門が龍門というのにかけて、「鯉魚跳龍門《りぎょちょうりゅうもん》」という、科

挙に合格して出世するという願いが込められるようになる。

海馬《かいば》文　海獣文ともいう。海馬とは頭が大きく二つの耳があり、身体は獣の姿で長い尾があり、四本の足で這うようにして進む。唐代の海獣葡萄鏡にみられる海獣の一種である。宋代耀州窯ではその姿を陶瓷器の文様に巧みに取り入れ、主に貼花の手法で器物を飾った。このような陶瓷器に表わされた海馬文は、耀州窯の工人がさまざまなものを参考にして学び、応用していたことを物語っている。

巻貝《まきがい》文　巻貝は水生の螺旋《らせん》形の殻をもった軟体動物で、タニシ、法螺《ほら》貝などいくつかの種類がある。宋代耀州窯瓷器にみられる巻貝文は水波魚巻貝文が多く、童子が巻貝の舟を浮かべる図案や法螺貝と化生童子を描いたものなど、人物と組み合わせて描かれるものもあるが、宋代の陶瓷器の文様としては稀である。

水生小動物文　水生小動物とは川や湖、海などにみられる甲殻類の水生動物のことで、魚につく寄生虫の類である。その姿は小さな頭に卵形の体がつき、背中と腹部は扁平な対称形で、腹部が節に分かれているもの、長い円錐形で左右対称の触覚が二つあって、二つ目の触覚の先が瓜のような形をしているものがある。宋代耀州窯瓷器には水波遊魚文のなかにみられることが多く、このような文様が添えられることによって画面に変化が生まれ、内容が豊かなものとなっている。

C. 人物文様

仏教や道教の造像や人物像もまた耀州窯瓷器の重要な文様のひとつである。現在のところ、宋代の窯場の中では耀州窯瓷器に人物文様が豊富に見られる。人物文様は戯れる童子、生活場面、塑像、外国人物などに分類される。

戯れる童子　耀州窯の人物文様の中で最もよくみられ

る。耀州窯では唐代に出現し、素胎黒彩瓷器に童子が縄で遊んでいる姿が描かれている。五代にも青瓷に剔花と劃花の手法による童子戯纏枝文がみられ、北宋時代には童子を題材とした絵画が発展するのにともなって、耀州窯瓷器に描かれる文様も日増しに増加していった。装飾技法は刻花、印花、貼花、手びねりや彫塑などさまざまで、文様は牡丹、梅、松竹梅とともに描かれる童子や枝にぶらさがる三人の童子、蓮を手にとって戯れる四人の童子、犬と遊ぶ五人の童子、纏枝葡萄文のなかに描かれる童子たちなどがある。こうした童子はみな丸々とした顔で、腹かけをつけたり、裸で天衣を巻いた姿をしているが、ほとんどが首と手足に輪飾りをつけている。童子たちは広げた両手で枝をつかみ、ぶらぶらとさせたり、蔓をしっかり握って体を中に浮かせたり、よじ登ったり、身を翻したりと枝葉や蔓草の形によってさまざまな姿勢をとり、活発で可愛い童子たちの姿が生き生きと描き出されている。

生活場面　耀州窯北宋晩期の瓷器にはさまざまな生活の場面が数多く表わされる。装飾技法は刻花や印花、貼花などを用い、母子が蹴鞠《けまり》遊びをしている場面、芝居の格好をした男女、物をもつ人物、山石と人物、寝ころんだ人物などの題材がある。母と子が蹴鞠遊びをしている場面は、母親が画面上方に立ち、体を前にかがめて画面下方にいる子供を呼んでいる。子供は拱手《きょうしゅ》して足を曲げ、鞠を蹴り上げ、前方にリボンがついた蹴鞠があって、周囲には庭の山石や植物が描かれている。生活の一場面を題材にとった人物文様のなかでも、画面全体の主題が明らかで、人物表現がきわだった珍しい例である。

供養人　仏教では香華《こうげ》、灯明《とうみょう》、飲食《おんじき》などを仏、法、僧の三宝に資することを「供養」といい、供養には分財供養と法供養の2種類がある。香華、飲食などは財供養で、修行や衆生のために利益となることは法供養という。

『大宝積経』巻三十四には「自らこの上なき供具を持して、如来および大衆に奉ず」とある。仏に対して供養をする人を供養人といい、宋代耀州窯瓷器の文様にも供養人の姿をみることができる。

僧侶　僧侶となるためにはみな「生死を超越する」ために剃髪《ていはつ》して受戒の儀式を受けなければならない。このため僧侶は剃髪した頭に袈裟《けさ》をまとった姿で表わされる。耀州窯瓷器では貼花装飾や塑像に僧侶の造形をみることができる。

鶴馭仙遊人物〔鶴に乗って仙遊する人物〕　『淮南子《えなんじ》』説林訓には「鶴は寿千歳にして、以てその游を極む」とあるように、古代中国では鶴は仙界の動物とみなされていた。鶴に乗ることを「鶴馭《かくぎょ》」あるいは「鶴駕《かくが》」という。『列仙伝』には周の王子喬、すなわち周の霊王の太子晋が白鶴にのって緱氏《こうし》山の頂に留まったという話があり、金の元好問《げんこうもん》の『緱山置酒《こうざんちしゅ》』の詩には「あるひとが言うには、王子喬は鶴に乗って飛翔した」とある。宋代耀州窯瓷器にみられる鶴に乗って仙遊する人物は、右衽の長服を着た青年で、鶴の背にゆったりと座って西の方向へ飛んでいく。画面に描かれた人物と鶴に乗った場面からすると、おそらく道教でいう王子喬が鶴に乗って仙遊したという故事に基づくものであると考えられる。

鶴氅《かくしょう》を着る人物　鶴氅とは羽毛でつくった衣服の一種で、古代中国では道士の着る道服のことをいう。『世説新語』企羨には「鶴氅裘を被る」という記述がみられ、『新五代史』盧程伝にも「程は華陽巾を戴き、鶴氅を着て几によって事を決めた」という記載がある。

北京故宮博物院が所蔵する宋代耀州窯の「道教童子像」は、全身に羽毛で編んだ道服をまとっているが、これがその鶴氅である（カラー図版42）。この鶴氅を着た童子像以外にも、宋代耀州窯瓷器には刻花あるいは印花の鶴氅を着た人物文がある。この図案は双鶴童子文と呼ばれるもので、一対の鶴を中心としてその両側に跪《ひざまず》く道教の童子をひとりずつ配したものである。童子は肩と腰に羽毛で編んだ鶴氅を着け、両腕と腹部を露にしている。鶴氅は羽毛を一枚一枚つなぎあわせて作られていて、魚の鱗を重ねたような形で、外見は茎葉を編んでつくった蓑に似ている。このような鶴氅童子文様が描かれた背景には、北宋時代に道教が崇拝されていたという事実がある。耀州窯の窯場からほど遠くない場所に位置する薬王山《やくおうざん》は、孫思邈《そんしばく》〔7世紀に活躍した医学者〕が道を修め治療を行った場所であり、北宋耀州窯瓷器に道教の人物に題材をとったものが数多くみられるのもうなずける。

華陽巾《かようきん》を戴く人物　華陽巾は道士がかぶる頭巾の一種。上述の盧程《ろてい》が「華陽巾を戴き」という文章からもわかるように、華陽巾と鶴氅はともに道士が身につけるものである。宋代耀州窯瓷器の文様には、道服を身につけ、頭に華陽巾を戴く人物の文様があり、これを道教人物文様に分類しているが、残念なことに残片的な標本からは図案の人物の全体像を知ることはできない。

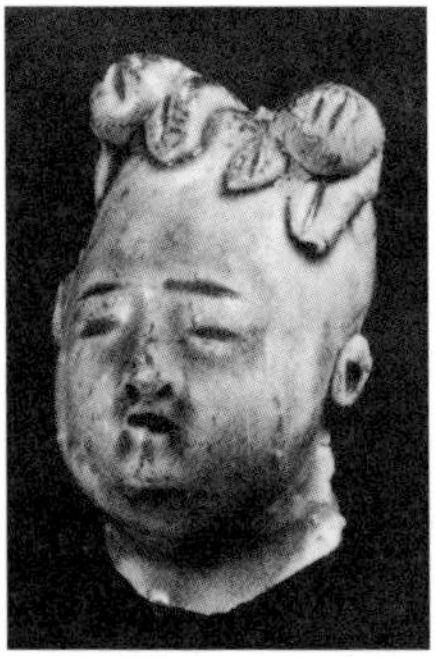

塑像　耀州窯瓷器の人物像には、前述の各種刻花、印花、貼花によるもののほか、立体の小型塑像人物像がある。これらの塑像人物像には、幞頭《ぼくとう》〔朝服に用いる頭巾〕をかぶった人物立像、僧侶立像、拱手人物立像、拱手人物坐像、高座の人物像、杖をもった人物像、乳を与える母子像、鵞鳥を抱える童子像、犬をなでる童子像、瓜や果物を抱える童子像、パイナップルを抱える童子像、子を抱く婦人像、子を育てる婦人像、太鼓をたたく童子像、盒をもつ童子像、持物をとる童子像、寝そべって遊ぶ童子像などがある。出土した塑像人物像は、童子を題材にしたものが種類の上でも数の上でも最も多い。宋代耀州窯ではなぜこのように大量の童子像あるいは母子の類の塑像を生産したのであろうか。筆者はこの現象を当時の社会風俗や人々の信仰と関連があると考えている。

『東京夢華録』には「七月七日には、潘楼街、東の宋門外の盛り場、西の梁門外の盛り場、北門外と南の朱雀門外の通りや馬行街では、みな磨喝楽《まかつらく》を売っている。それは小さな泥人形にすぎないが、木彫の色とりどりの欄座にすえられており、紅や碧の紗の覆いをしたり、金、真珠、象牙、翡翠で飾ったりして、一対で数千文もするものがある。禁中や上流の家や庶民は時節のものをこしらえてお供えする」「また子供は必ず新しい蓮の葉を買ってこれを執り、磨喝楽の真似をした」とある。磨喝楽は摩侯羅あるいは魔合羅とも呼ばれ、土や木で作った子供の形の人形である。宋代には陰暦の七月七日の七夕に、皇室や上流階級であろうと一般庶民であろうと、すべての家々がこの磨喝楽の供養を行った。この風俗は牽牛と織姫がカササギの橋を渡って出会う七夕に、子を授かりたいという願いを込めたもので、宋元時代にはこの風習が一世を風靡した。そのため宋代耀州窯で生産された多くの童子の塑像は、子供のためにつくられた玩具ではなく、七夕の供養に用いる磨喝楽の像であったと筆者は考えている。七夕の供養が終わったのちには、おそらく玩具として各家々の子供たちに送られたこともあっただろう。

外国人物　外域の民族を表わした人物像で、古い壁画や彫塑に例があり、外国との友好的な往来や東西の文化交流を反映した形象である。耀州窯瓷器の塑像や文様にも例があり、容貌から判断すると口ひげを蓄えたインド人、パキスタン人、彫りが深く鼻の高いローマ人、巻き毛で唇を突き出した黒人、そして頬髯を蓄えた中央アジアの胡人の造形がある。

D．仏教造像文様

維摩詰《ゆいまきつ》　維摩詰は略して「維摩」ともいい、原語を意訳して「浄名《じょうみょう》」とも呼ばれる。『維摩詰経』によると、彼は古代の大乗仏教の居士《こじ》で、仏典の中では悟りをひらいて法を説く代表的人物となっている。中国に伝わった仏教の維摩詰は中国の服装をした居士の姿で表されることが多く、宋代耀州窯瓷器でもそうした姿の維摩詰が貼花の手法で表わされた。宋代晩期は社会情勢が不安定で、人々はそうした社会から解き放たれたいという思いを維摩詰の姿に託したのである。

飛天《ひてん》　飛天はサンスクリット語では「ガンダルヴァ」、意訳して「天楽神」「吉祥天」といい、喜びと吉祥を象徴している。仏教壁画によく登場し、敦煌莫高窟の飛天像が特に優れていて、宋代耀州窯瓷器の文様にも多く採用されている。耀州窯にみられる飛天は多くが美しい女性の姿に表わされ、秀麗で柔和な顔立ちをしていずれも美しく着飾っている。飛天の髪型には雲形の髻を結うものや華形の髻を結うものがあり、多くはそこに華鬘やリボンを飾る。身には裙《くん》を着け天衣《てんね》をはおり、胸元には美しい首飾りを、両腕には腕釧《せん》や臂釧をつけている。飛天はたなびく雲と流れるような天衣に支えられるようにして空中に舞っている。

陶瓷器に描かれる場合は構図上に制限があるため、多くが「めぐり合い」という意味を込めて一対ずつ描かれる。飛天はほとんどが持物をとり、朝顔、鶏頭、蓮華などの花をもつもの、花をのせた盆をもつもの、笙などの管楽器をもつものなどがある。花をのせた盆をもつものは多くが右手を伸ばしてこれを捧《ささ》げもつ。そのほかの花や楽器をもつものは両腕を胸前で左を上にして交差させ、左手に持物をとり右手で天衣をとる。飛天は色とりどりの天衣や瑞雲に引き立てられ、軽やかで自由に天空を舞っている。飛天の文様は耀州窯の工人が仏教芸術を参考にして生み出した陶瓷器装飾の新しい造形である。現在のところ飛天を表わしたものは宋代の他の窯には例がなく、宋代耀州窯独特のものとなっている。

羅漢《らかん》　羅漢とは阿羅漢の略称で、修行して道を得た僧

侶、仏弟子のことである。言い伝えによると、釈迦には十六人の弟子がいて「十六羅漢」と呼ばれた。中国に伝わってから後「十八羅漢」となり、五代には五百羅漢となる。すべて仏教僧侶のような姿で表される。

力士　古くは力士の意味に世俗のものと仏教のものの2種があった。世俗の力士は鐘、太鼓、旗を管理して皇帝の馬車に付き従ったり、四門を守ったりするもので、仏教における力士は強力な仏法守護者という意味がある。耀州窯には世俗の力士像はみられないが、唐代の瓷器には黒釉の如意頭形枕に仏教の力士像をみることができる。この力士の姿は立体的な丸彫りであるが、五代や宋代の力士は浮彫りの貼花の手法で表わされるものが多い。これらの力士は坊主頭で、上半身は裸体、太鼓腹で胸の筋肉は発達し、両足を跪き、両手を足につけて体を前方にかがめ器物を支える姿勢をとっている。

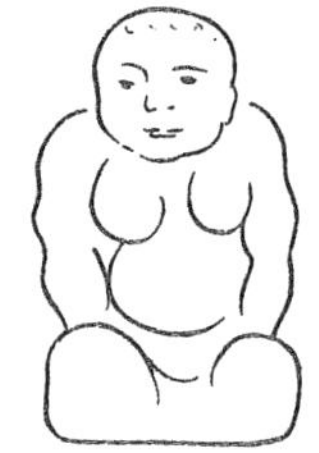

化生《けしょう》童子《どうじ》　仏教の世界では衆生には四種類の生まれ方「四生《ししょう》」があるという。人や哺乳類は胎生、鳥類は卵生、虫類は湿生、そして最後が化生である。化生とは何ものにもよらず、業の力によって忽然と現れるものをいう。古代中国ではこうした考えをもとに「七夕に化生がおこる」という風俗が生まれた。唐の薛能《せつのう》の『呉姫』には「芙蓉殿では中元節に銀盤に水をうち化生を弄す」という詩句がみられる。宋代に至るとこの風俗はさらに盛んになって、化生の偶像が特別に制作されるようになり、こうした影響によって宋代耀州窯瓷器の文様にも化生童子が登場するようになる。宋代耀州窯瓷器の化生童子文様には牡丹化生文、蓮華化生文、蓮実化生文、蓮葉化生文、魚化生文、巻貝化生文や口縁部が蓮の葉をかたどった尊の内壁に貼花で表わされた蓮華化生文などがある。化生童子の文様は唐代から宋代にかけての七夕に化生童子が生ずるという俗信や、多子多福を願う現象を反映したものであるが、陶瓷器の文様としては珍しいものである。

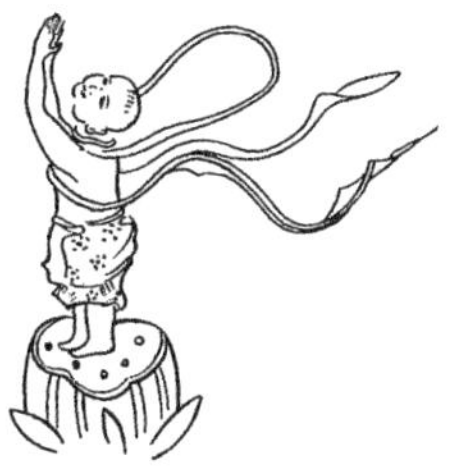

E．山石雲水文様

耀州窯瓷器の文様には山石や雲、水を表わした文様もある。この類の文様は前述の植物文、動物文や人物文とは異なった役割を担っている。前述のさまざまな文様は画面全体の主題となるものであるが、山石や雲、水といった文様は多くが補助的な役割をもって各種文様のなかに配置される。

山石文　耀州窯は唐代に焼造を開始したが、山石文様が現れるのは北宋晩期に至ってからのことである。宋代耀州窯瓷器の山石文様は、山水画にみられるような山石ではなく、庭園などに配置される山石のことである。このような山石文様が出現した背景には、北宋晩期に徽宗《きそう》皇帝が豪奢な生活に溺《おぼ》れ、土木工事を盛んに行い、各地に珍しい石を捜し求めたという事実がある。当時、徽宗皇帝は全国各地に珍しい花や石を捜し求め、これを都に輸送した。汴水《べんすい》〔河南省開封市を流れる河〕には「花石綱」という奇花異石を専門に運ぶ輸送隊の舟だけが浮かび、沿岸の地方は治安が乱れ、犯罪が横行した。こうした現象は社会の末端にまで浸透し、瞬く間に太湖石《たいこせき》の値段は100倍にはねあがり、太湖石は庭園には欠かせない重要な存在となったのである。山石文様はこうした社会を背景として、絵画や陶瓷器の文様として登場した。北宋晩期の耀州窯瓷器にみられる山石文様は、空洞のある珍しい形をしたものが多く、樹木や竹、あるいは蕉葉などと組み合わせて描かれ、太湖石を再現したものであることに間違いない。

流雲文　流雲文様は耀州窯では五代に現れる。初期の流雲文様は劃花による連続文で器物の縁を飾るものが多い。北宋時代になると刻花や印花の手法のものが多くなり、雲の形も如意頭雲、鉤雲、臥雲、行雲、和合雲、瑞雲群などさまざまなものが現れる。如意頭雲は如意頭形の雲で、鉤雲はC字形を連ねたようなもの、臥雲は横長

の雲、行雲は斜めに流れていくような雲、和合雲は2～3つの雲が組み合わさってひとつの大きな雲となったもの、瑞雲群はたくさんの小さな雲で構成される大きな流雲である。このようなさまざまな形の流雲は、龍、鳳凰、鶴といった動物や各種の人物文様と組み合わされて用いられることが多く、画面に趣を与えている。

水波文　耀州窯では唐代のすり鉢に櫛状の道具で刻みだした、四分割された回転式水波文がみられるが、これが耀州窯における水波文様の雛形である。五代になると竹べらを用いた劃花の手法で表わされた水波文の縁飾りが現れる。宋代には水波文の造形が多様化し、六分割された回転式水波文、四分割で三層になった波涛水波文、多層魚鱗形水波文、多層魚鱗形波涛水波文、多層渦巻形波涛水波文、魚鱗排列多層波涛水波文、S字形排列三層波涛水波文などの例がみられる。

これらの水波文様は単独で器物の縁や側面を飾ることもあるが、多くは植物、動物、人物などと組み合わせて用いられ、水波三魚文、水波四魚文、双鴨戯水文、鴛鴦戯水文、水波鴛鴦文、水波蓮鴨文、摩羯戯水文、落花流水文、水波蓮華文、水波花草文、水波蓮華大魚文、水波蓮華魚鴨文、水波遊鴨文、水波遊鵞文、水波鯉魚戯蓮文、水波龍文、水波魚龍変化文、水波蓮華化生童子文、水波魚化生童子文、水波巻貝化生童子文などの例がある。このように多くの図案が水波文様を取り入れているという事実は、水波文様が宋代耀州窯の文様において重要な位置を占めていたことを物語っている。

F. 幾何学文様

耀州窯では唐代初期から幾何学文様が使用され、最も一般的なものに弦文、二重弦文、円圏文、連珠小円圏文、連弧文、十字文、米字文、五角形文などがある。五代を経て宋代に至ると幾何学文様はさらに発展し、北宋時代には直線文、折れ線文、円圏および連弧文、楕円形文、等辺多角形文、等辺変形多角形文、不等辺多角形文、外円内方文などに分類される。

直線と折れ線　最もよくみられるのは器の口縁や底に平行に施される弦文で、単線のものと二重線のものがある。このほか立瓜形の稜線や折れ線文、放射線文などがある。折れ線文は多折形を呈し、変形蓮弁文となったものが多い。

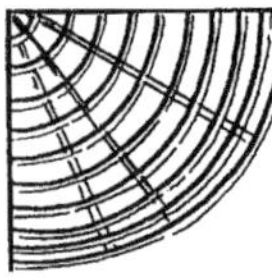

円と連弧　円圏文と半球形の鼓釘文が最も多く、多数の同寸の円で構成された六連環文、多重同心円文、渦巻雲文、多数の同寸の円を交差させた四連弧文、五連弧文、六連弧文、七連弧文、垂下式連弧文および上下対称の連弧文で構成される連続式連弧文などがある。

楕円形　例は多くないが、香炉や薫炉などの器物装飾にみられ、透し彫りの技法で楕円形文様が彫りだされる。

等辺多角形　宋代耀州窯瓷器の幾何学文様のなかで円弧文に次ぐ文様で、等辺三角形文、等辺四角形文、等辺五角形文、等辺六角形文などがある。このほか以上の等辺多角形文から派生した等辺菱形文や斜線を交差させた方格文など等辺変形多角形文がある。

不等辺多角形　主に雷文、二重線の雷文、亀甲文などがある。

外円内方文　「銭文」あるいは「富貴文」とも呼ばれ、中国古代の貨幣の形を模した文様である。外側が円形で「天円」を象徴し、内側が方形で「地方」を象徴している〔古代中国では天が円形で、地面が方形であると考えられていた。〕。全体として銅銭の形を呈し、「富貴栄華」を象徴している。宋代耀州窯瓷器にはこの種の富貴文が多くみられ、円弧と方形の幾何学文のなかに線の入るものや、小さい円弧、二重線の円弧、二重線の四角、花などを加えるものがある。外側が円で内側が方形の富貴文は、宋代耀州窯瓷器の文様デザインのなかで、非常にバラエティーに富んだもののひとつである。

G．縁飾り文様

耀州窯では中唐から晩唐期に縁飾り文様が現れ、五代の発展期を経て、宋代には次第に頻繁に使用されるようになる。特に北宋晩期には耀州窯瓷器によくみられる装飾文様のひとつとなって、主文様をひきたてるという重要な働きを担うようになる。宋代から金代への移行期には多層式の構図をもつものが現れ、そのなかで形式や内容の異なった各種の縁飾り文様は、補助的なものから相互に結びつきのある主要な装飾文様へと転じ、金、元、明各時代の装飾図案のなかでは非常に重要な役割を果たすようになる。

耀州窯瓷器の縁飾り文様には、纏枝忍冬文、蓮弁文、蕉葉蓮弁文、纏枝花卉文、鳳銜花卉文、鳳銜瓜果文、小花文、波涛文、銅銭文、幾何学文などがある。

纏枝《てんし》忍冬〔忍冬唐草〕文　纏枝巻葉文あるいは蔓草文ともいう。耀州窯では晩唐、五代に出現し、宋代に発展した。北宋初期の纏枝忍冬文は五代のものを継承し、単線の劃花の手法で表わされる。中期に至ると刻花の技法となり、そこに櫛状の道具を用いた技法が併用されるため、文様に立体感が生まれ写実的になる。晩期には印花の纏枝忍冬文が多くみられるようになり、文様は次第に図案化されて象徴的になっていく。

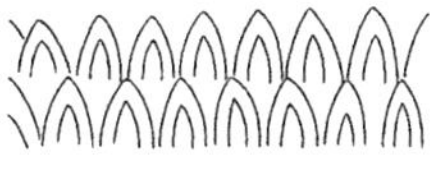

蓮弁文　仰蓮弁と覆蓮弁の2種類があり、ともに連続した帯状のものが、盒、碁笥、罐〔壷〕、水注の蓋、香炉の装飾に用いられる。技法は劃花、刻花、印花などさまざまである。耀州窯の宋代早期、中期の蓮弁文は写実性が強く、蓮弁の輪郭線を描き出し中央に稜線を施すものや、二重線で輪郭線を描き出し、内側に弁脈線を飾るものがある。中期もやや下ると、花弁を交互にずらして配置した波涛文様のような蓮弁文が現れる。宋代晩期には二重線の蓮弁が次第に細く尖った形に変化するが、一部には幅広の豊かな蓮弁のものもある。

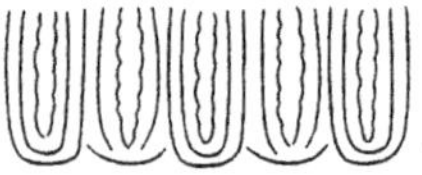

蕉葉文　宋代耀州窯瓷器の文様のひとつで、連続した帯状のものが、灯、香炉などの腹部に刻花や剔花の手法で表わされる。宋代初期のものは写実性が比較的強く、後には象徴的なものに変化していく。

蕉葉蓮弁文　蕉葉文と蓮弁文を組み合わせたもので、灯や尊の腹部に刻花で施される。写実的なものと抽象的なものとの2種類がある。

纏枝花卉文　纏枝巻葉文様から発展したもののひとつで、北宋の中期末から晩期になる頃に出現し、晩期にやや多くみられる。文様には纏枝牡丹文と纏枝梅花文があり、盒や香炉などによくみられる。

鳳《ほう》銜花卉〔花喰鳥〕文　宋代耀州窯瓷器の縁飾り文様のなかで、動物の姿が描かれるものは比較的少ない。この鳳銜花卉文様は、翼をひろげた鳳凰が口に3つの花のついた枝を銜えているものである。花はいずれも満開で、中心部分には花芯が表わされている。全体として虚空に舞うような動きが感じられ、飛翔する鳳凰と調和がとれて非常に生き生きとした表現となっている。

鳳銜瓜果文　上述の鳳銜花卉文と構図はほぼ同じで、鳳凰の銜《くわ》えている植物が異なる。宋代耀州窯瓷器にみられるこの種の文様には、石榴と瓜を銜えるものがある。花卉文も瓜果文も茎がS字を描くような構図で3つのパーツからなっている。ただし瓜文と花卉文の場合は瓜や花の数が3つであるのに対し、石榴文は2つずつ計6つの石榴が描かれている。しかも6つの石榴のうち4つは皮がはじけて中の種が見えており、この文様に込められた「多子」への願いが強調されている。

小花文　耀州窯では唐代から小花を分散式に繰り返し並べた縁飾りが登場する。宋代になるとこの種の文様は新しい発展をみせ、唐代には3つから6つの小花を組み合わせていたものが、多数の花を連ねるようになり、さらにそれを重層式に配置するバリエーションが生まれる。

水波文　耀州窯では晩唐期に縁飾り文としても劃花の水波文が現れ、五代から北宋初期まで継続して使用される。北宋中期には新たに刻花の縁飾り水波文が登場する。中期の水波文は初めS字形を呈しているが、後に花弁を連ねたような帯文様になる。また宋代晩期の後半になると、二重線で描かれた渦巻状の変形水波文様が現れる。

銅銭〔菱撃ぎ、鞠ばさみ〕文　富貴文とも呼ばれ、古代中国の「天円地方」思想を象徴した銅銭を基本単位とする文様である。このような貨幣を文様に取り入れたものは晩唐期の金銀器に例がある。耀州窯では唐末五代に現れ、宋代中晩期に至って徐々に増加していく。晩唐から宋代にかけての中国は社会経済が日々発展し、流通が盛んに行われた。銅銭文はまさにこうした社会のもとに誕生し流行したのである。縁飾りの銅銭文は「外側の円」が4つの杼〔機織の道具〕を並べ連ねたような形となり、「内側の方形」が菱形となる場合が多い。連続した帯文様で碗、鉢、供盤や鼎形香炉などを飾り、永遠の富と繁栄の願いが込められている。

幾何学文　耀州窯で幾何学文様が縁飾りとして登場するのは中晩唐期から五代のころで、宋代になると文様の形式や種類が増加する。宋代の耀州窯瓷器の幾何学文様は、主に器物の縁を装飾するのに用いられ、垂下《すいか》式連弧文、渦巻文、如意頭形円弧文、垂下式連続三角文、雷文、二重線雷文、二重線菱形文、斜線交差文などがある。特に宋代晩期に比較的多くみられ、壷、水注、供盤や香炉などの器物の装飾に用いられる。

吉祥如意文　耀州窯では五代に登場し、主に重盒、盞托などの器物に施される。多くが剔花あるいは透し彫りの手法で表わされ、腹部周囲に間隔をおいて配置される。宋代にも引き続き使用され、供盤や薫炉などの器物に例がある。

H. その他の文様

耀州窯瓷器の文様には、以上の各種の文様以外にも補助的な文様がある。これらはすべて吉祥の意味が込められており、また造形的には幾何学文様によって構成されているものが多いので、幾何学文様のなかのその他の文様として分類することも可能である。文様には宝瓶文、宝葫蘆文、如意頭文、博古文〔古器物文〕、須弥座文、首飾り文、法輪文、リボンのついた富貴文、雑宝文、花形文、鼓釘文などがある。

◇

以上さまざまな文様についてみてきたが、耀州窯の文様が同時期のその他の窯に比べて、いかに豊富でバラエティーに富んでいるかが理解できたと思う。例えば水生動物の中の摩羯、海馬、人物文の化生童子、仏教造像の飛天、道教造像の鶴に乗って仙遊する人物などは他の窯にはみられない耀州窯青瓷に独特の文様である。このような豊富な文様もまた耀州窯青瓷が天下に広く知られるようになった理由のひとつに挙げられるであろう。

窯詰めの方法と窯道具

窯詰《かまづ》めとはさまざまな窯道具を用いて施釉された製品の間隔をあけ、積み重ね、窯に入れる工程のことである。

陶瓷器の焼造は「火の芸術」とも呼ばれ、窯詰めの技術は瓷器の生産のなかで非常に重要な鍵を握っている。成形後に施釉された製品は、科学的な方法に則《のっと》り窯中に入れられ、高温のもとで釉が熔融し胎土が焼き締まって、ようやく美しくまた実用的な瓷器が出来上がる。このため使用する窯道具、製品の間隔のとり方や積み重ね方、また燃料や技術が異なれば、出来上がった陶瓷器には必ず異なった痕跡や特徴が残される。そしてこれらが、年代や窯場を鑑定する際の重要な拠り所となるのである。

1）窯道具

窯道具とは耐火材料で作られた窯内で使用する各種の補助用具のことで、製品を窯詰めする際に間隔をあけたり、積み重ねたりするときに用いる道具のことをいう。窯道具は窯に入れる製品を収容したり、下敷きとなったり、支えたりする役割を果たし、焼成中の製品を保護し、また窯に詰める製品の量を増やすこともできる。窯道具は窯詰めの際に必要な道具で、焼成を成功させるために必要かつ重要な条件でもある。

科学的な発掘によって、耀州窯の唐代から元明時代までの800年の間に使用された窯道具には、匣鉢《さや》、匣鉢の蓋、柱状の支焼台〔ツク〕、平坦な支焼具〔ハマ、トチン〕、耐火粘土の詰め物、棚板、色見などいくつかの種類があることがわかっている。以下にその用途と特徴を紹介していこう。

匣鉢《さや》　匣鉢は製品を収容して窯に入れ、焼成するための窯道具である。製品をじかに火に触れないようにし、焦げつき、炭素の吸着、結露を防ぐ。同時に製品に間隔をもたせ、接着を防ぎ、窯に詰める製品の量を増やすこともできる。匣鉢は耀州窯の各時代すべてに使用され、盆形、背の低い桶形、洗形、深い桶形、M字形、大型の深い桶形などがある。

盆形匣鉢　口は真っすぐに立ち上がり（あるいは斂口で）、腹部は深く輪郭線は円弧を描き、平底となっている。口縁部の形はさまざまで、上面が平らなものや巻口のもの、折り縁になったものなどがある。盆に似た形をしており、唐代に使用された。初期のものは完全な鉢形を呈しているが、後のものは側面に小さな丸い孔があけられるようになる。

唐・盆形匣鉢

背の低い桶形匣鉢　口は真っすぐに立ち上がり、円形の筒型で腹下がややすぼまり、平底となっている。口縁部は上面が平らなものか、巻口で、背の低い円い桶に似ている。唐代に使用され、初期のものは完全な鉢形を呈しているが、後のものは側面に小さな丸い孔があけられる。

洗形匣鉢　口は真っすぐに立ち上がり、腹部は輪郭線が円を描き、平底となっている。洗〔たらい〕に似た形で、側面には小さな丸い孔をあけるものが多い。唐末から五代にかけて、小さな器物を焼造する際に用いられた。

深い桶形匣鉢　口は真っすぐに立ち上がり、腹部は円い筒形で器底は平底となり、長い筒のような形をしている。宋代に袋物を焼造する際に使用された。

宋・桶形匣鉢

M字形匣鉢　漏斗形匣鉢とも呼ばれる。内外二層の構造で、内側は浅い盤あるいは深鉢のような形、外側は円い筒形で両者を継ぎ合わせて作られているため、断面がM字形を呈する。五代から使用され、側面には小さな丸い孔があけられることが多い。宋、金、元の各時代でも引き続き使用されるが、宋代中期以降のものには小さな孔がみられなくなる。

宋・漏斗形匣鉢

大型の深い桶形匣鉢　口は径が大きく真っすぐで、背の高い円い筒形を呈し、平底となっている。金代後期から元明時代に使用された。

匣鉢の蓋　匣鉢《さや》の蓋《ふた》は匣鉢と組み合わせて用いられる窯道具で、製品を入れた匣鉢にかぶせる蓋である。出土した遺物を観察すると、窯詰めの際、製品を入れた匣鉢一つひとつすべてに蓋をするのではなく、積み重ねた匣鉢のいちばん上に蓋がかぶせられる。また上段の匣鉢の平底を下段の匣鉢の口縁部にのせて積み重ねる場合や、2つの匣鉢の口と口をあわせて積み重ね、間隔をあけたり蓋をするのに使用された。耀州窯で使用された匣鉢の蓋には、玉璧形、覆盤形、覆鉢形、盒蓋形、M字匣鉢形などいくつかのタイプがある。

玉璧形匣鉢蓋　薄い円盤状で中央に孔があいていて古代の玉璧のような形をしている。唐末から五代にかけて使用された。

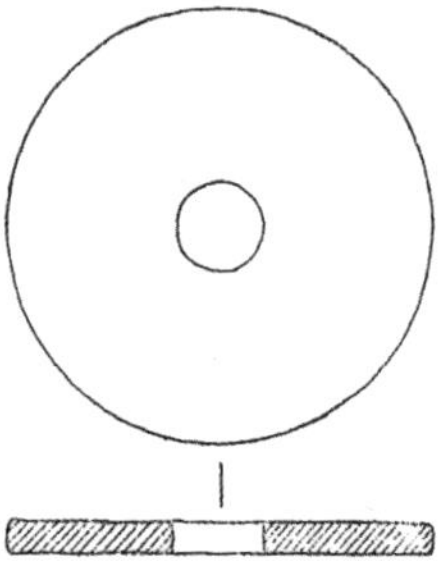
唐・玉璧形匣鉢蓋

覆盤形匣鉢蓋　口は真っすぐ立ち上がり、腹部は浅い盤のような形を呈し、頂部は平坦で、盤を伏せたような形をしている。五代に使用された。

覆鉢形匣鉢蓋　口は大きく開き、腹部は弧を描き、頂部は平坦なものと甲高のものがあり、鉢を伏せたような形をしている。五代と宋代に使用された。

盒蓋形匣鉢蓋　覆鉢形のものと似ているが、すべて口が真っすぐに立ち上がり、腹部は弧を描き、頂部は甲高のものとやや平坦なものがあり、盒の蓋のような形をしている。五代、宋、金、元の各時代に使用された。

宋・盒蓋形匣鉢蓋

M字形匣鉢蓋　同時期につくられたM字形の匣鉢と同じ形。古い匣鉢を再利用したもので、出土時には頂部が焦げて煤で汚れていた。宋代から元代まで使用された。

柱状の支焼台〔ツク〕　焼成室の床面に置いて、製品を入れて積み重ねた匣鉢を支える耐火性の窯道具である。支焼台は製品を入れた匣鉢を持ち上げて、匣鉢を焼成に適した位置に置き、生焼けを防止する。また同時に火の通りをよくして、窯内の温度差を減少させる働きをする。耀州窯では焼造の開始から生産が停止されるまで、各時代すべてに使用されている。このほか製品を入れない空の匣鉢を支焼台とするものがあり、支焼台の下に耐火煉瓦を置いたり、2つの支焼台を接着して、支焼台の高さを増すようにしたものもある。支焼台は空心で円柱形のもの、腰の部分が細くなった円柱形のもの、上部がせまく下部が広い台形、ラッパ形、桶形のものなどがあり、すべて耐火性の粘土を用い轆轤引きで成形されている。上述の円柱状の支焼台壁面にはすべて轆轤成形による螺旋《らせん》状の凹凸文様が残っている。これは火の通りをよくするだけではなく、支焼台と支焼台の間に粘土をつめて固める場合にも利用される。窯詰めの際は支焼台を置く前に、まず焼成室の床面に粒の粗い耐火砂を撒《ま》く。これには支焼台とその上に積まれる匣鉢を安定させ、高温

宋・柱状支焼台

のなかで支焼台が床面に粘着するのを防止する役割がある。窯の遺構を観察した結果、支焼台は同じ間隔をあけて平行に配列されていたことがわかっている。

平坦な支焼具〔ハマ、トチン〕 耐火性の粘土でできた製品と匣鉢の間に敷かれる支えの道具。施釉された器物が匣鉢と接触しないように間隔をあけ、焼成中に製品と匣鉢が接着しないようにする。耀州窯の支焼具には三足、多足、目土（石）、円盤状、リング状、鉢形、高台つき、釘形〔立錐ピン〕などがある。

三足支焼具 三足支釘《してい》ともいう。托面と三本の尖った足からなり、山字形を呈している。托面は三角形のものが最も多く、三叉形、リング状や円盤状のものもわずかにある。托面の下には三本の短い尖った足が垂直についている。使用する際には、三本の足を施釉された製品の内底または外底に置くため、焼成中に足の先端が器物に落ち込んで、焼成後には3つの支焼痕〔目跡〕が残される。唐代と五代に使用された。

多足支焼具 多足支釘とも呼ばれ、円盤状の托面と4～5つの短く尖った足からなる。形や使用方法は三足支焼具とほぼ同様であるが、器物との接地点が多くなる。三足支焼具よりも一点にかかる圧力は少なくなるが、多数の点で支えるために水平を保つのが難しく、五代にしか使用例がない。

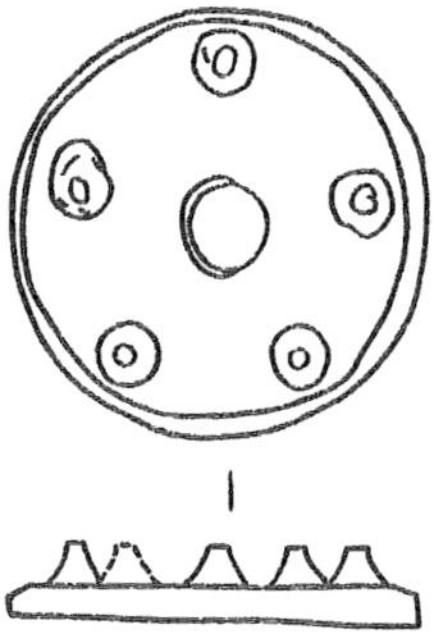

五代・多足支焼具

目土（石） 石英の砂や小さな顆粒状の耐火材を用いた支焼具。五代に使用され、円盤状の支焼具と併用されることが多い。初期のものは唐五代の三叉支焼具の伝統を引き継いで、支えのための粒を三点に数粒ずつ置いて製品を支えた。そのため焼成後の製品には器底の3ヶ所に粒状の支焼痕が残る。しかし後には3ヶ所に分散して置かれていた粒がひとまとめに置かれるようになり、焼成後は器底一面に砂粒が付着し、見栄えが悪いばかりか実用にも不具合があり、短期間のうちに使用されなくなった。

円盤状支焼具〔円形ハマ〕 円盤状の耐火支焼具で、薄手と厚手のものがある。薄手のものは五代に使用され、多くは目土（石）とあわせて用いられる。厚手のものは宋、金、元の各時代に使用され、輪高台や内刳り高台を支えるのに用いられた。

リング状支焼具〔輪ドチ〕 リング状の耐火支焼具で、撚った粘土を適宜丸くつなげてつくられる。宋、金、元の各時代に使用され、金・元時代の単品焼成の際に多く用いられた。

鉢形支焼具 耐火粘土でつくられた支焼具で、小型の鉢形、碗形、臼形のものがある。すべて平底で、中空で口を開き、使用時には匣鉢のなかに伏せて置き、平底を托面として使用する。各時代すべてに使用された。

高台つき鉢形支焼具 耐火粘土でつくられた鉢形の支焼具で、鉢形支焼具から発展したものであるが、平底ではなく高台のついた形になっている。金、元、明時代に碗や盤の見込みに輪状の釉剥ぎが見られるようになってから使用された支焼具である。使用時には大型の桶形匣鉢の中に伏せて置き、支焼具の高台部分が製品の見込みの無釉部分を支えるようにして、その上に順次製品を積み重ねていく。

釘形支焼具〔立錐ピン〕 耐火粘土でつくられた小さな円錐形の支焼具で、いくつかの支焼具を器底に逆さにして置き、匣鉢との間隔をとり粘着を防ぐ。耀州窯では例が多くなく、わずかに元代の高足杯などの器底に使用痕が認められる。

耐火粘土の詰め物 「泥墊塞《でいてんさい》」といい、窯詰めの際に、円柱状の支焼台と製品を入れた匣鉢を固定するために臨時に使用される耐火粘土の詰め物である。耀州窯各時代の窯の廃棄物から数多く発見されているが、形や大きさはさまざまである。焼成中に支焼台や積み重ねた匣鉢が倒れないように固定し、安定させる役割を果たす。

五代・円盤状支焼具

宋・リング状支焼具

五代・鉢形支焼具

棚板《たないた》　棚板は焼成室を多層構造の棚状にして製品をのせるための窯道具で、窯に入れる製品の数を増やし、窯内の密度を高めることができる。耀州窯では唐代にのみ使用され、発見数も少ない。棚板は耐火原料でつくられ、長方形の板状を呈し、縦横のサイズは大きめであるが厚くない。出土した際には板面に三彩の釉がたれているものや三足支焼具と青瓷盤の残片が付着しているものがあり、器物を直接板の上にのせて裸で焼成したことがわかる。おそらく唐代早期に使用されたもので、この方法はほどなく淘汰され、のちに普遍的に使用される匣鉢を用いた焼成方法へと移行する。

色見用の瓷器片　窯内の焼成状況をみるための温度測定用の窯道具。焼成する製品と同じ素地土と釉を使った器物の破片を利用し、中心に孔をあけてつくる。窯詰めの際、燃焼室の後部と焼成室の手前の中心部に置かれる。おそらく石英や耐火泥を入れた匣鉢のなかに挿し込み、焼成中に炎の状態をみる孔から取り出して焼成具合を確認したと思われる。この種の窯道具は唐代にはみられず、五代後期に使用されるようになるが数は少ない。宋、金、元、明の各時代には引き続き使用され、窯内の温度を把握し、コントロールするための重要な道具となる。

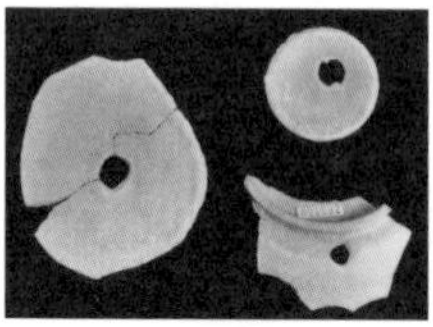
五代・色見用の瓷器片

2）各時代の窯詰め技術の特徴

唐代の窯詰め技術　出土した窯道具と陶瓷器から唐代には2種類の窯詰め方法があったことが判明している。唐代早期には焼成室の床に円柱状の支焼台を置き、その上に棚板を置いて積み重ね、多層構造にして唐三彩や瓷器を裸で焼成した。出土した棚板に付着していた三足支焼具から判断すると、当時は比較的原始的な焼成法が採用されていたにもかかわらず、棚板に置かれた製品はすでに三足支焼具を用いて上下の間隔をとるようになっていた。棚板の出土数が非常に少ないところから、この種の匣鉢を用いない焼成方法が採られたのはごく短期間であったと推測される。続いて唐代の焼成法としてはのちに主流となった、製品を盆形や桶形の匣鉢に入れて積み重ねたり、入れ子にして焼く方法が現れる。匣鉢と積み重ねられた製品の間には三角形の支焼具が用いられた。釉のたっぷりかかった碗や盤の見込み部分に、支焼具を三足の尖った部分を下にして置き、支焼具の平らな托面の上に、器外に半分ほどしか釉のかかっていないもの、あるいはたっぷりと釉がかかっていても器底が露胎となっている器物をのせ、順次積み重ねていく。焼成後には器物の見込みに三点の支焼痕がみられるのが特徴である。

五代の窯詰め技術　耀州窯では五代になると、製品をひとつずつ匣鉢に入れて焼成するようになる。製品の中心であった盤、碗、盞はM字形の匣鉢に入れられた。この時期、耀州窯では施釉および窯詰めの技術に大きな変化がおきる。窯詰めの技術に関しては、次々にさまざまな技術が現れてくるのが特徴的である。また焼成後の器物を美しく精緻なものにするため施釉が念入りに行われ、器の内側と外側を総釉にするだけでなく、高台畳付きにまで釉がかけられるようになる。

五代の支焼具にはさまざまなものがあり、早期のものは三角形の三足支焼具がほとんどであるが、四角形、五角形のものも例がある。支焼具はすべてM字形匣鉢と製品の間に置かれるが、五代のものは唐代のものとは逆に、碗や盤の見込みに三足を下に向けて置くのではなく、器底に三足を上にむけて置かれた。そして一つの製品につき一つの支焼具、一つの匣鉢という組み合わせで焼成が行われた。それゆえ、五代の総釉の碗や盤の高台畳付きや器底中央には3つの支焼痕が残っている。

その後、この方法から発展して3ヶ所に顆粒状の耐火目を置く方式が採用されるようになる。これはM字形匣鉢の内底3ヶ所に石英の砂を少量ずつ盛り、その上に総釉の製品を置く方式で、焼成後には高台畳付きや器底3

ヶ所に粒状の支焼痕が残される。この方法はさらに変化して、3ヶ所に少量ずつ置かれていた耐火材をひとまとめにして置き、これが総釉の器物を支えるようになる。この方法は焼成後、器底一面に砂粒が付着してしまうためほどなく使用されなくなる。

続いて五代晩期に至ると、まず器物全体に釉をかけ、釉が乾いたあとに器底の釉を拭い取るという新しい方式が少数の器物にみられるようになる。この場合は窯詰めの際、M字形匣鉢と製品の間に円盤状の支焼具を置きさえすればよく、手間が省け材料の節約にもなり、非常に便利であるところから、五代末に出現して間もなく宋代には広く使用されるようになっていく。

北宋から金代前期の窯詰め技術　宋代では引き続き製品をひとつずつ匣鉢に入れる方法が採られた。碗や盤の類はM字形の匣鉢に納められ、これを円柱状の支焼台のうえに積み重ねて焼成する。製品と匣鉢の間に置かれる支焼具には円盤状のものかリング状のものが使用された。この時期の窯詰め技術には大きな進歩がみられ、匣鉢の形や品質が大いに改良された。匣鉢には耐熱性はもちろんのこと、一定の通気性と熱伝導率が必要である。唐代前期にはこの問題を解決するために、匣鉢の間に粘土の詰め物を挟み隙間を作るという方法が採られた。唐代後期と五代には通気性の問題を解決するために、匣鉢の側面に丸い孔が開けられるようになるが、これはかえって密封性に欠け、焦げ付きや炭素の吸着が避けられなかった。宋代になると匣鉢の耐火材料の調合方法が改良され、通気性に優れると同時に密封性の高いものが作られるようになり、その結果色調の安定した青釉の焼成が可能となる。

また焼成中の製品の粘着を防止し、失敗作を減らすために、宋代には器物の底や足にかけられた釉が削りとられるようになる。支焼具の形にも変化がおこり、唐代・

五代に使用されていた三角形の支焼具は、リング状または円盤状となる。窯址から出土した廃品をみると、輪高台のついた器物にはリング状の支焼具が用いられ、器底の凹んだ器物には円盤状の支焼具が用いられたようである。製品をひとつずつ匣鉢に納めて焼成する方法に変化はないが、器底の釉の処理や支焼具の変化によって、粘着による失敗を大幅に回避できるようになった。以降この方法が金代前期まで引き継がれていく。

金代後期から元明代の窯詰め技術　金代後期から元明時代になると、耀州窯では瓷器の生産量を高めるために、施釉後に見込み部分の釉を輪状に剥ぎとるようになる。金代後期からは桶形の匣鉢を用いて焼成が行われるようになるが、深い桶形の匣鉢に納められる碗や盤は、見込みに輪状の釉剥ぎがあるため、たくさんの器物をそのまま積み重ねて焼成することができる。このように桶形の大きな匣鉢に多数の製品を詰める方法が採られるようになると、唐代から宋代にかけて熔着防止のために使用されていた各種の支焼具にも変化がみられるようになる。支焼具は大型の桶形匣鉢の内底に鉢形の支焼具を一つ置くだけで、その上に見込みに輪状の釉剥ぎのある製品を積み重ねていけばよい。この新しい方式は、大量の支焼具を制作するための原料や時間を節約するばかりか、窯内に収容する製品の量を大幅に増加させた。耀州窯の金代後期から元代の青瓷は、窯詰め方法の変化によって碗、盤、皿の類の見込みに輪状の釉剥ぎがみられることが多くなる。この輪状の釉剥ぎこそが、この時期の耀州窯青瓷の特徴である。

3）焼成技術の特徴

焼成技術とは製品を窯に詰めた後、点火されて製品が出来上がるまでの過程全体を指す。耀州窯では生産活動が行われた各時代、窯の構造や体積、使用する燃料に変化があり、生産される陶瓷器の種類、さらには科学技術のレベルにも違いがある。そのため焼成技術も各時代さまざまで、生産された製品も当然それぞれ異なった特徴を備えている。各時代の焼成技術の特徴を把握することもまた、耀州窯の製品の年代や真贋を鑑定する際の重要な鍵となる。

唐代の焼成技術　唐代は体積の大きな饅頭窯が使用されていた。燃焼室は焼成室より低いところに設けられ、燃えやすい薪を燃料としていたが、窯内の温度は石炭を燃料とするものよりも低く、場所による温度差が激しいため、焼成中の還元と酸化の雰囲気を把握するのが難しかった。唐代の瓷器は器胎の焼結にばらつきがあり、生焼けのものも少なくない。釉は焼成の雰囲気が安定していないため、青釉は青黄色、青灰色を呈するものが多く、黒釉は黒褐色、白釉は灰白色あるいは灰黄色となり、炭素の吸着したものもある。これは焼造を開始した時期の窯構造や焼成技術が未熟な段階にあったためで、のちにこうした現象は次第に改善され、中唐から晩唐の青瓷は器胎が焼き締まり、安定した還元雰囲気が保たれて釉色も良くなっていく。

五代の焼成技術　五代の窯構造は唐代のものと同様であるが、体積が大幅に縮小する。このため同じ薪燃料を使用しているにもかかわらず、窯内の位置による温度差が減少し、酸化や還元の雰囲気を比較的容易にコントロールできるようになり、唐代のものに比べて製品の品質が高くなる。この時期は青瓷の焼造が主流となるが、青瓷の釉色にはなお青灰、青緑、青藍、淡青、灰青、淡天青など多数の色調がみられる。

宋代から金代前期の焼成技術　宋代の耀州窯が焼成技術の面で成し遂げた、最もきわだった成果は、燃料と窯構造の改革である。燃料を薪から石炭へ変えたことは、窯業の発展のうえでひとつの大きな変革であり進歩であった。石炭を用いて焼造を行うためには、当然窯の構造も改変する必要がある。唐代、五代のものと比較して構造上に見られる最も大きな変化は、燃焼室を石炭の燃焼に適したものに変化させたことである。窯内には新たに火格子と落灰坑が設けられ、石炭は落灰坑と燃焼室の間に設置された火格子の上に置かれ、また火格子の下には窯の外部から酸素を送り込むことのできる通風道が設置された。こうした構造上の変革は石炭の燃焼に適しているだけでなく、通風道を利用することによって窯内部の温度調整を行い、酸化や還元の雰囲気をコントロールするのが容易となった。このように非常に理に適《かな》った窯の構造改革は、耀州窯が果たした中国の陶瓷器焼成技術における大きな貢献といえる。この窯の改革は宋代早期に始まり、中期に至るころには改善された新しい構造の窯が現れた。新しい構造の窯は、耀州窯の各窯場に普及するばかりでなく、中国北方地区のその他の窯場にも影響を与え、徐々に広まっていった。

宋代耀州窯ではすでに色見用の瓷器片を用いて、窯の内部の温度変化や火加減を把握するようになっていた。この種の色見用瓷器片は、宋代の各窯の廃棄物から数多く発見されており、宋代耀州窯の焼成技術の成熟度を示す指標ともなっている。

『徳応侯碑』には、宋代の陶工が器を「窯に納めて焼造する。烈焔の中にあって青煙が外に飛び、鍛煉すること日を累《かさ》ね、赫然《かくぜん》としてすなわち成る。はじけば金石がふれあうような音がし、その色は温かく柔らかい」と記されている。胎土は緻密で堅く焼き締まっており、釉色の温かく潤いがある美しい瓷器は、宋代耀州窯の焼成技術が高度な水準にあったことを物語っている。

金代後期から元明代の焼成技術　耀州窯における金、元、明各時代の窯構造およびその燃料は、宋代のものとほぼ同様である。ただし落灰坑と火格子が次第に大きくなり、通風道は高さを増して長くなり、窯全体の体積もまた日増しに大きくなっていった。こうした変化は窯の容量を増し、瓷器の生産量を高めるものであったが、還元雰囲気をコントロールするのが難しく、品質の高い製品を焼成するのは困難になっていった。特に金代後期から元明代には、製品の販売対象が社会の上層部から民衆へと変化しており、青瓷の生産もその主流からはずれるようになっていた。窯内の雰囲気の変化にはあまり注意が払われないようになり、生産された青瓷やその他の釉はほとんどすべてが黄褐色を示すのがこの時期の特徴である。

時代による変遷

耀州窯は800年の歴史の中で、青瓷を主流として多くの陶瓷器を生産してきた。胎や釉の組成、施釉技術や器物の造形、装飾などには各時代の特徴がよく現れており、こうした器物に現れた相違点が、今日われわれ鑑賞者が年代を判断する際の重要な拠り所となっている。

例えば、鑑定家や収蔵家は器物の底や足にみられる時代の特徴を把握し、心に刻みつけておく必要がある。古陶瓷の底や足を見れば胎の質がわかり、器底の形や支焼痕からは時代による特色や窯詰め技術を判断することができる。こうした特徴は偽物を作る者が模造の際に見落としがちな、また容易に把握できない点である。

耀州窯は唐代に焼造を開始するが、初唐期に窯を開いて間もなく黒、白、茶葉末釉など多数の単色釉瓷器の生産が始められ、同時に低火度鉛釉の三彩や単彩の器物がつくられた。しかし初唐期の出土物からは青釉瓷の標本は出ておらず、この時期の黄堡窯では青瓷の生産が行われていなかったことがわかっている。盛唐期に至ると青瓷器が現れるが、数も種類も少なく、わずかに碗や鉢の類があるだけである。碗の造形は口が真っすぐに立ち上がり玉縁で、腹部は輪郭線が円を描き、実足高台がつく。器壁は厚く、仮圏足とも呼ばれる内刳りが施されない高台がつくのがこの時期の器物の特徴である。中・晩唐期になると器物の種類が増加するばかりでなく、盤や碗の足が唐代に流行する接地面が幅広の低い高台、すなわち「蛇の目高台」に変化する。この種の蛇の目高台は、初期のものは内刳りが浅く接地面が特に広く、時代が下がるにつれて内刳りが深く接地面が狭くなって、晩唐期には接地面の狭い輪高台へと変化していく。唐代耀州窯の製品はすべて器底が大きく、また露胎となっていて、三角形の支焼具の先端を碗や盤の見込みに置く方法で窯詰めが行われたため、焼成後には見込みに3つの目跡が残っている。

五代になると、耀州窯では晩唐と五代の金銀器を模した形の器物が多くみられるようになる。青釉には淡灰青、青緑、淡青、粉青、淡天青、天青などの色調があり、淡灰青、青緑の釉色はやや早期に現れる。その他の色調のものはやや遅く、その釉色は宋代の汝窯、南宋官窯や龍泉窯の色調に比較的近く、現在中国で発見されているそれらの青瓷釉に類似するものとしては最も年代の早いものとなっている。さらに出土した五代の青瓷標本からは器底に「官」字銘の入ったものが10点あまり発見されたほか、晩唐期に現れた劃花装飾ばかりでなく、彫花や貼花、化粧土をかけて削ったり彫ったりするといった新しい装飾法が出現した。これらの中には従来「東窯器」と呼ばれていた一群の製品と同じものが含まれ、その焼造の地と窯場が明らかになった。五代の器物は、器底は依然として大きく撥形の輪高台がつき、多くは総釉で、器底あるいは高台畳付きに3つの目跡や粒状の支焼痕がみられる。

宋代耀州窯瓷器の造形は実に秀麗で、底足は次第に小さくなり、接地面が狭く背の高い真っすぐな輪高台がつき、規定に適った丁寧な制作が行われ、多くが二度にわたる成形が行われている。一回目の成形時には高台の接地面は比較的幅広のままで、施釉後に釉が乾いたところで足の部分に二回目の成形が施される。このため焼成後には器底や足の部分に明らかに二回目の成形痕が残されることになる。宋代晩期になると器底に鶏心底《けいしんてい》という突起のあるものが現れ、高台は低い小さなものに変化する。

発掘された地層から、宋代耀州窯瓷器は早期、中期、晩期の3つの時期に分類される。早期は真宗（988〜1022）以前で、器底は比較的ひろく、高台畳付きには石英による支焼痕が多くみられ、装飾は簡単なものが多い。この時期は窯の燃料が薪から石炭へ変更されたばかりで、焼成中の雰囲気が安定せず、製品の発色は五代や宋代中期以降のものと比べると暗い。中期は仁宗から神宗期（1023〜1085）で耀州窯の全盛期にあたる。胎土は水簸や練込みの精度が高いため、器壁は薄く胎質も細かく緻密で、品質が高い。高台は高さを増し、施釉後に二次整形を施し、接地面の狭い高い高台がこの時期の特徴である。晩期は哲宗（1086〜1127）以降で笠形の小型の碗が流行する。高台は低くなり、器壁は薄く、鶏心底が現れることが特徴となっている。また印花装飾が流行する。

金代の器物は青瓷釉の釉色が青緑色を呈するものが多くなり、造形は丸みをおびて重厚な印象を与える。特に碗などの口縁部は口縁下よりも厚手になる。高台は輪高台につくり、器底にも釉をかけるが、高台は二次整形が施されるものは少ない。高台外壁は内側に傾斜し、また高台内に鶏心状が現れるようになる。文様は多層に配置されるものが多くなり、「窓絵」として図案の主題を描く方法が採られるようになる。月白色の青白瓷器は玉の質感を模したところに特徴がある。

元代の主要な製品は黄褐色を呈する青釉瓷器であり、あわせて黒釉瓷器、白釉瓷器、白釉黒花瓷器も作られた。胎土は粗く釉層は薄く、造形は簡素で、高台の内刳りはやや幅が広く、浅いものと深いものがある。この時期の耀州窯は青瓷の生産量が減少し、かわって洗練された変形花卉文様が描かれた白地黒花瓷器が多く作られるようになる。出土器物には高足杯、折腹盤、玉壷春瓶などがある。輪高台の接地面は幅が広めで、高台内壁が外に傾斜するのが特徴であるが、接地面が幅広で真っすぐな高台へと変化していく。

明代の主要なものは白釉黒花瓷器で、そのほか黒釉、醤釉、白釉、黄褐色の青釉瓷器が焼造され、また褐色系の青瓷も作られるようになる。胎土は黄白色または土黄色で、釉は黒釉と醤釉がやや厚め、白釉と青釉は比較的薄い。内刳り高台の付け根には溝を削り出すのが特徴で、高脚や台脚形の高台が現れるようになる。

陶瓷器に記された文字

耀州窯で生産された陶瓷器は、早くは唐代に文字や干支銘のあるものが出現する。五代を経て北宋時代になると、文字のある瓷器や素焼きの器物、工房の道具が数多く発見されている。耀州窯瓷器にみられる文字はおよそ年号、吉祥の言葉、姓名、数字、将棋の駒の文字、陶工の姓名やその他の文字などに分類される。

1）年号

宋代瓷器にみられる年号には「熙寧」「大観」「政和」の3種類がある。三つの年号の文字はすべて楷書で書かれており、小型の笠形盞に描かれた折枝牡丹文の花心のなかに表わされる。そのうち熙寧と大観の銘がある折枝牡丹文にみられる牡丹は、花弁を七重に積み重ねた側面形の牡丹で、下層二段の花弁は蓮華座となって、その他の五層の花弁は上へいくほど枚数が少なく、魚の鱗のように並べられている。熙寧と大観の文字は縦書きの陽刻で、花心に取って代わるように蓮華座の上の中央に置かれている。二文字の年号は二重線の長方形枠内に書かれ、満開の牡丹の両側には各々三枚の葉が飾られている。

政和の年号が表わされた牡丹は上述の熙寧や大観のも

のとは異なり、牡丹は花弁を七重に積み重ねた側面形のものではなく、三重の花弁をもつ花を正面から捉えたものとなっている。政和の文字は牡丹の花心部分にあって、長方形の枠内に縦書きで表わされている。この折枝牡丹文の下には振り返りざまに牡丹の枝を銜える鳳凰の姿が描かれており、全体として鳳銜牡丹文あるいは鳳戯牡丹文と呼ばれる図案を構成している。政和の年号のある図案は、熙寧あるいは大観の年号のある牡丹文から発展したものであるが、表現は生き生きとして前者を上回る出来栄えとなっている。おそらくこうした盞の類は「貢瓷」として制作されたものの廃棄品であると考えられる。

2）吉祥文字

耀州窯の瓷器には吉祥を象徴する文字、あるいは吉を願う文字がみられる。吉祥を表わす文字には「長命」「富貴」「天下太平」などがある。さらに「龍」字のある瓷器片が発見されており、龍と鳳凰を表わした文様などがあることから、この文字は「龍鳳呈祥」といった類の語の一部と考えられる。このほか「玉」字のある瓷器片もあり、これも吉祥文字と関連があると思われる。

3）姓名

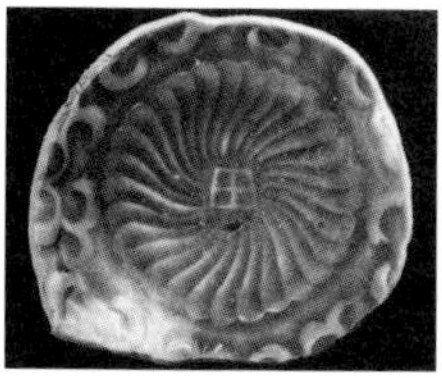

宋代の瓷器には一部、姓名を表わしたものがある。大部分は碗の見込みに刻まれており、団菊文を飾ることが多く、姓には「田」「米（未）」などがある。また「王九」という姓名が表わされた碗もあり、文字は三重の花弁をもつ牡丹の脇に表わされている。このほか、その他の器物にも姓名の文字が表わされたものが多少あり、宋代の青瓷腰鼓には「王」という文字が発見されている。

4）数字

宋代の瓷器にみられる数字には「三」と「五」がある。「五」の文字は碗の底の残片にみられ、字の周囲には団菊文が飾られている。この特徴は上述の姓名の文字と同様で、「五」の文字も姓を表わしている可能性が高い。

5）将棋の駒の文字

宋代耀州窯では素焼きの将棋の駒を焼造している。駒は上下が平らな円盤状を呈し、上下の平らな面に陰刻で将棋の文字が刻まれている。これまでに発見された文字には「砲」と「車」の二文字がある。

6）陶工の姓名と花押

耀州窯では唐代と五代の瓷器片に陶工の姓名が記されたものが見つかっており、宋代にも例がある。陶工の姓名は、前述の宋代瓷器文様にみられる姓の文字とは明らかに異なるものである。前者は丁寧な楷書で書かれており、文字が配される場所も装飾文様の目立った個所である。また花文様と姓を表わす文字とが融合し一体となって、芸術性にも富んでいる。一方、陶工の姓名を表わす文字は一般に書き方が粗雑で、主に笵模〔型〕などに表わされる。碗や杯などの器物にみられるものも多少あるが、そうしたものは器底など見難い部分に文字が表わされる。陶工の姓名には「元小□」「么三伯張傑」「□丘」「五倪□」「李工」などがある。そのうち「李工」は鳳凰の頭部をかたどった型の背面に刻まれており、名を鴨形の花押で表わしている。これまで中国の宋代窯址からこのような古代の陶工の花押が発見されたことはなく、これが最初の発見例となっている。

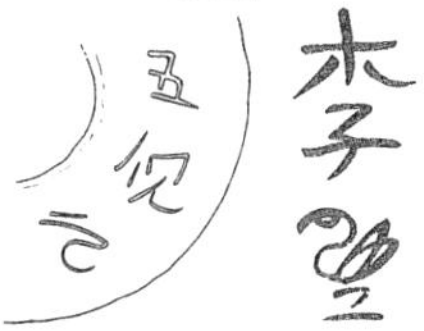

7）その他の文字

以上の文字以外にも耀州窯瓷器にはいくつかの文字が発見されている。しかしこれらの文字が記された瓷器はいずれも破損が著しく、全体の意味を読み取ることができない。この種の文字には「鼓苗（笛？）令」「着」「般相（合？）□州」などがある。このほか1972年の発掘の際に「黄堡鎮……」という文字が記されたものが発見されている。現在までに発見された考古資料からすると、耀州窯および耀州窯系は中国古代の青瓷窯址のなかで、文字を記した瓷器が比較的多い窯場といえる。

第5章 後代に倣製された耀州窯瓷器とその鑑定

耀州窯瓷器は中国の古陶瓷という百花繚乱の園に咲く珍しい花であり、世に誉れ高い優品として、その制作技術は古代各地に広く影響を与えたばかりでなく、著名な耀州窯系の窯を形成した。また今日の現代社会にあっても、古陶瓷を模した倣製品の制作は日増しに盛んになっている。長年にわたって、宋代の古陶瓷の模造品から唐代、五代、金代のものまで、高度な技術による耀州窯の倣製品が絶え間なく生産され、国内外の市場に出回っている。これらの耀州窯の倣製品のうち精度の高いものは、今や偽物かどうか区別がつかないような状況にあり、一部の収蔵家や内外の博物館にはこれを本物あるいは珍品としてコレクションに加えている場合も少なくない。そのため耀州窯瓷器とその後代の倣製品を識別し鑑定する能力を養うことは、目下の急務といえる。ここでは我々の長年の経験に基づいて、後代に倣製された耀州窯瓷器の発達と鑑定の問題について述べていくことにしたい。

倣製品の発達

1）民国時期の倣製品の試作

耀州窯瓷器の倣製品の試作は1930年代に始められた。民国版の『同官県志』によると「民国24年、中央執行委員の張継と省主席の邵力子が黄帝陵を参拝したとき古陶瓷を目にし、その久しく捨て去られた状態を惜しみ、県に檄《げき》をとばし復元を試みた。資本金六千元を投じ、工人を招聘し模造品を制作したところすこぶる効果があった。しかしその後、抗戦のために資金が続かず、ついにとりやめとなった」とある。県志の記載からすると、現代最も早く耀州窯瓷器の倣製品の生産が行われたのは、1935年（民国24）から1937年7月以後（抗戦軍が興って）終了するまでの2年間である。このとき生産された倣製品は、抗日戦争と解放戦争のためにすべて流失してしまい、現在市場にその姿を現すことはめったにない。筆者はかつて南京博物院の所蔵品に2点、西安に住む収蔵家の親族の家で１点、倣製品を目にしたことがある。

この3点の民国時期に制作された耀州窯の倣製品はすべて宋代青瓷の碗や盤の類で、轆轤によって成形され、胎土は比較的細かく、釉色は灰青色か灰色がかった青色で、多少の透明度はあるがガラス質感に乏しく、しっとりとした温かみなどもあまり感じられない。これらの碗や盞の内壁には刻花の文様が施されているが、文様は簡素で表現にも硬さが目立ち、そのもととなっている宋代耀州窯青瓷との違いは明らかである。また、これらの倣製品には印花装飾が施されたものはみられない。

２）1960年代の倣製品の試作

新中国が成立した後、1950年代初めに故宮博物院と陝西省の文物管理委員会は窯址の考古調査をすすめ、学界は耀州窯の宋代青瓷についての初歩的な認識を得ることができた。続いて新しく成立した陝西省考古研究所が、1958～1959年にかけて黄堡、上店、立地坡の耀州窯遺址の発掘を行った。

この発掘では耀州窯の晩唐、宋、金、元各時代の瓷器標本数万点が出土し、宋代青瓷を主流とする耀州窯の姿が世に知られるようになった。陝西省考古研究所所長の王家広は、かつて軽工業部陶瓷処の処長をつとめ、1950年代には景徳鎮窯や龍泉窯の倣製品制作を企画したこともある人で、古陶瓷の倣製品制作には大いに興味をもっていた。彼は耀州窯の考古資料を利用した倣製品の制作を試み、経費を捻出して考古研究所のなかに古窯を模した饅頭形の窯を建造し、修復室のメンバーで試作を行った。しかし当時中国は3年間にわたる自然災害に苦しんでいた時期にあたり、経費の調達は困難を極め、さらに倣製品を制作する者に陶瓷器に関する技術や経験が不足していたため、この試みは数回の試焼で失敗作をつくるにとどまり、再開のめどもたたないままに作業は停止された。この時に作られたいくつかの試作品は碗や杯の類で、胎土は厚く釉は薄く、釉色は白みがかった灰色を呈し、劃花装飾を施したものや文様のないものがあり、明らかに倣製品とわかる特徴を備えていた。これらの製品はその後すべて散逸してしまったが、ここ数年、市場で偶然見かけることがある。

3）1970年代の倣製品制作の成功

1972年、銅川市の電球工場の建築工事にあわせて、我々は耀州窯遺址の科学的な第二次発掘を行い、2万件余の瓷器標本が出土した。銅川市の上層部に報告をする際、筆者は市の文化館の盧建国と意見を交わし、今回の発掘によって出土した標本をサンプルとして、宋代耀州窯青瓷の倣製品を制作するという案を提出した。この意見は市の党政府の責任者である張鉄民の積極的な支持を得て資金が整い、文物博物部門がサンプルを提供し、陳炉と荘里の陶瓷器工場が試作を請け負うことになった。

数年にわたる模索の期間を経て、省の軽工業研究所の李国禎の技術指導のもと、70年代中期に陳炉の陶瓷器工場で宋代青瓷の倣製品制作が初めて成功を収め、ほどなくこの工場では少量ながら生産が開始された。この工場で生産された宋代耀州窯青瓷の倣製品は、その後1980年代中期まで耀州窯瓷器の倣製品の市場を独占する。倣製品の種類には碗、盤、盞、盞托、水注、瓶、枕、灯、香炉、盒などがあり、これらは発掘による出土品を手本としているため造形は豊富であり、耀州窯の古陶瓷に迫るものであった。さらに青釉の倣製がかなりの成功を収め、養成した刻花の職人の技術レベルも高く、一時は本物と偽物の区別がつかないような状況にもなった。この一時期に生産された高度な技術による倣製品は、国内外の個人コレクターや一部の機関に本物として収蔵されている。

4）1980～90年代中期　続々と現れた倣製品製造工場

1984年の秋、我々は以後14年間にもおよぶ耀州窯遺址の大々的な発掘を開始した。この発掘は中国陶瓷考古史上、最大の規模を誇り、出土した瓷器は数も種類も最も多く、最も系統的に行われた科学的な発掘であり、出土した唐代から明代までの各時代の古陶瓷の標本は100万件にもおよんだ。これほど長い歴史をもつ耀州窯のさまざまな標本が大量に出土したことによって、内外の陶瓷研究者や収蔵家は目を開かれ、耀州窯の製品に対する認識は全面的に改められることになった。また同時に耀州窯瓷器の倣製品制作においても、各時代の信頼のおける資料が大量に提供されることになり、耀州窯の倣製品の生産はたちまち促進されることになった。

1986年に西安で開かれた中国古陶瓷研究会の年度大会と学術討論会の中心議題は、耀州窯とその関連問題についてであった。この会を迎えるにあたって、我々は陳炉の陶瓷器工場に唐代の素胎黒彩盤と宋代の月白釉玉壷春瓶、金代の月白釉三足鼎形香炉をサンプルとして提供した。また五代の剔花《てきか》〔掻落し〕と劃花《かくか》を併用したものと宋・金代の刻花、印花の青瓷資料を提供し、倣製の試作と生産をすすめ成功を収めた。以後、耀州窯の古陶瓷の模造は宋代の青瓷に限らず、各時代の多岐にわたる器物を対象にして行われるようになり、倣製品の種類、造形、装飾技法、文様もまた大いに増加することになった。またさらに、その他の窯やその他の時代の造形や装飾技法を参考にして、一種独特の新しいタイプの倣製品が生産されることもあった。

このほか、これまで陳炉の陶瓷器工場に独占されてきた倣製品の市場はこの時期新たな局面を迎え、その他の多くの工場がこの市場に参入し、鉱業局管轄の王家河工場、銅川市文物旅遊局管轄の銅川耀州窯複製工場、三原県の古耀州瓷器複製工場、荘里陶瓷器工場の倣製実験窯などでも耀州窯瓷器の倣製品の生産が行われるようになった。これらの各工場は経済利益をあげるために互いに競い合い、各々の優れた点を発揮するとともに他の工場の長所を学んで改善したため、倣製品の品質は日増しに向上し、製品の数量も大幅に増加した。またちょうどこの時期、ある工場は倣製品の廃品率を減らすために窯構造の改革にものりだした。当初は古窯を模した半倒炎式饅頭窯を新型の全倒炎式饅頭窯に改めただけであったが、その後90年代中期にはガスを使用した現代的な窯を使用するようになったため、倣製品の成功率は大いに高まった。しかし新しい窯内の還元雰囲気は半倒炎式饅頭窯で焼成する場合と異なっており、また一般的な需要に応えるようにした結果、高級なコレクションに適う製品は生産量が減少した。

5）1990年代中期以降　私営工房による倣製品の市場競争

中国では改革解放政策によって、国内にさまざまな経済活動が展開されるようになった。特に鄧小平が「南方講話」を行った後には、私営企業経営者が雨後の筍のように次々と現れた。耀州窯の倣製品の生産と販売も新たな局面を迎え、陳炉、黄堡および銅川市一帯では個人あるいは家族経営によって倣製品の製造が行われるようになった。これらの私営工房の経営者は、ほとんどすべてが陶瓷器の生産に従事したことがあり、そのうちの多くは代々陶瓷器を制作してきた家系であり、また一部はかつて各々の複製工場で耀州窯の倣製品の生産に携わってきた人たちであった。そのためいったん製造を開始し市場競争が始まると、高品質の倣製品が次々と世に送り出されることになった。筆者が知るところでは、現在耀州窯の倣製品をつくる名手には、崔家、高家、関家、大李と二李が挙げられ、黄家、孫家などがこれに次ぐ。これらの名手たちはさまざまな第一級の倣製品をつくり出しているが、彼らの制作する複製品は真に迫るものがあり、内外の収蔵家や文物、博物館関係の諸機関がこれを本物として収蔵するほど精巧にできている。この時期の倣製品は宋代に範をとったものが最も多く、金代と五代の複製品がこれに次ぎ、唐代と元代のものは比較的少ない。

倣製品の釉薬としては青瓷が最も多く、黒釉、醤釉、黒釉醤斑、月白釉、茶葉末釉、白釉黒彩などもあり、器物の種類、造形、装飾技法、文様も豊富になる。彼らは倣製品の精度を高めるために窯址から資料を採集したり西安の骨董市場で出土した標本を買い求めたりして、これをサンプルとして制作を進めている。しかも器物の底足の表現に特に注意を払っており、底部の削りだしや修正が原物そっくりになるように努めている。倣製品の種類は各種の碗皿や袋物のほか、小型の塑像や印花陶范にまでおよび、また古代の造形をもとに口縁や頸部あるいは底部に変化を加えたものもある。このような変化は、見慣れた感覚と同時にどこか新鮮な印象を与え、効果的に収蔵家の興味を引くことができる。要するに、90年代中期以降、耀州窯の倣製品の生産は全く新しい段階に突入した。名手たちがつくる倣製品は、偽物と本物の区別がつかないほどのレベルに到達したのである。

こうした倣製品の生産は耀州窯の故郷である銅川一帯のほか、陝西省のその他の地区でも行われており、ここ数年は河南省でも倣製品の制作が始められた。このほか、筆者はアメリカや日本の陶芸家が制作した倣製品を何点か目にしたことがある。改革解放政策が推し進められ、耀州窯の名声やその影響が広まるにつれ、耀州窯の倣製品制作もいっそうの進展を遂げていく。このような状況にあって、耀州窯の倣製品の鑑定は非常に意義のあるものといえる。

倣製品の鑑定

耀州窯瓷器が大量に出土し、耀州窯瓷器の研究が推し進められるにつれて、耀州窯の倣製品の制作にも多くの有利な条件が提供されることになった。現在、古いものを模倣し、倣製品を制作するという風潮は日増しに盛んになっており、本物か偽物かの判断が難しくなっている。このような状況のもとでは、耀州窯の古陶瓷についての研究を進めるのはもちろんのこと、倣製品の基本的な特徴を分類、総括し、その中から基本的な規則を知り、鑑定に関する知識を普及させ、真偽を見極める力を高めることが必要となってくる。そこで以下に筆者が知るかぎりにおいて、倣製品と古陶瓷との異なった特徴を紹介し、耀州窯の倣製品を鑑定する際の手引きとしたい。しかしここで強調しておきたいことは、古陶瓷に対する認識なくしては倣製品の鑑定はできないということである。本物を繰り返し真剣に観察し、唐代から明代までの各時代の基本的な特徴や様式を研究し、800年にわたる発展の過程を捉えることができたとき初めて、最も精巧な倣製品を前にしてもその真偽がはっきりと区別できる、厳しい目を養うことができるのである。

耀州窯瓷器の倣製品の鑑定は、必要な際には科学技術による測定が行われる場合もあるが、一般には器物の胎、釉、造形、装飾などを観察し、分析を行って識別するという伝統的な方法が用いられる。

1）器胎

瓷器は胎土をその骨組みとし、胎土は使用される瓷土に含まれる鉱物や素地土をつくる際の技術の違いによって各々異なった特徴を備えている。一つひとつの瓷器の胎の特徴を仔細に観察しこれを把握することができれば、その製品が生産された窯、年代そして真偽を識別することができる。耀州窯は唐代に焼造を開始し、五代、宋代、金代、元代を経て明代に生産を停止するまでの800余年の間、胎土の原料をすべて当地の鉄分を比較的多く含む粘土でまかなっていた。この原料を使用した胎土は、酸化雰囲気の中でさまざまな色調の黄色を、還元雰囲気の中では各種の灰色を呈するのを特徴としている。また瓷土原料の粉砕加工、水簸、沈殿、ねかし、練上げなどの工程も、各時代の技術に違いがあり、時代ごとにさまざまな特徴を備えている。後代に制作された耀州窯の倣製品の器胎は、使用する粘土に含まれる鉱物の産地や素地造りの技術が古代のいかなる時代のものとも異なっているため、古陶瓷とは明らかに違った特徴をもっている。

1980年代以前の倣製品は、ほとんどすべて現代のローリング式研磨機械で粉砕加工を行い、原料には長石や石英の類を加えている。このため、この種の素地土を用いて焼成された倣製品の胎は白く細かく、耀州窯のどの時代の胎とも異なっている。この手の倣製品は、器底の露胎の部分を見ればすぐにその真偽を判別することができる。この胎土が白く細かいタイプの倣製品のカムフラージュに、接地面に液体を塗布したタイプがある。これは、焼成後に酸化した足の裏が白から紅色に変化する点を利用したものであるが、倣製品は底足の削りだし方が古陶瓷と異なり、その紅色も明らかに人為的に塗布した痕跡がみられるので、こうした点をおさえておけば真偽の判別は難しくない。

1980年代後期から90年代の倣製品は、多くが銅川と富平一帯の瓷土原料を使用しており、そこへさらに現代の瓷器工場のローリング式研磨機械で加工された細土の廃材を混入している。この2種類の原料は一般に水に浸したあとに混合して使用されるが、この種の混合素地土は原料の酸化鉄の含有量を増加させ、上述の白く細かい胎の弱点が改良された。また廃材を利用するためコストが削減され、いったん使用が始まるとたちまち広く採用されるようになり、この時期の倣製品の素地土としては最も使用例が多い。このような混合素地土を使用した倣製品の胎土は、一見したところかなりの改善が進んだように見えるが、細かく観察すると胎土の粒子が均一でなく、古陶瓷との違いはやはり明らかである。

1990年代中期以降の高度な倣製品も当地の瓷土を原料としているが、素地土の制作技術は古いものほど精巧でなく可塑性がやや劣り、こうした点が倣製品の制作に影響を与えている。また耀州窯の倣製品のなかでその造形が特に美しいものは、型に原料を流し込むという方法で成形されている場合が多いことを指摘しておきたい。この種の流し込みによる成形技術は古い耀州窯では例がなく、そうした製品は器胎が原物と全く異なるばかりか、器の修正が徹底していないために型の合わせ目の痕跡が残っていることが多い。これもまた流し込みによって制作された倣製品を鑑定する際に注意すべき点である。

ここ数年、倣製品のなかに素焼きの型や印花の陶笵などがみられるようになった。これらの倣製品は原物の型や陶笵をもとに複製したものが多く、焼成後は本物と非常に良く似たものとなるが、主に胎土の質と技術的な特徴を比較して真偽を判断する。

2）釉薬

釉は器体表面を装飾し、一定の強度と光沢、温かみや潤い感といった芸術的な美しさを与えるものである。釉の原料の調合方法、加工、施釉方法、焼成技術などの違いによって、瓷器釉は各時代、各窯によってすべて異なった様相を呈するため、鑑定の際の重要な拠り所となる。

鑑定の方法は、拡大鏡を使用して釉の厚さ、色調、光沢、温潤感、透明感、緻密度そして釉内にみられる気泡の大小や分布状況を細かく観察していく。耀州窯の青瓷の釉に関していえば、耀州窯青瓷は中国の北方青瓷の代表と称えられているものの、唐代から元代の800年余りの歴史の中でその青釉の品質は差が大きく、釉の厚さ、色調、光沢、緻密度そして釉内にみられる気泡の大きさや分布状態すべてに違いがある。このような違いは時代ごとに大きな移り変わりを示すが、各時代の中にはさらに細かい変化があり、そうした変化の過程にもそれぞれ独自の特徴がみてとれる。耀州窯青瓷の釉についてのこの複雑な特徴や変化は、現在のところ倣製品制作の名手たちにも把握されていないため、釉についての模造には必ず限界がある。

現在模造されている青瓷釉の類は、宋代のオリーブ色の青釉と金代の月白釉だけである。原物と比較すると、倣製品は釉の厚さが均一でなく、口縁下に釉溜りがよくみられ、口縁部は釉流れや縮れが多く、釉色は黄色味を帯び、さらに釉を補った痕跡がみられることが多い。また全体的にみると、各工場や名手たちによる宋代青瓷の倣製品の釉色は、青色の色調が一様でないということがわかる。一部には青の中に黄色がきらめくような色を呈し、宋代耀州窯瓷器と非常に近いものもあるが、あるものは灰色に近く黒ずんでいたり、黄色がかった緑色であったり、黄色や灰黄色に近いものなどがあって本物とは明らかに違いがある。宋代耀州窯瓷器に近い色を示す倣製品も、光沢や温かみ、ガラス質感などが本物と異なり、拡大鏡で比較してみれば釉内の気泡の大きさや粗密の程度、配列順序もまた本物とは異なっていることがわかるだろう。このほか、耀州窯青瓷の倣製品には明らかに不適当と思われる例がある。それは宋代中期から晩期の青釉の色調を五代、宋代初期、宋代末期から金代初期そして金代の器物の倣製品に使用しているもので、こうした倣製品は専門家が見ればすぐに見破ることができる。

耀州窯の月白釉瓷器の模造は現在のところあまり多くなく、かつて各製造業者が省の科学委員会で提案し試作品を作ったが、数はそれほどではなく、私営の名手たちも試験的な製造を開始したばかりである。筆者が目にしたことのある倣製品の成功例は、釉色がすべて淡く、灰白色、青灰白色、青味がかった白色などいくつかの種類があり、色調は宋代晩期および金代のものに比較的近い。しかし釉層が極めて薄く、温かく潤った玉のような質感に欠け、風格や品質に本物とは明らかな違いがある。

このほか耀州窯の倣製品には、黒釉、茶葉末釉、醤釉および油滴、兎毫などの結晶釉や黒釉醤斑の瓷器もある。これらは青釉瓷器の倣製品よりも生産数はかなり少ないが、当地の瓷土を使用したものが多く比較的精巧で、さらに人為的に古色がつけられていて真偽の判断が難しいものが多い。しかし、こうした各種の色釉の倣製品を見分ける手段は残されている。倣製品の黒釉、醤釉瓷器は古陶瓷の釉のような厚みがなく、温かい光沢もない。特に醤釉瓷器の倣製品は釉の色調は良いが、釉面は乾いた感じが強く光沢がない。後代の茶葉末釉は釉色が黄色に近かったり茶褐色に近かったりで青緑味に欠け、潤いがなく、またお茶の粉末に似た結晶がみられないものが多い。結晶釉や黒釉醤斑瓷器の倣製品と本物との最大の違いは、結晶斑や醤斑が不自然で堅いという点で、明らかに人為的な手が入っていることがわかる。自然にできたものは極めて稀で、10年に3、4点しかお目にかかる機会はなく、またそういったものは倣製者自身が大切に保存して売りに出されることがない。

3）造形

各種瓷器の造形は、各時代の人々の生活における実用的な要求や社会の好み、美意識そして当時の生産技術のレベルに基づいて生み出されるものである。陶瓷器の制作年代、窯、真偽の鑑定には、こうした瓷器の造形的特徴を把握することが必要となる。

唐代から宋代にかけての著名な窯場の中で、耀州窯とその前身である黄堡窯は器物の種類と造形が最も豊富な窯場の一つであるが、耀州窯瓷器の造形がこのように多種多彩であるのは、耀州窯がかつて唐代の都、長安から近いところに位置していたことと密接に関連している。漢代から唐代にかけての首都の周辺地区は、当時の政治、経済、文化の中心であり、伝統的な文化層が厚い一方で外来文化の影響を強く受け、最先端の風俗や社会の風潮、美意識といったものがその他の地区の発展に大きな影響を与えた。こうした状況は耀州窯の生産にも強く影響し、耀州窯が創業後間もなく名窯として成長する有利な条件が提供され、耀州窯瓷器の造形は豊富で多彩なものとなっていったのである。これまでに出土した標本を整理した結果、唐代から宋代にかけての耀州窯瓷器は、各時代それぞれおよそ千種類、最盛期にあたる宋代にはそれ以上の造形があり、その豊富なさまは中国の同時期にみられる窯のなかで随一である。こうした多くの古陶瓷を細かく観察し研究を重ね、その造形の特徴、時代の風格、変化の過程を把握することができれば、倣製品にみられる欠点を見つけ出すことは難しいことではない。

現在生産されている耀州窯の倣製品は、造形の面から3つに分類することができる。1つめは耀州窯の精緻で美しい典型的な造形を模したもので、数が最も多く、一級文物〔中国の国宝〕の母子の獅子を象った注口をもつ宝相華唐草文水注（倒装壷）や鳳凰の頭を象《かたど》った注口をもつ水注、梨形の水注、梅瓶、玉壷春瓶、棒槌瓶〔洗濯棒のような形の瓶〕、吐嚕瓶〔口が小さく胴の張った丸い瓶〕、円瓶、高足灯、三足香炉、碁笥、腰形枕などの例がある。2つめは比較的少ないが、耀州窯の典型的な造形を部分的に改造したもので、例えば花口の長頸瓶の肩から上の部分を取り去って、古陶瓷に似て非なる一種新しい造形に変化させたものである。3つめは耀州窯青瓷の青釉だけを模造し、器物の造形は別のところからとったもので、古代の青銅器や他の窯の陶瓷器の造形などが利用される。この種の製品は、古いものを利用して創り出された新しいタイプの工芸品で、一般の文物に関する知識があれば判断に困ることはない。そのためここでは具体的な状況についての説明は省略し、以下、前者2種類の倣製品の鑑定について述べることにする。

倣製品は遠目で見ると確かに似ているが、細かく観察すると本物とは異なる造形の特徴が見えてくる。この相違点は、時代による風格と器物の口、頸、肩、腹、足、注口、把手などの局部の造形という二つの面に現れてくる。まず倣製品の数が最も多い宝相華唐草文水注（倒装壷）（カラー図版37）を例にしてみよう。

現在国家一級文物に指定されているこの作品は、1970年代後期に陝西省彬《ひん》県の農民が壁土を掘り出しているときに発見したもので、その後、農民の親族から筆者に鑑定の依頼があった。筆者は諸々の特徴からこれを宋代耀州窯瓷器の珍品であると判断し、陝西省博物館へ寄贈することになったので、農民には博物館から賞金と証書が授与された。この作品は五代末から北宋初期につくられたもので、造形は斬新で美しくまた実用にも適っており、各部位の比例はつりあいがとれている。装飾は華麗で粗密の組み合わせが適切であり、時代の風格は麗しく雅で魅力的なものである。一方、倣製品の造形は腹部の輪郭線のカーブが適当でなく、各部位の比例はバランスが悪く、全体の風格も華麗ではあるが雅なところに欠け、器腹下部が重々しく変形しているところが不快感を与える。倣製品はこうした全体的な風格のほかにも、器足の処理や母子獅子の造形など局部の造形にも相違点がみら

れる。このほか、多くの倣製品は母獅子の歯に細く尖った牙をつけ加え、「牙のあるものが本物で、牙のないものは偽物である」と謳い、文物に関する知識のない大衆を餌にしている。しかし筆者が観察したところでは、本物の器物にみられる獅子の門歯の両側には4つの歯の残痕があるだけで、もともとあった犬歯はすでになくなっている。現在の倣製品は牙を加えることで、かえって偽物であることを暴露しているのである。

次に宋代耀州窯の刻花牡丹文瓶（カラー図版91・92）を例にとると、この作品は肩から腹部にかけて丸々としていて、その丸さを特徴としているといっても過言ではないが、頸と器底はきっちりとすぼまっており、肩の上には程よい長さの細い頸、小さな口、平らな口縁部を取り合わせている。腹下には美しい蓮弁文を飾り、丸々とした造形のなかに華やかで優雅な趣をたたえ、全体が宋代の華麗で雅な時代の風格と一致している。一方、倣製品の造形は肩と腹部の径が過度に大きく、腹下の蓮弁文は表現が堅く、頸は短くて口縁部はやや丸みを帯び本物との差が著しい。各部位のつりあいが悪く全体としてずんぐりとした印象で、宋代の華やかで雅な風格とは大いに隔たりがある。

さらに金代月白釉の夔鳳文双耳三足香炉（カラー図版72）についてみると、倣製品は瓷器釉に前述のような不足があるばかりでなく、造形の上にも本物とは異なった点がみられる。本物の造形は丸みを帯びて重厚な金代の風格があり、文様がなくとも玉のような質感をもつ月白釉の効果によって殊のほか重厚で穏やかな印象を与え、理想的な供献具となっている。一方、倣製品の器胎は厚さが足りず、足は長すぎて腹下における位置も不適当である。腹部のカーブもやや足りなく、全体として丸々として重厚な金代の風格に欠けるばかりか、しっくりしない印象を与える。以上3点の倣製品にみられる欠点は、

その他の倣製品にも多かれ少なかれ見られるものであり、こうした弱点や相違点が、倣製品を鑑定する際の有効な拠り所となる。

一方、耀州窯の古陶瓷の造形に部分的に手を加えて改造した、「似て非なる」倣製品の鑑定には特に注意を払う必要がある。この種の倣製品は部分的に本物の造形を採用し、これに手を加えて改造するため、以前目にしたことのない新発見の造形であるかのような錯覚に陥り、真偽の判断を誤ることがある。しかも耀州窯瓷器に比較的詳しい人が、この手の倣製品に騙されることが多い。以上2種類の造形に関する問題点を識別できるかどうかは、耀州窯瓷器の造形的特徴と時代の風格をどれだけ把握できているかにかかっている。できるだけ多くのものを観察し、比較し、その特徴をつかむことができれば、倣製品の造形に見られるほんのわずかな相違点も見逃すことはないのである。

4）装飾

瓷器の装飾とは一定の技法を用いて器物に文様を施すことで、器物を美しく飾り、寓意をもたせる働きがあり、内容的なことでは装飾技法と装飾文様という二つの面が含まれる。各時代、各窯で使用された工具や技法はさまざまで、好まれた文様の題材や図案の構図にも違いがある。このため一つひとつの器物の装飾には、時代や各窯の特徴が必ずはっきりと現れる。装飾に関するこうした明らかな特徴は、鑑定の際に特に重要な拠り所となる。

まず、装飾技法の面における鑑定方法について述べていく。耀州窯瓷器の装飾技法には多くの種類がある。唐代の装飾技法は、素胎黒彩瓷器のように釉で絵付けをしたもの、白釉緑彩、白釉褐彩のように彩色を施したもの、青釉白彩のように化粧土で絵付けをしたもの、黒釉剔花填白彩のような掻き落して彩りを加える技法、単線の劃花、櫛状の工具を用いた劃花、刺突と印花の併用が特徴的である。五代の装飾技法は、単線の劃花、剔花〔掻き落し〕と刻花の併用、剔花と劃花の併用、剔花と劃花を併用し化粧土を施したものが多く、宋金の両代は刻花、刻花と劃花の併用、印花、明代は刻花と劃花の併用、印花、白地黒花が特徴的な装飾技法である。このほか、どの時代にも貼花〔貼付け〕、手びねりや彫塑、透し彫りなどの技法が使用されている。このように多くの装飾技法を短期間のうちに把握することは難しく、現在の倣製品にみられる技法は宋・金時代の刻花と劃花を併用したものが最も多く、印花がこれに次ぐという状況である。また少量ながら唐代の素胎黒彩や五代の剔花と劃花を併用したものや劃花、さらには貼花や手びねり、透し彫りなどの手法を使用しているものもある。倣製品にみられるこれらの技法には、古陶瓷の装飾技法とは異なるいくつかの特徴が現れている。

第一には、使用している工具が異なるということである。「宋代青瓷の刻花の冠」とも称えられる耀州窯瓷器の刻花装飾には、主に斜めの刃あるいは平らな刃がついた直刀が使用されている。刻花による装飾は、まず文様の輪郭線にそって垂直に深く刃を入れ、次にその輪郭線の外側に刃を斜めに入れて広く削っていく。比較的広い範囲で文様の背景となる部分が削り落とされると、器胎に浮彫りのような立体感を備えた文様が浮かび上がり、さらに彫刻刀による鋭く滑らかな線が画面を動きのあるものにする。こうして文様の輪郭が出来上がったら、最後に櫛状の工具を使って器胎に浮かび上がった文様の中に花弁の文様や葉脈を丁寧に刻みつける。これで生き生きとして美しい刻花と劃花の装飾文様の完成である。浮彫り式の刻花に細かい櫛文の劃花を取り合わせることによって、大きな輪郭のなかの豪放で力強い表現と細部の精緻で柔らかな表現が見事に融合する。さらに温かく潤いのある美しい青釉がかけられると、文様によって濃淡も適切な、多層的で趣のある芸術作品が生み出されるのである。

北宋晩期もやや下ると、耀州窯では上述の直刀以外に小さなスプーン状の丸い刃がついた彫刻刀が用いられるようになる。直刀による刻花装飾は二度にわたって刃を入れる必要があったが、この種の彫刻刀はスプーンで西瓜《すいか》の実をすくようにすると、輪郭線が浮かび上がると同時に一本の溝を表わすことができる。この彫刻刀を用いた宋代の標本を丹念に観察したところ、この彫刻刀は動きを止めることなく随意に方向を換えることができ、手を休めることなく連続して文様を彫り付けることができるということがわかった。こうしてできた文様は、直刀で彫られた文様に比べて動きがより滑らかではあるが、鋭さに欠け刻文もやや浅く、両者の特徴の違いは明らかである。

一方、倣製品の刻花装飾に丸い刃の彫刻刀を使用した例はなく、高度な倣製品には一部直刀を用いたものはあるが、大部分は新型のＬ字形の彫刻刀が使われている。この新しい工具は90度曲げた直角刀で、両端に刃を研《と》ぎ出してある。この種の彫刻刀を使用すると文様の輪郭線を深く彫り出すと同時に、輪郭線の外側の部分を削りとることができるので、刻花装飾に浮彫りのような効果が得られ、手間が省けて生産効率を高めることもできる。そのためこのＬ字形彫刻刀は現代の倣製品制作の主要な道具として採用されているが、古代の耀州窯では使用例がない。この種の彫刻刀で彫り出された文様は、文様を浮かび上がらせる効果はあるが、90度に曲げられた刃先が固定したまま動かないので、文様の線が堅い印象がある。彫り出された文様は変化に乏しく、古陶瓷にみられるような鋭く滑らかな線を描き出すことは難しい。

第二には、装飾の制作過程が異なるということである。これは主に刻花と劃花、剔花と刻花を併用する場合や印花などの装飾技法に現れてくる。耀州窯で刻花と劃花、剔花と刻花を併用する装飾技法は轆轤成形の後、半乾きになったところで直接器胎に文様を彫り付けていく。一方、倣製品にみられる同種の装飾は、高度な倣製品が同様の過程をふんで装飾が行われる以外、大部分は型に流し込む方法でつくられている。つまり型を使って成形と施文を同時に行い、後に彫刻刀で細かい加工を施していく。この種の型と彫刻刀を併用した刻花や剔花の文様も、型にはまったような堅い表現となるのが特徴で、うわべが古陶瓷に似ていても気品や風格に明らかな違いがある。また印花の青瓷に至っては、ほとんどの倣製品が古陶瓷とは異なった方法でつくられている。古いものはまず轆轤で成形が行われ、ある程度乾いたところで印花の型にかぶせて文様をつけ、最後に底足を削りだす。

一方、現代の倣製技術は長い期間、型を使用した印花の技法を解決することができず、器物の造形と文様を本物に近づけるために、70年代から型を使用した流し込みの方法を採用するようになった。しかし、この種の倣製品は制作方法が全く異なるため、器形と文様の両面に流し込みの型つくりによる種々の痕跡がみえ、真偽の判断は容易である。近年に至って、ある倣製者が轆轤成形後に印花の型を使用するという印花文様の問題を解決し、一部の倣製品には古代の印花装飾技術を使用したものが出てきた。この方法でつくられた印花の倣製品は、以前のもと比較すると大いに改善され本物に近い表現となっているが、これまでみてきたようないくつかの点をおさえて総合的に観察し分析を行えば、その模倣の痕跡を発見することは可能である。

第三には、現在つくられている倣製品と古陶瓷とは、制作される時代や社会環境、工人の美意識や技術レベルが異なっているため、たとえ似たような工具を使って装飾を施し、同様の窯詰め技術を用いたとしても、出来上がったものと本物とは芸術的レベルや風格に差が現れてくる。精緻で美しい古陶瓷には、昔の耀州窯の工人たちの高度に熟練した技巧や神業ともいえる境地、そして当時の人々が互いに通わせていた美意識や理想が至るところに体現されている。一方、倣製品の制作には模倣という制限があり、熟練した技術を用いても自由な創作が許されない。ましてや現在みられる倣製品の技術に優れたものはなく、最も出来栄えの良いものでもうわべをなぞるだけで精神を写すまでには至っていない。

次に、装飾文様における鑑定方法について話を進めよう。耀州窯瓷器の装飾文様は多種多様で、現在筆者が確認したところでは唐代が100種余り、五代が数10種、宋代が200余種、金・元・明代もまたおよそ100種の文様がある。同時期の窯に、これほど多くの文様や図案がみられるところは非常に少ない。文様の題材や内容は幅広く、配置や構成も変化に富み、耀州窯の800年余りの歴史において各々異なった豊富多彩な姿をあらわしている。このような時代ごとの異なった特徴も、年代を判断する際の重要な拠り所となる。

最もよくみられる蓮弁文を例にすると、唐代の蓮弁は肉厚でたっぷりとしていて蓮弁の先端が丸く、五代の蓮弁は豊かでやや長く先端は比較的丸い。宋代の蓮弁は細長く先端は細く尖り、南宋と金代の蓮弁はさらに細くなって、先端は直線を交差させたような鋭角になり、元代になると再び幅広になって、蓮弁の先端には文様を飾るものが多くなる。このような変化は時代ごとにみられるだけでなく、同じ時代のなかでも段階によって違いがあり、各々に特徴がある。再び蓮弁を例にとってみると、北宋早期の蓮弁は長めでやや丸く、蓮弁の先端は丸みを帯びながらもわずかに尖った部分があって、五代のものに近い特徴を備えている。北宋中期の連弁は細長く秀麗で、先端の丸みはなくなり弧線が合わさるように尖っていて、北宋最盛期の典型的な形となっている。北宋晩期の蓮弁は細長く痩せていて、蓮弁の先端は細く尖っているがややカーブがあり、南宋のものに近い特徴を備えている。南宋の蓮弁はさらに細くなり、蓮弁の先端は細く尖りカーブがなくなって、直線を交差させたような鋭角を示すようなものまである。モチーフや配置の形式が同じでも、時代が異なればあるいは同じ時代のなかでも、このように多彩な変化をみせるのであるから、題材や内容、構成や配置に違いのある数百種の文様には計り知れないほどの変化が生まれてくる。耀州窯の倣製品の制作者はこうした事実を把握することができないため、文様や構成には年代と符号しない部分が現れて、これが鑑定時の判断の基準となる。(カラー図版90)

筆者はこのような破綻を来たした倣製品を何度か目にしたことがある。例えば1980年代に陳炉工場の某名人が制作した青瓷刻花盤は、釉色、造形、刻花の技術、文様がどれも真に迫っており、ほとんどの専門家はこれを本物であると判断した。しかし筆者が見たところ、この盤は北宋中期の釉色と刻花の手法を用いているのに、文様や構図は北宋晩期のもので、器物の造形は金代前期のものを模していた。このようにひとつの器物にいくつもの時代や時期の特徴が混在しているところから、筆者はこれを生産数が極めて少ない倣製品であると判断した。居合わせた人々は半信半疑であったが、さらに調査をすすめたところやはり倣製品であることが判明した。こうした例は少なくなく、この種の倣製品は見覚えがあるようでまた新しくも見え、最も判断を誤りやすいものであるので、鑑定の時には特に注意が必要である。

以上、耀州窯の倣製品の特徴について紹介してきたが、これはほんのいくつかの見方を提示したにすぎない。倣製品の製造も時間を重ねるにつれ経験が蓄積され、倣製品制作の名手たちも続々と現れている。考古発掘や博物館の所蔵品の資料公開にともなって、倣製品の生産レベルも向上し、さまざまな質の高い倣製品が作りだされている。そのため、これまで述べてきたような特徴を知っているだけでは充分とはいえない。最良の鑑定技能は本物を熟知することから得られるもので、必死に学び、観察し、比較し、本物がもつ特徴を把握することができれば、いかに高度な倣製品でも見分けることができるのである。「毫釐《ごうり》の差は千里の謬《あやまり》」と言うように、質の高い倣製品と本物の差は極めて少ないものであることが多い。このわずかな違いを識別することができる技量があれば、真偽を見極めるのになんの心配もないだろう。

偽物作成の技法

市場の解放にともなって、文物を収蔵したり愛好したりする人々が日増しに増えている。こうした機運に乗じて利を貪るために、偽物製造の各種技法が生み出されている。筆者が知る限りでは、耀州窯瓷器の偽物制作には古陶瓷に手を加えるものと、後代に作られた新しい器物に古色をつけるものがある。

1）古陶瓷を加工したもの

古陶瓷にもともとみられる欠陥を補い、完全な形にしたもの。復元、欠損部分の補充、蓋の補充、口縁部の加工、二次焼成、釉の補填、補修などの方法がある。

復元　破損した器物を継ぎ合わせて修復し、完全な形に復元する。粘着剤には瞬間接着剤が使用される場合が多い。接着後は着色剤で継ぎ目を隠して復元が完了するが、器物の色調と合わせることは非常に難しい。

欠損部分の補充　古陶瓷のなかで足や把手、耳、注口などが欠損しているものに、別の器物の部分を組み合わせて、完全な形にしたもの。新しく取り付ける部品は、別の古陶瓷の残欠を利用する場合もあれば、倣製した部分を利用する場合もある。ただしそうした部分は、もともとの器物とつりあいがとれていないことが多い。

蓋の補充　蓋を欠いた器物に、同種の器物からとった別の蓋を合わせたり、新しく作った蓋を補充したりしたもの。別の蓋を組み合わせたものなので、造形や釉色のバランスが悪いことが多い。

口縁部の加工　古陶瓷の口や頸に破損があるものを切断して平らに整え、一種新しい造形に改造したもの。

釉の補填　磨滅して露胎となった口縁部に釉を補い、再度焼成する。これは古い釉と新しい釉のつなぎ目が残り、釉の色調に統一感がないことが多い。

二次焼成　生焼けになって廃棄された古代の器物を再度焼成したもの。熔融が不充分だった釉面を光沢のある、透き通ったものにするが、釉がちぢれる場合が多い。

補修　古陶瓷の局部の破損を石膏や白セメントなどで補い、釉に似た顔料を塗り、最後に透明なニスやつやだし剤を塗布して光沢を出したもの。補修部分はいずれも本体との違いがはっきりとしている。

2）倣製品に古色をつけたもの

倣製品を本物として売りに出すために、さまざまな方法を用いて新しい器物に古色をつけたもの。釉面を磨いたり、薬品処理を施したり、圧力釜で蒸したり、水に浸したり、土銹《どしゅう》をつけたり、故意に破壊して修復したり、口や底に古陶瓷を継いだりする。

釉面を磨く　瓷器の釉面には一定の強度があるが、長期間の使用を経ると表面に糸のように細かい文様が現れることが多く、また硬いものと接触して傷がつく場合もある。このような特徴を利用して新しい倣製品を古く見せるために、釉面を磨いて人為的に細かい文様や傷をつける。この種の加工は、十数年前は紙やすりが使用されていたので容易に見分けがついたが、ここ数年は新たに高品質の細かい砂で釉面を磨く方法が用いられるようになり、鑑定には倍率の高い拡大鏡が必要になっている。

薬品処理　新しい倣製品の釉面には非常に明るいつやがあり、業界でも「賊光《ぞくこう》」と呼ばれている。これは長期間使用された古陶瓷にみられる柔らかな光沢と大きく隔たりがあり、この明るいつやを速やかに取り除くために、多くは薬品処理が施される。以前はその薬品に過マンガン酸カリウム、アルカリ、希塩酸などが使用されることが多かったが、近年は薄めたフッ化水素酸に浸す方法が採られている。薬品処理が施された倣製品は、明るく光ったつやが取り除かれるが、温かい潤いや柔和な感じを失ってしまうことが多く、器表はざらざらとして、どちらか一方の効果しか期待できない。

圧力釜で蒸す　倣製品に古色をつける方法としては、近年新しく採用されるようになったもので、倣製品を圧力釜のなかで蒸《む》して釉面のつやを取り除くもの。この加工は確実に目的を果たすことができるが、高圧のもとで湯気が釉のなかにしみ込んで釉の本来の光沢も失われる。

水に浸す　麦や茶葉などを入れた水に浸したり、古い家屋の軒下に置いて雨水に侵食させたり、繰り返し日にさらし雨に濡らして器表のつやを取り除く方法。この種の処理は短期間で効果が得られず、長期にわたって水に浸すとその痕跡が残ってしまい、かえって馬脚を現すことになる。

土銹を施す　耀州窯の倣製品に古色をつける際の常套手段で、多くは上述の方法と併用される。釉面のつやを取り除いた器物の内側に土銹や土中の付着物を人為的につけ、出土物のように見せかける。この種の処理は加工時間が足りないと土銹が器物に及ばず、手で簡単にこそぎ落とすことができ、実際の出土品の土銹との違いは明らかである。

故意に破壊したものを修復する　これも出土品を装ったもので、釉面のつやを取り除いたあとに、倣製品の口やその他の部位を故意に破壊し、最後に接着剤で修復する。鑑定の際には胎、造形、装飾や各種の技術的な特徴を観察すれば欠点は容易に発見できる。

口や底に古陶瓷を継ぐ　耀州窯瓷器の偽物制作のなかで最近みられるようになった手法である。買い上げる仲介業者が科学的な方法で器物の年代を測定することがあるという話を聞きつけ、倣製品の製造者に新しい器物に古陶瓷の口や底を継いだ偽物をつくるように要求することによって生まれた新しい手法である。用意した古陶瓷の器底部分を磨き、倣製品の器身に取り付け釉をかけて焼成する。その際、膨張率をしっかりと計算し、新しい器の身と古い器の足をきっちりと接合させる。経験のあるコレクターは器の底から胎土や窯詰め技術などの特徴を観察するため、この種の偽物に騙されやすい。

しかし、こうした偽物も欠点がないわけではない。鑑定の際にはまず器身と器底の釉色に違いがないか、磨滅の程度に差はないかどうかをよく観察する。さらに足と身の接続部分の釉下に、細いつなぎ目がないかどうか確認し、さらに手で器底の厚さを測る。もし上述の点に問題があれば偽物の疑いがある。鑑定者や収蔵者は器物を判別するときに必ず全体を見ることが大切で、いくつかの特徴を見ただけで早急な結論を下してはならない。

以上のさまざまな方法は、現在の市場に流通している偽物にみられるものにすぎず、社会経済や科学技術の発展にともなって今後さらに新しい手法が現れてくるだろう。このため真偽を見極めるために鑑定者や収蔵者は注意深く観察し、認識を深めていく必要がある。

第6章

作品解説

陶瓷器は日常生活で使用される器皿であると同時に、各時代の人々の美意識に基づいて創作される工芸品でもある。どの時代においても素晴らしい陶瓷器というものは実用性と芸術性を兼ね備えているものである。陶瓷器に表わされる芸術的な美しさには、器表を飾るきらきらとした透明な釉、優美で多彩な造形、そして美しい装飾技巧と文様という3つの要素がある。

唐代から元明代まで、耀州窯の800年にも及ぶ歴史のなかで生産された膨大な数の陶瓷器は、各時代の製瓷技術の水準を示し、また当時の社会の美意識を反映しているため、現代の陶瓷器鑑定者や収蔵者に重視され、珍重されている。紙面に限りがあるため、ここでは優品をいくつか選んで紹介し、鑑賞の手引きとしたい。

1　三彩　龍頭棟飾〔建築部材〕　（カラー図版5）

唐時代　高：17.5cm　長：13.5cm　黄堡鎮三彩工房遺址1991年出土　耀州窯博物館

龍の頭を象った建築部材で、龍は両眼を丸く見開き、牙を剥き出し、髭は後方へたなびき、口には瑞祥を表わす宝珠を銜《くわ》えている。褐色、黄色、緑色の三色の釉で飾り、胎土はカオリン〔高嶺土〕を使用し、胎質は比較的白く細かい。

表現は力強く勢いがあり、彫塑の描線はやや粗いが、これに色調のはっきりとした三色の釉がかけられ、釉が互いに熔けあって華やかなものとなっている。龍頭の後部は中空になっていて、残っている釘孔の位置から考えると木材を飾る部材であったと思われる。唐代建築の軒下の角にはめ込まれ、風雨の浸食を防いだのであろう。装飾性と実用性が見事に融合された一品である。

この作品は中華民族の伝統的な霊獣を題材にとっている。龍は中国の伝統文化の象徴と考えられており、龍の文化は中国の伝統文化を構成する重要な要素である。『管子』水地篇によると、龍は自由自在に身体の大きさを変えることができるといい、「上ろうと思えば雲気を淩《しの》ぎ、下ろうと思えば深泉に入る」ことができ、また後には「龍が生んだ九子は、みなそれぞれに異なる」というような伝説が生み出された。龍は想像上の動物として早くは新石器時代にその姿を現し、封建社会においては帝王貴族に崇められる存在であった。皇帝たちは自らを「真龍天子」と称したため、龍の文様は長期間にわたって皇室専用のものとされた。

この三彩の龍頭形建築部材は1991年に黄堡鎮の唐代三彩工房遺址から出土したもので、造形は唐長安城大明《だいめい》宮《きゅう》および曲江の皇室御苑遺址から出土した石彫や玉彫の龍首形の建築装飾と似ている。また黄堡窯址からは唐代の三彩の建材や建築模型が出土しているので、この龍頭形建築部材は、おそらく黄堡窯が宮廷のために製造した高級な建築装飾であったと考えられる。この作品を見れば、盛唐時期の広大で堂々とした華やかな宮廷建築の気風を感じることができるだろう。

2　黒釉　塔形壷　（カラー図版12）

唐時代　高：51.5cm　耀州窯遺址1972年出土　耀州窯博物館

蓋と腹部と台座の三つの部分からなっている。蓋は仏塔の九重の相輪を象《かたど》って、上へいくほど細くなり、蓋のてっぺんには小さな猿の塑像を飾っている。猿は足を曲げて坐り、左手を額にあて右手は膝におき、頭をわずかに前に傾け、じっと遠くを見つめているような様子である。壷の腹部は丸々としていて、型押しの蓮弁を飾り、台座は正方形で底部は八角形となっている。台座は二段

構成になっており、あわせて四組の塑像が貼り付けられていて、一層目は各面に龕《がん》を開いて中に仏法を保護する神獣を置き、二層目は各面に仏坐像を飾っている。また台座の四隅には首をもたげ翼をはためかせた瑞鳥と重荷を背負ったような姿の力士が見える。

この黒釉塔形壷は造形の上では唐代の単層式仏塔を模しており、製作者は粗い線で全体を形づくっているが、バランスはよく、安定している。塔や力士、仏像などの装飾は細かい加工が施されておらず、全体的な技法も比較的簡素で古拙なものであるが、表現対象に内在する品格をしっかりと捉えている。塔を支える力士を例にとると、胸部から腹部は重さを耐えるかのように前傾し、頭部は後方を仰ぎ、こうした簡単な動きと二本のがっちりとした腕だけで、力士の勇猛で力強い美しさを表現している。一方、塔の頂の小さな猿は、大雑把につくりだした身体に簡単な眼や口がつけられているだけであるが、この壷の主眼ともいえる存在である。塔のてっぺんに坐りじっと遠くを見つめる姿は、いつでもぴょんと立ち上がることができるようにも見え、機敏で活発な小猿の姿を巧みに表わしている。

塔形壷頂部

またこの壷は、独特な造形から装飾題材にいたるまで、すべてに仏教的な要素が取り入れられている。塔の頂に坐る小猿も例外ではなく、『仏本生故事』には小猿と凶悪な鰐《わに》の知恵比べの記述があり、インドのガンジス川流域では今も「神猿」の伝説がひろく伝わっている。

唐代は中国の封建社会の最盛期にあたり、統治階級の強力な庇護のもと仏教も大いに盛んになり、社会生活や文化芸術に大きな影響を与えた。このため、唐代にはこのような仏塔を模した蓋付きの壷が広く流行し、西安などの唐代の墓からもたびたび出土例が報告されている。しかしこれまでに発見された塔形壷はすべて三彩で、黄堡窯の中心地区にある墓葬から出土した黒釉の塔形壷はほかに例をみない絶品である。この作品は唐代黄堡窯の優れた製瓷技術が存分に発揮されており、当時の豊かな文化背景を映し出すもので、すでに国宝級の珍品と認定され、耀州窯博物館の「鎮館之宝」と称えられている。

3　緑釉　双魚瓶

（カラー図版９）

唐時代　高：27.3cm　耀州窯博物館

小さめの瓶の口を魚の口にみたて、魚の身体を瓶の身とし、魚の尾がラッパ形の高台となっている。草緑色の釉をかけ、胎土はわずかに赤味のある白色のカオリンを使用している。

この作品は黄堡窯址から出土したもので、唐代低火度釉瓷器のなかでは一風変わった造形となっている。残念なことに口と腹部の一部が欠けているが、これとよく似た褐釉の双魚瓶がもう一点発見されており、互いの形を補うことによって全体の姿が明らかになっている。二匹の魚を左右対称につないだ形で、眼や鱗、尾を表わし、向かい合って立つ魚の背中には、各々上下二ヶ所に紐を通す耳が取り付けられている。

双魚瓶は盛唐期から五代にかけて流行したものであるが、黄堡窯で生産された双魚瓶は五代になると低火度釉瓷器から高火度の青瓷に変化する。この種の造形は、中華の伝統的な吉祥の概念を反映するもので、魚と「余」の音が同じであることや魚が多産であることから、生活に恵まれ、子々孫々繁栄するようにという意味が込められている。また一方で古代中国では「双鯉」が手紙を携えてくるという説があり、『古楽府』の「飲馬長城窟行」には「客が遠方より来て、双鯉を遺していった。子を呼んで鯉を料理させると、中には書簡が入っていた」とある。中国の「好事成双」「成双成対」という言葉も、すべてめでたい意味が込められている。

この双魚瓶はつくりが丁寧で、デザインは斬新で生き生きとしているばかりか、吉祥の意味を持っており、当時の人々に大変好まれた素晴らしい作品である。

4　青瓷刻花　牡丹唐草文水注　（カラー図版35）

五代〜北宋時代　高：21.3cm

口は杯形につくり、頸は真っすぐで肩は丸く、腹部は丸々としていて、高台はやや高めで裾開きになっている。肩にはややカーブした注口と紐を二本あわせたような形の把手がついている。腹部には凹凸がはっきりとした纏枝牡丹文が表わされ、花弁や枝葉には葉脈などの細かい線が刻まれており、肩の上部にはさらに二層の覆蓮弁文が飾られている。水注の蓋、頸そして腹下には弦文が施され、器全体に淡い青色の釉が満遍なくかけられている。器底は露胎で、淡い黄赤色を呈している。

この牡丹唐草文水注は五代黄堡窯の作品で、刻花、剔花そして劃花の技法が併用され、浅浮彫りの立体的な牡丹文様が表わされている。彫刻技巧は非常に細かく丁寧で、枝葉を腹部全体に巡らせ、綿密にデザインされており、釉色はしっとりとして淡く雅で、あたかも「碧玉を琢」したかのようである。この作品には五代黄堡窯の高度な青瓷製造技術が反映されており、宋・金時代に耀州窯青瓷が高度な発展を遂げるための基礎を築いたものといえる。

この作品と釉色や装飾が類似する青瓷の水注には、香港の徐氏芸術館所蔵の青瓷刻花獅子流水注があり、台湾の鴻禧美術館や日本の著名な陶瓷博物館にも類品が所蔵されている。黄堡窯から出土した五代の青瓷によって、長い間「東窯器」と呼ばれてきた一群の青瓷の出生地が明らかになった。

5　青瓷刻花　牡丹唐草文瓶　（カラー図版38）

北宋時代　高：48.4cm　上海博物館

この瓶は小さな口がつき、頸は短く、肩は丸みを帯びている。肩から下は器底に向かって徐々にすぼまり、高台がつく。器身は全体を三つに分割し、肩と腹部には纏枝牡丹文、胴裾には仰蓮弁文を表わし、肩と腹下に各々二重の弦文を飾っている。器表面にはやや黄色味を帯びた青緑色の釉がかけられ、胎土は白く細かい。

器身全体を覆う纏枝牡丹文は優れた刻花の技法で表わされており、二本の満開の大きな牡丹を主文様としている。構図は整然としていて、描線は途切れることなく流れ、切っ先は鋭くきびきびとした印象を与える。

形は宋代の「梅瓶《メイピン》」の標準的な様式で、器身は細長く、肩は緩やかなカーブを描き、あたかも古代の少女のすらりとした立ち姿のようである。この器形は宋代に新しく造られたもので、口が梅の枝を入れるほどの大きさしかないところから俗に「梅瓶」と呼ばれ、当時は酒器として用いられた。器身は細長く真っすぐで、重心は比較的高い位置にあるので、おそらく支え台の上に置いたり、籠の中にいれたりして使用したと思われる。

この梅瓶は造形が秀麗で、刻花文様の描線は生き生きとしていて、宋代耀州窯の高度な製瓷技術と熟達した刻花の技巧が見事に体現されており、何度見ても飽きることのない優れた作品である。

6　青瓷刻花　宝相華唐草文水注〔倒装壷〕（カラー図版37）

北宋時代　高：19.0cm　彬県城関鎮東関村1978年出土　陝西歴史博物館

水注の身は球形で、把手は首をもたげ翼をはためかせた鳳凰の形につくり、母子獅子を象った注口は生き生きとして真に迫った表現となっている。腹部には纏枝牡丹文を、腹下には仰連弁文を飾っている。高台がつき、器底の中心には梅花形の孔があけられている。

器身は丸々としていて、陝西の関中地区によくみられる柿のようで、頂部には柿の蔕《へた》を象った装飾が施されている。鳳凰の形の把手と母子獅子の注口は相呼応して、器身の立体的な装飾を構成している。頂部から肩にかけて連珠文と鋸歯《きょし》文を飾り、器腹には華やかな牡丹文様が表わされ、全体の文様の移り変わりは自然で有機的な統一感がある。

器体は変わった構造になっていて、蓋は単なる象徴にすぎず開閉することはできない。酒を注ぎいれるときには器を逆さまにして、底に開いた孔から注入する。母獅子の口から酒が流れ出したら器内がいっぱいに満たされたしるしで、器を元の位置に戻す。水注の内部は孔の先に中空の円柱状の管が設けられており、正位置に戻しても酒がもれることはなく、古代の宴会に興を添えた。「つながった容器の液面は等しい高さになる」という原理を巧みに利用して設計されたもので、宋代の製瓷技術が科学的に高度に発達していたことを反映している。

この水注は造形が風変わりで、構造は工夫が凝らされており、中国古代のその他の窯では発見例がない。黄堡窯では早くは五代に例があり、出土した器物はすべて残欠であるが、水注内部に器底の孔につながる管を設けていることがわかっている。五代のこの種の水注は腹部が球形で、腹下が徐々にすぼまった形をしており、宋代になるとやや秀麗な形に変化する。この注口を母子獅子に象った水注は1970年代に陝西省彬県で発見されたもので、この種の構造の水注としては唯一の完整品であり、宋代耀州窯の最高傑作である。

7　青瓷刻花　牡丹文蓋付碗

北宋時代　高：8.8cm　口径：10.6cm　耀州窯博物館

蓋付碗は、碗と蓋のふたつの部分からできている。碗の造形は、口が真っすぐに立ちあがり、腹部は浅い筒状の円腹で高台がつく。蓋は頂部が盛り上がり、幅広の縁の下に落とし口がつき、蔕形のつまみがついている。全体に青緑色の青釉がかけられ、釉質は温かく潤いがあってきらきらとし、玉質感が強い。胎土は灰白色を呈し、胎質は均一で細かく緻密である。碗の高台畳付きと蓋の内側は露胎で、酸化して土黄色を呈している。

碗は釉下に文様がなく質素な印象であるが、蓋の青釉の下には刻花の牡丹文と陰刻の弦文が施されている。弦文は蓋が隆起し始めるところ、縁の内側にそってめぐらされ、弦文によって区切られた蓋の頂に刻花の牡丹文が飾られている。蓋の細長い帯の形をしたつまみを花心になぞらえ、三つの花弁をもった満開の牡丹の花をその周囲に配し、全体の形と文様を巧みに融合させ、実用性と芸術性を兼ね備えたものとなっている。耀州窯の器蓋はこのような巧みなデザインのものが多く、工人たちの素晴らしい構想や製作技術が反映されている。

8　青瓷　碗

北宋時代　高：6.2cm　口径：11.7cm　耀州窯博物館

口は大きく広がり口縁部は外に折れ、腹部は輪郭が円弧を描いている。見込み部分は平坦で、内底の周壁には陰刻の円圏がめぐり、背が高く接地面の狭い高台がつく。器は全体に青緑色の青釉がかけられ、口縁部と高台部分は釉下に黄褐色の胎土が透けて見える。高台畳付きは露胎で、胎質は均一で細かい。

器内の釉下には6本の縦の筋文様が施されている。この筋文様は白色化粧土で描き出したもので、放射状に均等に配列されており、内底の陰刻線の円圏を起点として口縁まで伸びている。上からみると器形と文様とが一体となって、生気あふれる蓮の葉のようで、形は簡素ながらも美しいものとなっている。この器でお茶を飲むと、古代の人が「嫩荷《どんか》（若々しい蓮）露を涵《ふく》んで江濆に別す」と詠ったように、詩情あふれる美の境地を楽しむことができるだろう。

9　青瓷刻花　花文尊　（カラー図版47）

北宋時代　高：10.9cm　口径：12.3cm　黄堡鎮呂家崖1981年出土　耀州窯博物館

口を大きく外に開いた六弁の花口につくり、各花弁は中央部分が外反し蓮葉形を呈している。頸はすぼまり、肩はやや丸みを帯びて、腹部は丸々としている。器底には背の高い高台がつき、高台の裾は外反している。器全体に青緑色の青釉がかけられ、高台内壁と器底は酸化して黄褐色を呈している。高台畳付きは露胎で、胎質は細かく均一である。

全体の装飾技法は独創的で、器内の花口の部分には透明な釉の下に白色化粧土で6本の筋文様が施されていて、まるで蓮葉の葉脈のようである。器外面の頸と肩が接するところに施された浅く太い陰刻の弦文は、美しく力強い尊の器身をリズミカルに上下に分け、上下段ともに刻花の花文を飾る。この作品は造形が優美で、装飾も華麗で変化に富んでいる。また花弁や蓮葉といった形が白堆線や刻花の花文と有機的に結びつき、調和のとれた芸術的効果をあげており、宋代耀州窯青瓷の佳作といってよいだろう。

10　青瓷刻花　水波魚文碗

（カラー図版58）

北宋時代　高：4.8cm　口径：11.9cm　耀州窯遺址1972年出土　耀州窯博物館

口を大きく開き口縁部は丸く、腹部は輪郭線が円を描き、高台がつく。器内外に青緑色の釉がかけられ、高台部分は青緑色を帯びた黄褐色を呈している。高台畳付きは露胎で、胎質は細かく均一である。

器内壁には釉下に刻花の水波三魚文様が施されている。魚は見込み部分を取り巻くように三方に均等に配置され、わずか数回のタッチで尾をふって泳ぎまわる魚の姿を生き生きと描き出しており、その描線は滑らかで少しも不自然なところがない。魚の周囲には櫛状の道具を用いて波文様が彫り出され、早瀬のなかで悠然と泳ぐ魚の姿を効果的に表わしている。透明な青瓷釉に覆われて文様はますます生気を増し、動きのある美しさを伝えている。碗の造形はよく整っており、刻花の描線は鋭くきびきびとし、劃花文様は柔らかく流れるようである。北宋時代の耀州窯の刻花と劃花の成熟した技術が充分に示されており、耀州窯の製瓷レベルを映し出す代表的な作品といえる。

11　青瓷　輪花碗

北宋時代　高：5.5cm　口径：11.9cm　耀州窯博物館

口は六輪花形で口縁は外に折れ、腹部は六つの屈曲がある円弧腹となっている。見込みは平坦で高台がつき、側面の6ヶ所を内側に屈曲させて瓜形としている。造形は独特で、側面から見ると曲線や直線、円弧や稜線などが組み合わさり、複雑で変化に富んだ美しさを備えている。上あるいは下から見ると、まるで咲き誇る一輪の花のようである。

器は内外全体に青緑色の青釉がかけられて、まるで「千峰翠色」といわれる越州窯青瓷の「秘色《ひそく》」のようで、口縁部と高台部分のみわずかに黄褐色を呈している。釉質は透明で温かみがあり、玉の質感を備えている。高台畳付きは露胎で、胎質は細かく均一である。

12　褐釉　輪花碗　（カラー図版60）

北宋時代　高：5.5cm　口径：11.5cm　耀州窯遺址1981年出土　耀州窯博物館

口は六輪花形で口縁は外に折れ、腹部は六つの屈曲がある円弧腹となっている。見込みは平坦で、背が高く接地面の狭い高台がつき、側面の六ヶ所を内側に屈曲させて瓜形にしている。

器の内外には柿釉とも呼ばれる蝦《えび》茶色を呈した褐釉をかけている。釉は光沢が強く、漆器のような失透感があり、宋代の同色の漆器と同じような装飾効果がある。器底と高台内壁は露胎で、胎質は堅く均一で細かい。

この碗の造形は優美で変化に富み、上方あるいは下方から見ると、まるで満開の赤い梔子《くちなし》の花のように見える。これでお茶を味わえば、あたかも赤い花に露を盛るようで、特別の風情がある。詩聖杜甫が詠じた「紅は取る風霜の実、青は看る雨露の柯《えだ》。情無く汝《なんじ》を移し得たり、貴《き》は江波に映ずるに在り」という詩は、まさにこの種の赤い碗を使用した時に味わうことのできる美の境地を表わしている。

13　青瓷　洗

北宋時代　高：3.8cm　口径：12.5cm

口を大きく開き、口縁部は平らな折り縁となっており、腹部は浅く円を描き、見込みは平坦で高台がつく。器全体に青瓷釉がかけられ、釉色は越州窯の「千峰翠色」のような青緑色を呈している。釉質は透明で温かく潤った感じがあり、玉質感が強い。高台畳付きは露胎で、胎質は均一で細かい。

この洗には宋代耀州窯青瓷に特徴的な刻花や印花の文様が施されていないが、釉色によって奥深く気品のある美しさを表現し、北方青瓷の温かい玉のような質感がいっそうきわだっており、北宋晩期の耀州窯素文青瓷の優品といえる。

14　月白釉貼花　夔鳳文双耳三足香炉　（カラー図版72）

金時代　高：27.3cm　藍田県窖蔵1960年出土　陝西歴史博物館

口縁部は断面が方形で、頸はすぼまり肩は張り出し、腹部は丸く丸底で、虎頭のついた獣足が三本ついている。口縁部には長方形の耳が左右対称につき、腹部には型押しの夔龍文と瓦形や竹状の稜線が貼り付けられ、頸と肩には回文と蓮弁文を飾っている。胎は堅く緻密で、月白色の釉をかけ、釉色は淡く雅でムラがない。

この香炉の造形は素朴な美しさがあり、古代の青銅器を模倣しながら新しい要素を加え、祭器としての荘厳で神秘的な雰囲気が充分に表わされている。貼花や刻花、劃花などの技法を用いた耀州窯金代青瓷の代表作である。

15　青瓷刻花　呉牛文碗　（カラー図版67）

金時代　口径：21.1cm　耀州窯博物館

この碗は金代耀州窯に流行したスタイルで、大きく開いた口縁は玉縁状で、腹部の輪郭は円を描き、高台がつき、器全体に青緑色の釉がかけられている。刻花文様は独特な風格を備えており、見込み部分には蹲《うずく》まった牛が雲を背にした月を見上げている様子が表わされている。

この種の文様はこれまで「犀牛望月《さいぎゅうぼうげつ》」文と呼ばれていたが、現在では「呉牛喘月《ごぎゅうぜんげつ》」文とされることが多い。呉牛とは揚子江と淮河一帯の水牛のことである。呉の地方〔江蘇省南部から浙江省北部一帯〕は炎天が多く、水牛は暑さを嫌うため、月を太陽と思った水牛が地に伏せ喘《あえ》いでいる場面である。

黄堡窯址から出土した金代の青瓷碗には「頭料○杓」「二料○杓」という文字が刻まれたものが発見されている。これは当時、生産見本として使用されたものと思われるが、一方で黄堡鎮の耀州窯が異民族の統治下にあって厳しく管理されていたことを物語っている。当時耐え難い圧迫を受けていた漢民族の工人たちは、江南の水牛を描くことによってみずからの思いを表わし、当時の激しい民族間の矛盾を示唆したのである。

16　白地褐彩　騎馬燭台　（カラー図版88）

元～明時代　高：14.2cm　耀州窯博物館

馬は頭をもたげ、自信にあふれるような姿でじっと前を見つめている。尻尾は下に垂れ、四本の足は四角い枠形の台座の上に立っている。馬の眼、鬣、尾、鞍そして鞍の上にかぶせる敷物やその文様はすべて褐彩で描かれている。人物は馬にまたがり、頭には先の尖った帽子をかぶり、背中には管状のものがみえる。この管はすでに大部分が失われているが、おそらく燭台として用いられていたものと思われる。人物の帽子の飾り、眼、口などの部分も褐彩で描かれている。

この騎馬燭台の姿形は素朴であるが、人物と馬の動作表現は的確である。人物は左手を胸前において手綱をとり、身体をやや前傾させ、両足を鞍にぴったりとつけている。馬は手綱を引かれて頭をあげている。元明代耀州窯の工人たちの優れた観察力が見事に結実した作例といえるだろう。蒙古民族は馬術に優れているため、馬上で握るのに適した高足杯など新しい形の瓷器が生産されるようになった。この騎馬燭台は、当時の馬を愛好する社会風潮に合わせて制作されたもので、実用性と装飾性がうまく融合されている。

装飾方法は元代耀州窯でよくみられる白地黒花の技法で、白い化粧土を施した素地土に黒褐色の文様を描き出し、透明の釉をかけて焼成する。成形方法は各部分を別々に作り出して継ぎ合わせており、全体として彫塑、絵画製瓷の技術が駆使されている。

元代耀州窯青瓷の生産はすでに衰退へ向かっていたが、新しく現れた白地黒花瓷器は地方的な特色があり、豪放でさっぱりとした独特の風格を備えている。こうした白地黒花瓷器は今も銅川の陳炉鎮で生産されており、渭北地区の人々に長期にわたって受け入れられる強い生命力をもっている。

第7章　文献にあらわれた耀州窯

宋、陶穀『清異録』

「耀州の陶匠が一種の平底深碗を創造した。形は簡古で、小海鴎と号した」。

宋、周輝『清波雑志』

「又かつて北方から来た人から聞いたところによると、耀州黄浦（堡）鎮の焼瓷は名を耀器といい、白いものを上等とし、黄河以北ではお茶を飲むのに用いるという。窯から出してもし壊れたものがあれば河に棄てるが、これが一晩で泥となってしまう」。

宋、葉寘『坦斎筆衡』

「本朝は定州の白瓷に芒〔口ハゲ〕があり使用に堪えないので、遂《つい》に汝州に命じて青瓷器を造らせた。故に河北、唐、鄧、耀州はすべて有ったが、汝窯を魁《さきがけ》とした」。

宋、陸游『老学庵筆記』

「耀州は青瓷器を造っているが、これを越器と呼ぶのはそれが余姚の秘色に類するからである。しかし、極めて造りが粗くて技巧に乏しく美しくない。ただ耐久性があるので飯屋ではこれを多用する」。

『宋史』巻八十七　地理志

「耀州、等級は緊、州都は華原郡。開宝五年に感義軍節度となり、太平興国初年に感徳軍と改めた。崇寧年間には十万二千六百六十七戸、三十四万七千五百三十五人。瓷器を貢ぐ。県は華原、富平、三原、雲陽、同官、美原の六県である」。

明、陶宗儀『輟耕録』
「耀州は青瓷器を造り、汝窯を模倣するが色も質も汝窯には及ばない」。

『同官県志』巻八、明万暦本
「黄堡鎮は黄堡寨ともいい、宋代には御地であり、県南四十里にあって、地理志によれば金代もとりわけ重要な都市であった。旧《ふる》くは陶場があり、居人は紫陽宮を建ててその土神を祀り、宋の熙寧年間にその神を封じて徳応侯となしたのは、陶冶に霊験が著しかったためである。晋の永和年間のひと柏林をともに祀ったのは、〔柏林が〕居人に陶術を伝えた者であるからだ。今はその地は陶瓷器を産せず、陳炉鎮で生産が行われ、その鎮は廟を復して徳応侯を祀り、黄堡のようだという」。

『耀州志』清、乾隆本
「黄堡鎮……故《ふる》くは陶場があり、居人は紫陽宮を建ててその土神を祀り、宋の熙寧年間に知州閻がその神を封じて徳応侯となしたのは、陶冶に霊験が著しかったためである。晋のひと柏林をともに祀ったのは、居人に陶術を伝えた者であるからだ」「県東南三十里の立地鎮では、白土が出て瓷器を造ることができるので、明初に勅命で琉璃廠を造り、以って王府の修造の用に供した」。

『陳炉鎮西社重修窯神廟碑』雍正4年
「同邑の東南郷は、土が少なく石が多く、おおむね陶を以って生計をたてている。その先はすなわち黄堡に始まり、かの窯廠が廃されてから、陳炉鎮一帯でその業を学び始めた。神の爵は実に考稽に従うことなく、廟の由来は梁間の板記を調べれば、則ち周至五年より創り、正観二年に嗣ぎ、紹興四年社人がこれを重修した。又永楽二年、正統九年、万暦三年及び二十一年、天啓三年凡そ五回の重修を越える」。

『景徳鎮陶録』
「耀州は今の西安府にあり、宋代に青瓷を焼いたが、色も質も皆汝窯には及ばない」。

『同官県志』工商志、1932年版巻12

「黄堡鎮……残念ながら金元の兵乱の後、陶坊は灰燼に帰し、遂に伝承は絶えた……黄堡の瓷器が伝わらなくなってから、立地、上店、陳炉の各鎮に後継者がたった。立地、上店はすでに生産をやめ陳炉のみが残っている」。

『同官県志』鉱物志

「陶瓷器をつくる瓷土は石灰二畳紀の青灰色および黄褐色の頁岩で、採掘後に風化を待ってからこれを用いる。釉薬にはオルドビス紀の石灰岩中の頁岩、石炭系の一種の頁岩を用い、これは富平の明月山に産する。耐火土および石灰釉の原料は窯場の付近に産する。以上原料は、白色釉薬を富平から採取するほかは、すべて黄堡鎮、立地坡、上店村、陳炉鎮および県城付近に分布している」。

『同官県志』工商志、民国33年修訂

「同官黄堡鎮の瓷器は、宋代にすでにその名を馳せていた。これがすなわち現代の鑑定家が言うところの宋器であり、実に精巧で素晴らしいものであった。しかし残念ながら金元の兵乱の後、窯場は灰燼に帰し、遂に伝承は絶えた……立地、上店、陳炉の各鎮に後継者がたったが、現在、立地、上店はすでに生産をやめ陳炉のみが残っている。しかしながら人民は貧窮し、販路も途絶え、今や粗瓷を制作するばかりである。……黄堡鎮古瓷廠は県南四十里のところにあるが、創始については未詳である。……地方の故老が伝えるには、南北は河に沿って十里すべて陶冶の地で、これが所謂十里窯場であるという。制作された瓷器は、形は雅でまた素朴、刻文は巧みで釉色は美しく、表面には冰裂文〔貫入〕がみられる。艶やかな欧州瓷器や精緻な景徳鎮瓷器には比べようもないが、近年頗る中外の人士の注目を集め、大金を携えてこの地にやってきて高値で購入しようとするものがいる。しかし、長い間に地形が変化し地下に埋没してしまい、掘ってもそのありかを知ることができず、益を得ることがない。たまに見つけることができても、完整品は非常に少なくほとんどは破損しており、破片を持ち帰るしかない」。

『同官県志』民国版

「民国24年、中央執行委員の張継と省主席の邵力子が黄帝陵を参拝したとき古陶瓷を目にし、その久しく捨て去られた状態を惜しみ、県に檄をとばし復元を試みた。資本金六千元を投じ、工人を招聘し模造品を制作したところ頗る効果があった。しかしその後、抗戦のために資金が続かず、ついにとりやめとなった」。

民国、許之衡『飲流斎説瓷』

「西安の耀州窯もまた宋代に建てられ、初め青瓷を焼き、汝窯を模倣したがやや劣り、後に焼いた白瓷は比較的優れていた。制作をはじめた時の釉はガラスのように透明で、黄色味を帯びた蝦青色〔灰青色〕に近い色を呈していた。後に制作したものは釉がやや濁っていて、色は非常に白く、牛乳のような白があれば、胡粉を油でといたような白、熟した菱の実のような白もあった。耀州窯の胎や釉質が細かいものは、胎が極めて薄く暗花の装飾があり、釉質が極めて細かく貫入があって、知らないひとはこれを定窯のものだと言うことが多いが、実はそうではない。その胎は薄いといっても定窯のものに比べればやや厚く、その釉は細かいといってもやはり定窯に比べれば粗く、その色も白いといっても定窯に比べるとやや黄色味を帯びている。また暗花や貫入も定窯とは微妙に異なっている」。

陳万里『中国青瓷史略』

「耀州の青釉の色調は、青の中にわずかに黄色がきらめくような色で、いわゆる黄色味を帯びたオリーブ色……青色は比較的淡く、あるいは黄色味がやや強い青釉の色の、多くの胎の厚い碗や盤の類、これこそ陸放翁が粗くて飾り気がなく美しくないと言ったもので、こうした製品は当時、民間で使用された日用品なのである」。

第8章

宋『徳応侯碑』碑文

宋耀州太守閻公奏封徳応侯の碑

三秦の張隆が撰し併せて書し、額を題す

熙寧年間、尚書郎の閻公が華原郡の守となる。翌年、時が和し政が通じ、土山神を徳応侯に封ずるよう奏上した。賢侯は章を上し、天子は詔を下し、黄書は渥恩を施し、明神は封を受けた。廟食は永久に尽きることなく盛んであった。

侯は黄堡鎮の西南に拠り、山樹に附し、青峰は四方を回り、傍らには緑水が瀉《なが》れ、草木は奇怪で、下に居人を視ること掌中に在るが如くであった。人々は陶器で利を得て、生計をたて、〔陶瓷器は〕金を鋳型としたように巧みで、玉を彫り磨いたように精巧であった。始め土を合わせて坯（素地土）となし、轆轤をひいて制作すると、方円・大小はすべて規格通りとなる。その後、窯に納めて焼造する。烈焔の中にあって青煙が外に飛び、鍛煉すること日を累ね、赫然としてすなわち成る。はじけば金石がふれあうような音がし、その色は温かく柔らかい。人が猶も之に頼って利を為すのは、神の助けによるものに違いない。大火が絶えるに至ってその窯を啓(ひら)いてこれを視ると、往々にして清水が満ち、昆虫が動き回り、皆その来る所を究めるものなく、必ず神の技であるという。

陶人は多く長河に沿って居し、日ごとに廃瓷を水に投ずると、波に随って下流へと流れていく。山側に至ればことごとく白泥と化し、すべて沙石の中に混じって、その霊は窮まるところがない。

殿の梁間の板記は古い。柏翁という者の記載があり、晋の永和年間に寿人で、名は林というがその字は伝わらない。遊覧ここに至り、風土が変わっているところをこよなく愛し、すなわち時の人に火窑甄陶の術を伝え、匠工は法を得て、ますます前より精通した。民は今に到り、侯の廟に祠堂を立て、永く功に報い保つのもまた宜しいではないか。地元のひとは侯を頼りとして衣食の源となし、日夕ただ畏敬の念をもち、少しも懈《おこた》るものはいなかった。とりわけ利が大きかったのは、茂陵の馬化成である。毎年、犠牲の豚を供え、喜んで財を施し、これを完全に飾り、これは真に所謂善を積む家は宜しく余慶ありということである。『易経』の「仁においてこれを顕し、用においてこれを蔵する」というのは正に侯の功に合っている。

隆は林泉の下に隠遁し、久しく筆硯を弄していなかった。ある日、大原の王従政が門に到り、馬君が侯に侍したことを碑文にし、石に刻み、万古の下に之を伝え窮まるところがないようにしようと言う。皆、侯が閻太守に因って王公の下に列したことを知っている。これは誠に記すべきことで、固より荒唐の言を惜しむことなく、ありのままに之を記す。

大宋元豊七年九月十八日　立石

鎮将劉徳安、張化成

三班奉職耀州黄堡鎮の酒税兼烟火の監、呂閏

茂陵馬化成、息子の馬安、馬信、馬明とともに石を施し碑を立てる

太原の王吉、掌勅〔校正〕

清河の張昱が廟を守る

州人の劉元、刊〔彫る〕

宋・徳応侯碑碑拓

表１　耀州窯主要製瓷原料の化学成分組成表

名称	産地	酸化物含量（%）									酸不溶物	合計
		SiO2	Al2O3	Fe2O3	TiO2	CaO	MgO	K2	Na2O	灼失		
東山坩土	陳炉	46.50	33.10	0.10	0.62	0.54	0.31	0.025	0.076	13.69	–	99.91
羅家泉坩土	陳炉	57.12	22.99	0.78	1.65	0.73	1.36	2.51	0.66	9.38	–	101.53
富平釉石	陝西富平塔坡	65.33	12.12	1.25	0.20	6.60	3.30	2.49	1.37	7.40	–	100.05
黒薬土	陳炉	56.57	11.53	4.60	0.65	10.35	3.81	2.25	1.84	9.88	–	101.43
料姜石	陳炉	16.65	4.07	1.38	0.24	41.64	1.45	0.83	0.48	33.68	–	100.42
石灰石	陳炉	0.39	0.11	0.39	微量	54.66	0.80	–	–	43.24	0.69	99.93
泥池粘土	黄堡	62.35	24.73	1.08	0.93	0.27	0.45	2.10	0.10	8.70		100.71

表２　歴代耀州窯青瓷胎の化学成分組成表

番号	酸化物含有量（%）											化学式
	SiO2	Al2O3	Fe2O3	TiO2	CaO	MgO	K2O	Na2O	MnO	P2O5	合計	
TYZ-4	64.27	14.87	2.34	0.35	13.64	1.96	2.38	0.31	0.051	0.57	100.74	Al2O3 0.422・SiO2 3.093
TYZ-5	61.47	13.06	2.45	0.19	17.84	2.33	2.41	0.32	0.065	0.64	100.78	Al2O3 0.298・SiO2 2.380
TYZ-41	60.92	13.07	2.45	0.19	18.34	2.33	2.41	0.32	0.065	0.64	100.74	Al2O3 0.292・SiO2 2.311
TYZ-44	62.85	19.07	1.73	0.63	11.87	1.76	1.91	0.24	0.038	0.38	100.48	Al2O3 0.620・SiO2 3.470
TYZ-45	64.78	14.55	0.99	0.30	14.86	1.87	2.35	0.30	0.066	0.60	100.67	Al2O3 0.404・SiO2 3.027
TYZ-46	62.30	15.08	2.17	0.44	13.67	1.84	2.55	0.41	0.054	0.60	99.11	Al2O3 0.426・SiO2 2.986
TYZ-49	62.38	14.83	2.51	0.29	14.34	2.45	1.90	0.33	0.07	0.74	99.84	Al2O3 0.396・SiO2 2.825
FYZ-17	61.71	14.57	1.52	0.17	17.41	1.88	1.58	0.21	0.06	0.68	99.79	Al2O3 0.362・SiO2 2.603
FYZ-18	67.01	13.41	1.54	0.17	11.22	1.22	4.04	0.25	0.14	0.49	99.49	Al2O3 0.447・SiO2 3.787
FYZ-19	71.17	14.69	1.74	0.15	8.02	1.45	2.58	0.28	0.05	0.37	100.50	Al2O3 0.634・SiO2 5.217
FYZ-51	70.36	13.56	1.90	0.16	8.21	1.67	2.62	0.40	0.077	0.45	99.41	Al2O3 0.553・SiO2 4.874
FYZ-55	70.11	14.02	1.80	0.15	9.48	1.57	2.21	0.23	0.062	0.42	100.05	Al2O3 0.553・SiO2 4.874
FYZ-58	64.49	12.93	1.26	0.14	16.12	1.48	2.25	0.28	0.063	0.71	99.72	Al2O3 0.345・SiO2 2.916
FYZ-59	66.07	15.56	1.92	0.15	11.45	1.70	2.47	0.26	0.048	0.50	100.13	Al2O3 0.517・SiO2 3.728
FYZ-61	66.84	12.89	1.50	0.16	13.60	1.52	2.23	0.26	0.06	0.63	99.69	Al2O3 0.389・SiO2 3.426
FYZ-63	64.35	14.05	1.38	0.15	13.92	1.58	3.03	0.18	0.063	0.57	99.27	Al2O3 0.408・SiO2 3.710
SYZ-26	65.64	13.67	2.39	0.26	10.96	2.27	3.44	0.60	0.062	0.89	100.14	Al2O3 0.414・SiO2 3.377
SYZ-66	64.86	13.20	2.10	0.23	13.88	2.13	3.00	0.32	0.10	0.75	100.57	Al2O3 0.359・SiO2 2.998
SYZ-67	65.33	12.54	1.69	0.18	13.23	2.08	2.66	0.26	0.096	0.77	98.84	Al2O3 0.362・SiO2 3.202
SYZ-68	65.65	13.13	1.98	0.19	13.06	1.86	3.07	0.23	0.095	0.75	100.02	Al2O3 0.382・SiO2 3.244
SYZ-71	67.33	12.92	2.23	0.19	11.99	1.80	2.71	0.24	0.088	0.74	100.24	Al2O3 0.404・SiO2 3.569
SYZ-74	67.21	12.78	2.41	0.24	10.43	2.30	3.27	0.41	0.066	0.71	99.83	Al2O3 0.406・SiO2 3.627
SYZ-80	68.06	13.78	2.51	0.27	9.74	1.73	3.51	0.32	0.076	0.73	100.73	Al2O3 0.475・SiO2 3.983
SYZ-81	68.32	13.93	2.25	0.24	9.45	1.91	3.45	0.62	0.083	0.65	100.90	Al2O3 0.479・SiO2 3.985
JYZ-27	69.17	13.35	1.67	0.27	9.93	1.86	2.90	0.32	0.045	0.64	100.16	Al2O3 0.471・SiO2 4.138
JYZ-28	71.03	13.29	2.58	0.24	7.54	1.76	2.53	0.27	0.041	0.87	100.15	Al2O3 0.554・SiO2 5.022
JYZ-29	73.18	15.14	1.57	0.19	4.87	1.38	3.23	0.38	0.031	0.36	100.20	Al2O3 0.866・SiO2 6.991
JYZ-86	66.70	12.60	2.62	0.37	11.02	2.78	2.95	0.11	0.072	1.07	100.29	Al2O3 0.376・SiO2 3.383
YYZ-31	61.02	14.03	2.70	0.29	17.45	1.90	2.06	0.24	0.047	0.93	100.67	Al2O3 0.334・SiO2 2.465
YYZ-36	64.99	21.43	1.81	0.62	3.14	2.08	3.94	0.17	0.047	0.11	98.34	Al2O3 1.439・SiO2 7.413
YYZ-85	62.25	17.38	2.62	0.38	11.02	2.78	2.95	0.11	0.072	1.07	100.63	Al2O3 0.519・SiO2 3.155

表３　歴代耀州窯青瓷釉の化学成分組成表

番号	酸化物含有量（%）											化学式
	SiO2	Al2O3	Fe2O3	TiO2	CaO	MgO	K2O	Na2O	MnO	P2O5	合計	
TYZ-4	63.34	29.23	2.66	1.49	0.52	0.90	2.05	0.24	0.006	0.12	100.68	RxOy 0.326・SiO2 3.684
TYZ-5	63.51	29.22	2.52	1.71	0.57	0.73	1.88	0.19	0.009	0.11	100.45	RxOy 0.312・SiO2 3.685
TYZ-41	67.46	24.70	2.76	1.48	0.31	0.78	2.24	0.20	0.024	0.12	100.07	RxOy 0.367・SiO2 4.635
TYZ-44	71.04	22.50	2.30	1.56	0.43	0.68	1.84	0.13	0.01	0.11	100.60	RxOy 0.367・SiO2 5.358
TYZ-45	62.32	29.82	2.34	1.79	0.42	0.96	2.70	0.19	0.006	0.09	100.63	RxOy 0.345・SiO2 3.546
TYZ-46	64.65	27.70	3.05	1.75	0.41	0.83	1.80	0.20	0.004	0.11	100.50	RxOy 0.339・SiO2 3.960
TYZ-49	67.05	25.44	3.12	1.72	0.47	0.71	2.00	0.12	0.007	0.20	100.84	RxOy 0.367・SiO2 4.473
FYZ-17	63.97	27.90	3.18	1.77	0.60	0.89	2.07	0.14	0.009	0.15	100.68	RxOy 0.364・SiO2 3.892
FYZ-18	68.09	22.77	1.45	0.33	1.07	0.43	5.77	0.14	0.008	0.11	100.17	RxOy 0.482・SiO2 5.076
FYZ-19	63.47	28.34	2.37	1.70	1.80	0.83	1.98	0.20	0.013	0.19	100.89	RxOy 0.412・SiO2 3.801
FYZ-51	59.77	30.60	2.50	1.89	1.10	0.92	2.06	0.22	0.009	0.06	99.12	RxOy 0.359・SiO2 3.315
FYZ-55	65.71	26.83	2.23	1.82	0.81	0.73	1.40	0.16	0.11	0.07	99.87	RxOy 0.338・SiO2 4.157
FYZ-58	61.70	30.78	2.54	1.96	0.46	0.76	1.88	0.17	0.01	0.06	100.32	RxOy 0.301・SiO2 3.402
FYZ-59	63.41	29.15	2.64	1.72	0.28	0.88	2.25	0.16	0.003	0.09	100.58	RxOy 0.322・SiO2 3.692
FYZ-61	62.61	28.97	2.80	1.91	0.52	0.84	1.97	0.14	0.006	0.08	99.84	RxOy 0.336・SiO2 3.668
FYZ-63	62.14	28.34	1.60	0.93	0.28	0.61	5.58	0.15	0.006	0.09	99.72	RxOy 0.374・SiO2 3.722
SYZ-26	67.49	25.71	1.53	1.19	0.66	0.56	2.78	0.23	0.007	0.09	100.24	RxOy 0.334・SiO2 4.455
SYZ-66	68.09	25.08	1.45	1.32	0.69	0.58	2.62	0.35	0.006	0.091	100.28	RxOy 0.351・SiO2 4.607
SYZ-67	67.37	26.60	1.77	1.45	0.57	0.54	2.32	0.08	0.005	0.06	100.76	RxOy 0.303・SiO2 4.298
SYZ-68	68.27	25.07	1.31	1.23	0.41	0.55	2.41	0.11	0.005	0.08	99.45	RxOy 0.295・SiO2 4.621
SYZ-71	66.40	26.57	1.61	1.30	0.49	0.71	2.92	0.12	0.004	0.07	100.19	RxOy 0.331・SiO2 4.241
SYZ-74	73.25	20.69	1.75	1.19	0.21	0.64	2.49	0.16	0.004	0.06	100.45	RxOy 0.370・SiO2 6.010
SYZ-80	67.67	26.62	1.48	1.44	0.38	0.55	1.87	0.11	0.004	0.09	100.21	RxOy 0.269・SiO2 4.314
SYZ-81	70.38	23.17	1.95	1.12	0.36	0.75	2.66	0.20	0.006	0.06	100.65	RxOy 0.366・SiO2 5.154
JYZ-27	75.94	18.37	1.98	1.12	0.34	0.56	1.95	0.28			100.54	RxOy 0.398・SiO2 7.017
JYZ-28	73.94	20.58	1.45	1.19	0.36	0.55	1.95	0.35			100.07	RxOy 0.348・SiO2 6.098
JYZ-29	71.53	20.55	1.51	1.10	0.78	0.68	2.47	0.42			99.04	RxOy 0.432・SiO2 5.908
JYZ-86	76.91	17.53	1.45	0.96	0.10	0.48	1.50	0.21			99.14	RxOy 0.314・SiO2 7.446
YYZ-31	66.66	26.98	1.17	1.10	0.35	0.45	2.20	0.27			99.18	RxOy 0.250・SiO2 4.194
YYZ-36	65.83	26.77	3.30	1.14	0.31	0.39	1.84	0.28			99.86	RxOy 0.283・SiO2 4.173
YYZ-85	64.95	27.34	2.81	1.07	0.39	0.44	1.97	0.27			99.24	RxOy 0.277・SiO2 4.033

注：ＴＺＹ：唐代耀州窯青瓷片、ＦＹＺ：五代耀州窯青瓷片、ＳＹＺ：宋代耀州窯青瓷片、ＪＹＺ：金代耀州窯青瓷片、ＹＹＺ：元代耀州窯青瓷片。

測定指数は、張志剛、李家治、禚振西「耀州窯歴代青釉瓷器工芸研究」（『1995上海古陶瓷技術国際討論会論文集』上海科学技術文献出版社、1997年）に基づくものである。

〔著者紹介〕

禚振西

1938年生。山東諸城人。西北大学歴史系卒。杜葆仁とともに長年にわたって耀州窯址の発掘・調査に従事。現陝西省考古研究所研究員、耀州窯博物館名誉館長、中国古陶瓷学会常務理事。

主要論著：「唐代黄堡窯址」「五代黄堡窯址」「宋代耀州窯址」ほか論文多数。

杜 文

1970年生。河南鞏義人。西北政法学院卒。西北大学研究生修了。現西安碑林博物館館員。

主要論文：「黄堡出土唐三彩年代探討」「陝西澄城窯調査」「渭北民窯青花瓷賞析」等。

〔訳者紹介〕

北村 永

1967年生。成城大学大学院文学研究科博士課程満期退学。1995―1997年北京大学考古学系留学。

専攻：中国美術史

主要論文：「羽人像を中心とする『神代神仙世界図』考」、「出光美術館蔵『鍍金銀雲気文盤』をめぐる一考察」、「漢代画像における双鹿図の意味」。

〔資料提供〕 耀州窯博物館
陝西省考古研究所
陝西歴史博物館
北京故宮博物院
中国歴史博物館
上海博物館
ギメ美術館
クリーブランド美術館
サンフランシスコ・アジア美術館
鴻禧美術館
大阪市立東洋陶磁美術館
静嘉堂文庫美術館

〔翻訳監修〕 吉良文男
〔ブック・デザイン〕 柴永事務所（前田眞吉）

耀州窯《ようしゅうよう》瓷《じ》―中国名窯名瓷シリーズ 2

2004年3月5日 初版印刷
2004年3月22日 初版発行

著 者 禚振西《しやくしんせい》・杜文《とぶん》
訳 者 北村《きたむら》 永《はるか》
発行者 渡邊隆男
発行所 株式会社 二玄社
東京都千代田区神田神保町2-2
〒101-8419
営業部 東京都文京区本駒込6-2-1
〒113-0021
電話：03(5395)0511 FAX：03(5395)0515
URL http://nigensya.co.jp

DTP：ダイワコムズ
製版・印刷・製本：深圳雅昌彩印

ISBN4-544-02302-5 C0371